Albert de Pouvourville (Matgioi)

membre de l'institut colonial international

ÉTUDES COLONIALES

LA QUESTION D'EXTRÊME-ORIENT

AVEC UNE PRÉFACE PAR

M. Gabriel Hanotaux

de l'académie française

ancien ministre des affaires étrangères

PARIS
A. PEDONE, Libraire-Éditeur
13, rue soufflot, 13

1900

LA QUESTION
D'EXTRÊME-ORIENT

OUVRAGES DU MÊME AUTEUR

Etudes coloniales

I. — Le Tonkin actuel, 3 cartes, 3e édition (Ollendorff).
II. — Deux années de luttes, 2e édition (Ollendorff).
III. — La politique indo-chinoise, 2e édition (Ollendorff).
IV. — L'affaire de Siam, 3e édition (Chamuel); préface de Flourens, ancien ministre des affaires étrangères.
V. — La question d'Extrême-Orient (Pedone) en 1900; préface de G. Hanotaux, ancien ministre des affaires étrangères.

L'Esprit des Races jaunes

I. — L'art indo-chinois, 117 gravures, dans la bibliothèque officielle des beaux-arts (Maison Quantin), 3e mille.
II. — Les livres sacrés et mystiques, traductions (Bailly).
III. — Les sept éléments de l'homme, 11 croquis (Chamuel).
IV. — Les sociétés secrètes chinoises (Chamuel).
V. — L'empire du Milieu (Schleicher, 15, rue des SS. PP.), 42 gravures.

Romans

I. — L'Annam sanglant, illustrations de A. Cézard (Chamuel).
II. — Le maître des sentences, illustrations de A. Cézard (Ollendorff).

Voyages

I. — Dans les seize chaûs (Chamuel).
II. — Dans les gardes indigènes (Schneider, Hanoï).
III. — Chez les pirates (Schneider, Hanoï).

En préparation

La Chine des mandarins (bibliothèque d'histoire universelle : Schleicher).

Albert de Pouvourville (Matgioi)

MEMBRE DE L'INSTITUT COLONIAL INTERNATIONAL

ÉTUDES COLONIALES

LA QUESTION D'EXTRÊME-ORIENT

AVEC UNE PRÉFACE PAR

M. Gabriel Hanotaux

DE L'ACADÉMIE FRANÇAISE

ANCIEN MINISTRE DES AFFAIRES ÉTRANGÈRES

PARIS
A. PEDONE, Libraire-Éditeur
13, RUE SOUFFLOT, 13

1900

ÉPIGRAPHE

Qu'un nationaliste soit l'auteur de ce livre, qu'un progressiste en soit le préfacier, qu'un socialiste en soit l'éponyme, cela n'indique pas une absence de logique. Cela démontre simplement que, au-delà des frontières, la politique est un mot vide de sens ; et que l'amour raisonné de la France — de la plus grande France — sait réunir les esprits les plus divers en un faisceau de volontés, que l'on peut croire invincibles.

A. P.

A Paul Doumer,

Gouverneur général de l'Indo-Chine,

Créateur de la politique nationale de l'Extrême-Orient français.

Hommage spontané.
A. P.

PRÉFACE

Voici un livre, plein d'idées et plein de choses, « plein de moëlle » et qui arrive à son heure. Les problèmes graves qui y sont posés sont de ceux qu'on ne peut résoudre en quelques pages, même si on apporte à leur solution l'application la plus éclairée, la compétence et la bonne foi.

Ces qualités sont celles de M. de Pouvourville. Le public prendra certainement le plus grand intérêt à lire, dans l'exposé qui lui est présenté, l'histoire des relations diplomatiques de l'Annam et des pays constituant maintenant l'Indo-Chine française avec la Chine et avec les États limitrophes. De cet exposé, il verra se dégager des principes qui résultent d'une double nécessité géographique et historique, et, s'il se laisse faire, en acceptant ces principes, il sera conduit à adhérer aux conclusions de l'auteur.

Ici, pourtant, certaines réserves pourraient se produire : M. de Pouvourville, cédant à la tendance naturelle de tout esprit fortement attaché à une seule question, ramène et subordonne toutes les autres à celle qui fait le principal objet de ses études. Il envahit, pour ainsi dire, tout le domaine de la politique internationale et le soumet aux exigences de son sujet. C'est une tyrannie exclusive. Mais les réalités se défendront bien toutes seules, sans qu'il soit nécessaire de plaider ici, trop énergiquement, leur cause.

S'il s'agit de laisser toute la politique française s'engouffrer en quelque sorte dans l'espèce de cyclone que les événements de Chine déchaînent sur le monde, c'est un danger contre lequel les esprits en France sont naturellement mis en garde. Il y aurait un danger contraire : ce serait de laisser la France dans l'ignorance de ce qui se passe là-bas et dans la négligence de ses intérêts et de son avenir en Extrême-Orient. A ce point de vue, le livre de M. de Pouvourville est nourri, copieux et, en même temps, précis. Il instruit et il éclaire. Le rôle de l'Annam et, d'une façon générale, le rôle de l'Indo-Chine française sont présentés sous une forme ramassée, courte, logique, qui va, insensiblement, de l'exposé historique à la thèse politique.

On entrevoit, au fond du tableau, le colossal labyrinthe chinois avec ses complications et ses dessous, ses plans et ses arrière-plans, ses sommets et ses fondrières. La question chinoise est même posée dans les dernières pages du volume, en traits vifs, avec des vues perçantes et parfois prophétiques. M. de Pouvourville connaît à fond le sujet qu'il traite, puisqu'il en saisit ainsi les lointains prolongements.

Quand il dit que la Chine doit durer, que son existence est nécessaire à la paix du monde, qu'elle n'est pas « prête pour un démembrement » et que les puissances sont bien moins prêtes encore, il a raison. Quand il signale les conséquences d'un effondrement général de cet organisme politique le plus vieux et le plus vaste du monde, il a raison. Mais quand il indique les combinaisons diplomatiques qui, selon lui, viendront à bout de cette « difficulté de vivre » qui paraît être l'état actuel de la Chine, on ne sait plus s'il a tort ou s'il a raison. On se demande s'il est aussi bien renseigné sur ce qui se passe à nos portes que sur ce qui se passe au bout du monde.

Dans les indications qu'il donne au sujet du sort probable du Céleste-Empire, il signale avec une grande sagacité, le rôle qui paraît devoir incomber, tôt ou tard, à la Chine méridionale. Cette observation est pleine d'enseignements pour nous, — immédiats voisins. Doit-on conclure qu'il y a un antagonisme nécessaire entre les diverses puissances européennes qui sont en relation avec cette partie de l'Empire chinois ? Cette nécessité nous échappe. La Chine est vaste, et ajoutons tout de suite qu'elle garde encore des éléments de vitalité tels, qu'autour du principe de sa conservation et de sa permanence, tout le monde peut s'entendre. M. de Pouvourville définit ainsi qu'il suit notre politique en Extrême-Orient : « Bienveillance à l'égard de la Chine, soutien raisonné de la dynastie, ménagement pour la race chinoise. » Ce système est rationnel. C'est celui qui a réussi à Simonosaki. Est-il encore applicable aujourd'hui ? Voilà que des faits bien graves peuvent remettre tout en question.

Quoi qu'il en soit, on n'échappera pas, maintenant, au problème chinois. Il nous prend à la gorge. Plus les événements marcheront, plus la nécessité de l'union entre tous les Européens et, notamment parmi nous, entre tous les bons citoyens, pour suivre une politique dont les horizons s'élargissent sans cesse, s'imposera ; plus il nous sera urgent d'apaiser nos dissentiments intérieurs et d'assurer à notre politique extérieure une conduite prévoyante, libre et forte. L'heure est critique ; elle est peut-être tragique (*Di omen avertant...*). L'un des grands réservoirs de la vieille humanité s'ouvre béant devant la diplomatie internationale surprise et un peu suffoquée : ce livre fait pénétrer quelque lumière dans le gouffre. Outre cette utilité particulière, il en aura une autre, s'il démontre, selon le désir de l'auteur, « qu'au-delà de nos frontières, la politique est un mot vide de sens et que l'amour raisonné de la France doit réunir les esprits les plus divers en un faisceau de volontés mis au service du pays. »

27 juin 1900.   Gabriel HANOTAUX.

CHAPITRE PREMIER

Des bases de la politique extérieure dans les possessions et pays de protectorat

Dans mon dernier volume d'études coloniales, publié sous l'influence des récents événements en Siam (1893-1896), et sur le conseil de M. Flourens, ancien ministre des Affaires Étrangères, j'ai montré, dans la première période d'hostilités mal définies, l'Indo-Chine, sortie des langes de sa petite enfance, engagée directement dans une compétition considérable vis-à-vis d'une puissance rivale. Poussé par l'événement autant que par la logique, j'émettais dès alors l'opinion que l'Indo-Chine était arrivée à l'âge d'avoir une politique extérieure, et jouissait d'une vitalité assez démontrée pour agir visiblement, et d'une façon sensible, dans l'existence internationale de l'Asie.

Grâce à l'énergique action militaire, d'abord sous nos généraux en chef contre les Pavillons, ensuite sous nos gouverneurs contre les Pirates, voici le Tonkin et l'Annam débarrassés, dans leur plus grande partie, des soucis et des mécontentements intérieurs. Tout ce qui se consommait et se consumait au dedans, en activité comme en ressources, va pouvoir et devoir être projeté au dehors. Les problèmes administratifs n'étant plus assez profonds pour que leur solution occupe tous les instants du Protectorat, toutes les forces vives de la colonie ont donc le loisir, qui ne leur avait pas encore été donné, de se porter à l'extérieur.

Que, dans les moments troublés de notre premier établissement, l'idée même de l'existence d'aussi importantes questions n'ait pas été émise, c'est chose naturelle et compréhensible; mais j'estime qu'il est bon de profiter du répit que nous laissent les affaires intérieures de la colonie, et que je veux croire définitif, pour faire pénétrer dans le public cette idée : qu'il est temps de faire entendre la voix indo-chinoise dans cette Asie dont le concert, pour n'être pas toujours aussi théoriquement harmonieux que le concert européen, n'en fait pas moins dans le monde un bruit important. L'entrée de l'Indo-Chine dans ce concert ne peut qu'être avantageux à la fois à l'Extrême-Orient français et à la France elle-même.

§ 1. — De l'existence nécessaire d'une politique spéciale aux États mineurs.

Un peuple, en effet, n'est véritablement digne de figurer au rang des nationalités que s'il participe à l'existence générale du monde, non pas seulement par son unité ethnographique et son expression gouvernementale, mais encore et surtout par son action diplomatique et son existence financière. A ce dernier point de vue, le Protectorat spécial du Tonkin est mis en bonne place depuis l'heureux succès de l'emprunt Rousseau, dont la cote figure dans les Bourses immédiatement après celle des fonds français (1). Mais jusqu'à présent l'action diplomatique de l'Indo-Chine n'existe nulle part. Et même si, aux yeux jaloux du gouvernement central, cette action ne devait jamais être qu'une fiction, il importerait que cette fiction existât; car, alors seulement, les intérêts réels, que cette fiction est destinée à défendre, auront un corps, et l'on prendra attention enfin à l'appui et à la représentation qu'ils réclament.

Je ne demande pas ici — et je ne voudrais pas qu'on s'y trompât — l'émancipation diplomatique du Protectorat: ce ne serait pas un bien, les intérêts de la partie ne devant ni primer les intérêts du tout, ni s'en différencier; fût-ce un bien, y songer, dans l'état présent des esprits, serait folie; on ne pense pas à demander autant. Mais, de même que, dans une machine, un organe important possède des rouages spéciaux n'appartenant qu'à lui, et participe, malgré tout, par une transmission constante, au mouvement général et unique de l'ensemble, de même une colonie considérable, comme l'Indo-Chine, peut posséder des affaires spéciales, nécessitant des solutions particulières, tout en procédant toujours de la vie et de la direction métropolitaines.

J'accorde par là même que toute question, intéressant à la fois la métropole et la colonie, ne doive être résolue que dans la métropole, par ses moyens, son personnel, et sui-

---

(1) Lors donc même qu'il n'y songerait pas, sa situation financière, relativement prépondérante et prospère, étend son influence au-delà de ses frontières.

vant ses vues. C'est à la métropole seule, en ce cas, à savoir ménager les intérêts de ceux qu'elle protège, tout en suivant principalement ses avantages, et à connaître dans quelle mesure et jusqu'à quelles limites la méconnaissance des intérêts de ses possessions et protectorats peut être poussée, sans aboutir à la lésion fatale de ses propres intérêts. Si désagréable que puisse être pour une colonie de n'avoir voix, ni prépondérante, ni même parfois consultative, dans l'examen de questions qui peuvent l'intéresser sous plus d'un rapport, il n'est pas possible de lui donner la satisfaction de soutenir ses avantages vis-à-vis de ceux de la mère patrie ; une telle discussion serait une lutte perpétuelle et sans issue, et une perte de forces vives pour l'une ou pour l'autre partie. De gré, ou plus souvent de force, un pays protégé a, d'autre part, toujours remis à son protecteur le soin de sa représentation vis-à-vis des Puissances ; pas plus donc pour le Tonkin et l'Annam que pour la Cochinchine et l'Algérie, il ne saurait être question d'une divergence d'intérêts ou d'une disjonction, dans la vie internationale, du personnel et des vues de leur métropole.

Mais un pays protégé était — avant la protection imposée ou consentie — un pays autonome, une personnalité publique, ayant ses affaires avec les autres personnalités publiques, affaires qu'elle gérait par elle-même, et qui lui étaient spéciales pour bien d'autres raisons que pour celle de leur gestion distincte. Les conditions de voisinage, le plus ou moins de puissance, de placidité ou d'ambition des États limitrophes, les frontières plus ou moins bien définies, constituées d'obstacles naturels, ou d'océans, ou de lignes conventionnelles, le régime politique où vit la nation, ses mœurs, son caractère, sa prospérité, la densité de sa population, les branches de son activité commerciale, les circonstances perpétuelles ou temporaires qui la favorisent ou l'entravent, les débouchés de son négoce, les mesures internationales adoptées par les Puissances voisines, tels sont les éléments constitutifs des affaires qu'un pays doit traiter hors de ses frontières ; et nul doute, à cette seule énumération, que ces affaires extérieures sont absolument spéciales pour telle ou telle nation, puisqu'elles découlent immédiatement des faits et des circonstances qui sont les manifestations de son propre génie.

Est-il à dire que du jour où, par sa faiblesse ou par la puissance d'un autre État, ce pays vient à perdre son autonomie, et par là même le droit de diriger sa politique étrangère, est-il à dire que les affaires extérieures, qui étaient en somme comme l'expansion de sa vie, de son « moi » comme nation, doivent faire tout d'un coup partie intégrante des affaires extérieures du peuple protecteur, et entrer, comme d'importants facteurs, dans le mécanisme de sa vie publique extérieure ? L'assimilation des intérêts intérieurs, si délicate, si lente, qu'on la juge parfois impossible, suppose-t-elle donc l'assimilation immédiate des intérêts extérieurs ? Et, si cette assimilation immédiate était chose possible, la pourrait-on concevoir autrement que comme une absorption des intérêts de l'inférieur au profit des intérêts du supérieur, mieux défendus ? Il faudrait, pour éviter cette absorption, une concordance absolue, de tous points et de tous temps, d'intérêts à défendre et de désirs à satisfaire, entre ces deux nations, qui furent indépendantes l'une de l'autre, qui vécurent en s'ignorant, la plupart du temps, en des points opposés du globe, jusqu'au jour où les hasards de l'histoire présente les firent se rencontrer. C'est là une hypothèse trop paradoxale pour valoir même la peine d'être formulée. Non ; les intérêts étaient distincts avant le Protectorat ; ils le demeurent après le Protectorat, et au même degré, puisqu'ils dépendent, tant chez l'une que chez l'autre, de cette conscience des races, si ancienne que rien ne peut plus guère la modifier. Si l'on est convaincu de cette vérité politique et psychologique, le Protecteur ne se convaincra-t-il pas en même temps que, pour ne pas négliger ses intérêts propres, il doit faire attention aux intérêts de ce peuple dont, pour employer le terme romain, il a fait sa chose ? Ne doit-il pas faire une place à ces intérêts nouveaux, dont il prend, par le fait même de son Protectorat, la charge ? Et ne doit-il pas comprendre qu'à la naissance de ces intérêts nouveaux correspond une adaptation particulière de certains rouages de sa politique générale extérieure ? C'est à cette démonstration et à ses corollaires que je voulais en venir, et à cette distinction délicate qu'il s'agit d'établir entre la formation d'une politique et d'une diplomatie spéciales, que nul ne réclame, et la nouvelle direction, parallèle à l'ancienne, d'une politique et d'une diplomatie toujours invariables.

*
* *

Il est facile de concevoir que l'État protégé ne retirera du pacte de Protectorat les seuls bénéfices qu'il a droit d'en attendre, que si sa politique extérieure, telle qu'elle était au temps de son autonomie, est adoptée par l'État protecteur, dans les questions qui intéressent le seul protégé. Il apparaîtrait difficilement, en effet, qu'on pût brusquement substituer à la manière de faire spéciale à l'État mineur, dont il se satisfaisait, une autre manière de faire, celle de l'État supérieur, manière qui convenait à celui-ci, avant que l'éventualité du Protectorat eût été même soupçonnée. En admettant même, ce que je désire, la coïncidence partielle de certaines vues et l'absorption entière d'une politique par l'autre, l'amalgame de ces deux politiques formera, malgré tout, une troisième et nouvelle politique, dont les intérêts ne seront pas absolument similaires de ceux du grand État, avant qu'il fût Protecteur ; c'est ainsi que, si faible en quantité que soit la base mise en contact avec un océan d'acide, il ne s'en précipitera pas moins un sel chimique. Par une absorption qu'on voudrait rendre complète, et qui n'en serait pas moins illégitime et fâcheuse, on n'atteindra jamais ce but : qu'un État, après un pacte de Protectorat, puisse, sans dommage pour lui-même, conserver, dans tous ses détails, sa politique d'avant le Protectorat ; et l'on n'obtiendra ainsi qu'une méconnaissance absolue et qu'un écrasement des intérêts de l'État mineur, sans obtenir même cette rigidité de conduite politique, dont je comprends mal qu'on veuille se faire un honneur.

Dans ces conditions, il semble préférable d'envisager en face la situation créée par le pacte, et de chercher à n'en éluder aucun des devoirs. Les intérêts de l'État protégé étant bien définis par les enseignements du passé, et par les termes mêmes de la tractation qui fut le dernier geste de son autonomie, il importe de les concilier aux intérêts du Protecteur, dans les cas, très rares d'ailleurs, où ces intérêts auraient déjà coexisté sur les mêmes questions ;

et il importe surtout de créer, dans la politique extérieure du Protecteur, un courant favorable aux intérêts du protégé, dans les cas, bien plus nombreux, où ces intérêts touchent à des affaires et à des questions que la politique antérieure du Protecteur n'avait jamais eu à envisager. Et, tandis que, dans les premiers cas, il semble rationnel que les vues seules du Protecteur prédominent, il semble, dans les seconds, qu'il puisse épouser sans arrière-pensée les vues de son protégé, puisqu'elles s'étendent en un domaine où lui, Protecteur, n'avait point, auparavant, d'intérêts directs. C'est ce double principe qui doit diriger la politique extérieure particulière, que les agents du Protecteur sont chargés de donner à l'État mineur après son adhérence.

*
* *

Ce seul exposé tendrait à faire supposer la nécessité, non pas de la création d'agents politiques nouveaux, mais d'une adaptation, par des études spéciales, d'une partie de l'ancien personnel au nouvel État. Car, si nous insistons pour que la politique particulière du protégé soit suivie et respectée là où elle entre seule en jeu, nous insistons davantage encore sur le maintien de cette capitale prérogative du pacte, à savoir que tous les rouages de la politique étrangère tombent et doivent demeurer dans le domaine du Protecteur. La première conséquence en est pour le protégé la perte de la représentation internationale ; mais cette perte n'est pas exclusive de la représentation des intérêts ; c'est là ce que la pratique oublie trop souvent, et ce qu'il s'agit d'établir clairement. L'adaptation en question semble d'ailleurs avoir été pratiquée par tous les Protecteurs à l'égard des protégés dont les intérêts furent considérables au temps de leur autonomie ; il ne paraît pas, spécialement en ce qui concerne les Protectorats anciens, et surtout les Protectorats anglais, que la prospérité intérieure et que l'influence générale des protégés aient souffert de la perte de leur extranéité. Les efforts faits, à tous les degrés de leur hiérarchie, par les agents anglais préposés à la défense des intérêts internationaux de l'Empire des Indes, constituent le meilleur exemple que l'on puisse proposer à ce sujet. Cet exemple est d'autant plus concluant en la matière, qu'il serait difficile d'accorder que l'esprit anglais a agi de la sorte, poussé par cette sentimentalité confuse, dont on fait volontiers un reproche à tous ceux qui prennent la défense des intérêts des mineurs ; il serait difficile de prêter une telle sentimentalité aux rudes conducteurs d'hommes que furent Clive, Hastings et Cornwallis ; et cependant, tandis qu'ils morigénaient les Indiens, en tant que peuple et qu'individus, de la terrible façon que l'on sait, ils soutenaient, avec un non moins ferme caractère, les causes extérieures des princes de l'Inde, en tant que personnalités publiques (1). Cette leçon nous est, à nous, Français, qui craignons de nous laisser emporter par notre sensibilité, précieuse à retenir : il faudrait, à chacun des agents que nous chargeons de fonctions dans nos colonies et Protectorats, une connaissance complète et bien assimilée de l'histoire extérieure des Indes, et des efforts, couronnés de succès, des

---

(1) Ils savaient, par cette conduite, agir non pas seulement pour le bien des régions qu'ils administraient, mais encore et surtout pour le bien du pays qu'ils représentaient.

Anglais, pour maintenir les données de la politique indienne, tout en faisant disparaître les politiques indiens.

Tel est, en effet, le chemin parcouru par l'État conquérant depuis l' « Act » primitif de 1773, jusqu'à l' « Indian council act » de 1861. Et c'est dans l'article de l' « Act » de 1858, où il est dit que, « en ce qui concerne les relations » de l'Inde avec les puissances étrangères et le droit de » paix et de guerre, le secrétaire d'État pour l'Inde agit » de sa propre autorité, » que gît le secret de l'influence extérieure de la vice-royauté. Ni le conseil de l'Inde, ni le « Secret comittee, » ni le Parlement anglais, ni même le « Board of central » n'avaient le pouvoir de diriger ou de changer la politique extérieure de l'Inde ; elle restait uniquement dans la main du chef qui était le mieux placé pour en connaître, et dont la fonction s'identifiait, pour ainsi dire, avec elle. Un tel état fut long à s'établir et passa par bien des transformations avant d'atteindre sa forme définitive ; mais il est à remarquer qu'il ne fut pas l'œuvre du « Home Government » de l'Inde tout seul ; et les plus ardents réformateurs se trouvèrent parfois, en Angleterre même, parmi les conseillers du secrétaire d'État, qui ne crurent point affaiblir la suprématie de la Grande-Bretagne, en mettant hors de la métropole le soin de la politique extérieure de la vice-royauté.

Une si parfaite compréhension des besoins et des intérêts de l'État mineur se traduit à chaque instant dans les préoccupations du Gouvernement central. Ainsi, dans les « native states, » qui comptent environ soixante millions d'habitants, les souverains « exercent, sous réserve de » leurs responsabilités vis-à-vis du souverain britannique, » un pouvoir absolu. » Et dans les différents actes qui

« assignent » ces États aux Anglais, il n'est fait d'autre
restriction à la souveraineté des princes que celle du
droit de paix et de guerre. Les États frontières de forma-
mation récente, qu'on appelle parfois « États feudataires »
n'ont, dit leur acte constitutif, « le droit d'entretenir des
» relations politiques, soit avec un État indigène, soit
» avec une Puissance étrangère quelconque, sans le con-
» sentement du Gouvernement britannique. » Cela veut
dire très clairement que, avec le consentement du Gouvernement britannique, ils peuvent user de ce droit que
le Protecteur leur a laissé. Ils n'en usent guère *en fait*, et
bien des Anglais expérimentés, à la tête desquels sir H.
Lawrence, il y a quarante ans, se distinguait par son
âpreté, reprochent à la métropole sa bénévolence. Il n'en
est pas moins vrai que cette méthode semblait avantageuse, puisqu'elle fut suivie dans la création des États
frontières en 1881. — Une expérience, au moins aussi pro-
bante, fut faite dans l'établissement du Maharajah de
Mysore comme souverain constitutionnel en 1879 ; ce souverain avait la direction de sa politique extérieure avec
les Anglais, et la direction, sous l'assentiment du vice-roi,
de sa politique avec les États indigènes. Et cette dépendance très large, qu'on pourrait qualifier d'autonomie superficielle, avait pour principal résultat, au dire d'un témoin peu suspect, « de faire servir ces territoires comme
» de brise-lames dans la vague des révoltes de l'Inde qui
» nous eût, sans eux, balayés. » (Lord Canning). — Les armées mêmes de ces États furent longtemps à la seule dévotion de leurs souverains, et ce n'est qu'à partir de 1890
que certaines conventions furent passées, aux termes desquelles des contingents, pris parmi ces troupes, durent

être instruits et armés de telle façon qu'ils pussent figurer sur le même rang que les troupes britanniques, « *comme auxiliaires.* » Nous pourrions continuer presque indéfiniment la série de ces exemples. Ceux qui précèdent suffisent à montrer quel souci la métropole anglaise a de la bonne direction de la politique extérieure spéciale aux Indes, et comment, sans la différencier entièrement de la sienne propre, elle entend que ses représentants la traitent. Le sentiment de cette responsabilité n'éclate nulle part mieux que dans la déclaration suivante de lord Dufferin en sa qualité de vice-roi des Indes : « Nos devoirs extérieurs
» (dans l'Inde) sont à peine moins impérieux que ceux qui
» nous incombent au-dedans de nos possessions : chaque
» année, il nous faut devenir plus anxieusement attentifs :
» en réfléchissant à toutes les complications qui peuvent
» résulter d'une contiguïté si vaste avec des nations étran-
» gères, aux difficultés qui peuvent surgir *dans nos poli-*
» *tiques, occidentale ou orientale,* nous devons nous
» convaincre de la nécessité d'agir avec circonspection
» dans nos relations internationales, et de prendre les
» précautions qui s'imposent à *toute nation* (l'Inde) en
» contact avec d'entreprenantes monarchies militaires, ou
» avec des puissances maritimes rivales. *Le gouverne-*
» *ment de l'Inde est responsable, pour la protection*
» *extérieure,* autant que pour le contrôle intérieur, du bien-
» être de cette masse de nations et de religions. » — On voit par là que la responsabilité et la direction de la vie extérieure de la vice-royauté étaient définitivement passées, de la métropole, aux mains du gouvernement local, lequel en disposait comme il l'entendait, soit qu'il les conservât pour lui seul, qu'il en commit des parcelles aux chefs des

États mineurs qui lui semblaient mériter cette preuve de confiance (1).

*
* *

Voici donc bien établie la nécessité d'une politique extérieure chez les États mineurs, et la nécessité de la gestion de cette politique par les agents de l'État éminent. Et, si l'on veut bien se rappeler que les traditions précieusement conservées font toute la force de la diplomatie, on reconnaîtra que c'est à la portion jeune, et par suite nouvelle, du personnel métropolitain qu'il faudra confier la garde de ces intérêts récents. Ainsi donc sera justifié, dans les écoles, coloniales ou autres, qui préparent aux missions lointaines, l'enseignement de la politique extérieure spéciale à chaque groupe de pays protégés, enseignement basé sur l'histoire du passé et sur l'étude des aspirations anciennes que les pactes et traités n'auront pu éteindre, comme aussi de celles qu'ils auront fait naître. Ainsi, pour les métropoles dont le lointain empire est récent, sera rem-

---

(1) On trouvera bien entendu, si l'on veut, des exemples contraires à ceux que nous venons d'apporter ; mais ces exemples sont exceptionnels, et justifiables par des raisons également exceptionnelles. Ainsi le Bengale perdit tout d'un coup son autonomie, et fut géré directement par des fonctionnaires anglais ; mais les Anglais objectent que le caractère mou et féminin des Bengalis ne permettait pas l'essai, chez eux, d'un *self-government*, et que l'opinion pitoyable que les autres races de l'Inde avaient des Bengalis justifiait la rapidité de leur mort politique. De même le royaume d'Oude, l'un des plus antiques de l'Inde, fut violemment incorporé à la vice-royauté. L'Angleterre donna comme raison de cette incorporation l'indignité du roi d'Oude et de ses ministres et les plaintes mêmes du peuple ; toutefois, et en Angleterre même, on condamna sévèrement cet acte brutal de la politique de lord Dalhousie.

placé, en cette branche comme en d'autres, le « *tact colonial,* » dû, chez les anciennes puissances coloniales, à un certain atavisme, à la diffusion des sciences politiques étrangères, et surtout à l'occupation définitive, par une notable quantité de nationaux, des territoires protégés ou conquis.

Ces jeunes fonctionnaires, l'esprit ouvert à des horizons nouveaux, arriveront dans l'État mineur, préparés à comprendre sa vie et ses désirs, et, loin de dénigrer des aspirations non conformes à celles de la métropole, y verront au contraire la preuve flagrante d'une antique vitalité à conserver, et l'effort d'une individualité à soutenir et à diriger dans un sens favorable aux justes ambitions de la mère patrie.

Mais, et bien que nous estimions cette tâche comme délicate déjà et suffisante, une autre, moins nuageuse, mais plus difficile sans doute, leur incombera en surplus : celle de défendre les intérêts commerciaux de l'État mineur ou de la colonie. Car, dans le même ordre d'idées que celui que j'établissais tout à l'heure, il est, à l'heure présente, devenu impossible d'imposer au protégé, sous peine de ruine imminente, les règlements douaniers, fiscaux et commerciaux du Protecteur. C'est une thèse qu'il n'y a pas lieu de défendre ici, mais sur laquelle les bons esprits s'accordent tous à présent. L'exemple de l'Indo-Chine française, mise, malgré des sacrifices continuels et une richesse indéniable, à deux doigts de sa perte, par l'établissement des tarifs généraux qui régissent la métropole, doit garder tout État de la tentation de suivre la ligne de conduite du gouvernement de la République française vis-à-vis de ses possessions d'outre-mer. Nul doute d'ailleurs que, instruit par l'expérience, celui-ci ne vienne à résipiscence, et ne débarrasse ses protégés du régime, ruineux dans son outrance, qu'institua M. Méline et que consentit M. Ferry. L'exemple des possessions anglaises, si florissantes parce que la liberté du commerce y est entière et consacrée par les lois constitutives de l'État, serait encore ici à citer, si nous pouvions nous arrêter plus longtemps sur un point si éloigné de notre sujet. Nous ne voulons en retenir qu'une seule chose : c'est que les représentants de la politique extérieure des États mineurs seront en même temps les mandataires de leurs intérêts financiers, et les défenseurs, à l'étranger, de leurs libertés commerciales.

*
* *

De la constatation de l'existence d'une politique coloniale extérieure et de l'énumération des circonstances qui lui imposent cette vie propre, on peut immédiatement inférer que ses vues peuvent se rapprocher et devenir parallèles des vues métropolitaines, mais qu'elles ne peuvent pas s'y confondre, et que, en certaines circonstances, elles peuvent en diverger absolument. Il y a là un double écueil à éviter : celui qui consisterait à toujours faire primer exclusivement les vues de la métropole, et celui qui consisterait à exagérer jusqu'à l'indépendance la personnalité restreinte de l'État mineur. Entre ce Charybde et ce Scylla politiques, l'habileté de l'agent colonial doit louvoyer toujours, pour ménager tour à tour les intérêts et les susceptibilités de chacun ; et, dans les cas nombreux que les hasards de la vie internationale peuvent présenter, il n'en est pas un qui doive pouvoir prendre au dépourvu son expérience et son raisonnement. Nous allons donc examiner succinctement les diverses situations où l'État mineur peut se trouver vis-à-vis de l'État éminent, en regard des autres puissances éminentes de l'un ou l'autre continent, et en regard des autres États mineurs relevant d'une Puissance continentale voisine de sa propre métropole. Pareil travail, croyons-nous, n'a pas encore été établi en France; il répond en effet à une nécessité du moment, et à un état qui vient de naître. Ces quelques considérations aideront à la facile compréhension de ce que nous appellerions volontiers la « politique nationale de la France lointaine ; » et, tout en ne négligeant aucun des délicats problèmes que ces considérations soulèvent, nous nous rappellerons que, en somme, cette politique n'agit que sur des théâtres secondaires, et qu'elle devra toujours tenir, en tête de ses préoccupations, le souci de l'action métropolitaine, sauf des exceptions très rares, qu'on ne saurait prévoir ici, et sous peine des répercussions les plus graves sur des théâtres plus étendus.

§ 2. — L'État mineur vis-à-vis des États éminents d'un autre continent.

Les États auxquels tout État mineur peut avoir affaire doivent être rangés en deux catégories, tant au point de vue de leur nationalité qu'à celui de leur personnalité. Au premier point de vue, on distinguera les États de même race, ou couleur, ou continent que l'État mineur, et les États de race, couleur ou continent différents. Au second point de vue, on distinguera les États indépendants et les

États dépendant d'autres puissances éminentes. Il importera, surtout en ce qui concerne la politique des États mineurs, africains et asiatiques, de distinguer aussi leurs relations avec les États nominalement autonomes, mais dont la politique, manifestement dirigée par une troisième puissance, les fait rentrer dans la sphère d'influence morale d'une métropole européenne. C'est ce dernier cas qui, dans les Protectorats lointains, se présente le plus souvent, et c'est celui qui demande à être traité avec le plus de ménagement et de réserve, à cause des influences occultes qui s'y glissent, et de l'ingérence inattendue, peu justifiable, difficilement saisissable, mais par là même excessivement importante, d'un troisième facteur (1).

L'État mineur ne saurait avoir de relations directes avec les États indépendants ou mineurs, qui ne sont pas de même couleur ou de même continent que lui. En dehors de son commerce, il n'est connu, en effet, de ces États lointains que par l'intermédiaire de sa métropole ; il n'a, avec eux, aucune affinité ; race, religion, traditions, mœurs, langue, rien ne constitue entre eux un lien spécial ; et il est à croire que, durant son autonomie, le mineur n'entretenait avec ces États que des relations superficielles, équivalant à une simple déclaration d'existence. Il ne saurait exister là aucun doute ; l'État mineur ne doit pas avoir de politique particulière là où il n'en avait point, étant indépendant, et doit — dans le cas exceptionnel où

---

(1) Dans tout cet exposé, rien ne doit s'appliquer aux relations financières et commerciales de l'État mineur, lesquelles, comme nous l'avons déclaré, devraient être tout à fait personnelles, et ne s'inspirer en rien des convenances métropolitaines.

son opinion y serait de quelque poids — se conformer strictement à l'opinion métropolitaine. La réciprocité est d'ailleurs parfaite, en ce sens que, lorsqu'un de ces États éminents vient à entrer en compétition d'intérêts ou en lutte flagrante avec le Protecteur, le Protégé, de même que la colonie ou tout État dépendant ou « assigné » à un titre quelconque, suit le sort de son Protecteur, dans la paix, le traité ou la guerre, sans qu'il soit mentionné dans les déclarations des métropoles et sans qu'un acte spécial intervienne à son sujet. Il est là considéré comme un satellite de l'État éminent, et incapable par lui-même de se mouvoir ou de sortir de l'orbite dans lequel il a été inscrit et lancé (1).

Le Protecteur considère d'ailleurs, en ces occasions, le Protégé non seulement comme un étroit obligé, mais comme ayant perdu toute trace de sa personnalité. Car, si quelque État, indépendant ou non, d'un continent différent, vient à léser, par la force ou autrement, le Protégé, l'État éminent prend immédiatement la cause de l'État mineur, quand bien même il n'aurait souffert personnellement d'aucun dommage ; et en cas de lutte ouverte, non seulement il soutient son protégé de ses ressources et de ses armées, mais il rend directement à l'État agresseur les procédés dont le Protégé seul a pâti. Dans tous les cas, tout se passe en dehors de la sphère d'action directe du Protégé,

---

(1) Cette proposition n'eût pas été vraie dans l'antiquité, ni surtout à l'époque médiévale ; mais elle est dans la théorie et dans la pratique actuelles ; et il faut rappeler que nous faisons ici, non pas l'historique des politiques anciennes, mais une étude de la politique coloniale extérieure, telle que l'ont créée les expansions contemporaines des puissances maritimes continentales.

et celui-ci ne peut prétendre à aucune direction, ni même à aucune voix consultative, dans cette catégorie de relations.

La politique étrangère de l'État mineur doit donc se cantonner exclusivement dans son continent et avec les pays de même race, à condition que l'État éminent ne soit pas de cette race et de ce continent. Bien entendu, nous comprenons dans le terme « continent » les États d'un même groupement, ayant des relations naturelles ; car, dans l'intérieur d'un continent unique, des déserts séparent mieux des nations que les mers ne séparent les continents.

Ainsi la politique de la Tunisie n'a aucun lien avec la politique de l'État du Cap, dont la séparent les régions inconnues du centre noir, bien que ces États mineurs soient tous deux africains ; il n'apparaît pas que des relations directes aient intérêt à s'établir entre la vice-royauté des Indes et la Sibérie, toutes deux asiatiques, mais séparées par l'immensité du Gobi ; au contraire, cette vice-royauté a des liens directs et fort étroits avec les Protectorats hollandais et espagnols de la Malaisie ; et notre Protectorat Tunisien gagnerait à discuter librement de ses intérêts avec la Syrie et les Échelles du Levant, malgré l'apparente interdiction de la géographie pure. Les mots très stricts, et de définitions nettes, que nous sommes contraints d'employer ici, doivent être compris avec une extension et une généralisation de leur sens absolu ; et ils doivent, en s'appliquant à des questions si complexes et parfois si vagues, revêtir une complexité analogue, et, pour ainsi dire, recevoir des valeurs diverses et protéiformes. Les continents sont distingués généralement suivant des accidents géographiques ; ces mêmes accidents ont guidé l'extension des politiques primordiales. Mais cette règle n'est pas générale, et souffre de notables exceptions partout où, grâce à l'absence des obstacles naturels, la délimitation des continents n'a pas empêché la confusion des races, et par suite le groupement des peuples et le rapprochement des intérêts. — Nous entendons donc bien que, là où l'argument géographique est en contradiction avec l'argument ethnographique, le premier doit céder le pas au second, et que ces groupements subséquents forment des « *continents politiques,* » où s'agite, dans un sens général unique, le souci de la destinée des États qui les composent. Ce sont ces continents politiques qui font l'objet de notre actuelle distinction.

⁎
⁎ ⁎

Un seul cas exceptionnel est ici à examiner : c'est celui où, dans l'exercice de ses droits politiques spéciaux, l'État mineur vient, par une sorte de ricochet, à contrarier les vues, ou léser les intérêts d'un troisième État, sans qu'il ait eu, en droit ni en fait, à intervenir dans les relations diplomatiques entretenues avec cet État, soit par sa métropole, soit par les autres puissances ; et de plus, les vues et intérêts en question n'ont pas lieu d'être traités dans les relations qui unissent normalement ce troisième État à la métropole, en leur qualité d'États autonomes. Une certaine contradiction des principes constitutifs du Protectorat semble éclater dans cette situation ; car les intérêts *seuls* du protégé sont en jeu, et lui seul semble avoir la capacité intellectuelle de les défendre ; et, d'autre part, son état même lui enlève toute capacité juridique d'intervenir, et remet le soin exclusif de l'intervention à la métropole, qui n'y a pas d'intérêt direct. C'est une des occasions malheureusement trop nombreuses où le Protégé, lointain, mineur et sans avocat attitré, est sacrifié aux intérêts présents, puissants et immédiatement compris de tous, du Protecteur. C'est une circonstance où les règles ordinaires défaillent, et laissent les hiérarchies administratives dans l'ennui des situations mal définies et dans le rejet réciproque des responsabilités délicates et mal départagées. Sans avoir la prétention d'indiquer une régulation générale, on nous permettra d'établir ici notre sentiment, né de l'observation de la conduite tenue en plusieurs cas analogues, et de l'étude des conséquences découlant des mesures diverses qui furent prises hâtivement, dans l'indécision et l'hésitation de tous.

La parole doit être portée par le seul Protecteur ; mais, du moins dans le commencement de l'affaire, elle doit avoir été inspirée par le seul Protégé ; et l'État éminent joue ici le rôle d'orateur qui lirait le discours composé par un autre, à qui un inconvénient physique inopiné aurait enlevé la voix. C'est un rôle effacé, quant au fond, auquel difficilement le Protecteur pourra se résoudre, mais qu'il remplira avec philosophie, s'il parvient à se rendre compte que le Protégé est ici le seul bon juge de son intérêt, et qu'il est d'une saine politique générale d'agir comme s'il en était encore le seul maître. Comment obtenir ce désintéressement de la part de la métropole ? C'est aux chefs de l'État mineur — et non pas tant aux chefs indigènes qu'aux délégués du Protecteur chez le Protégé — qu'il appartient de convaincre le souverain de l'État éminent de l'indifférence où il se trouve par rapport à ce point spécial de la politique extérieure, et de l'avantage qu'il aura à ne figurer dans l'affaire que comme intermédiaire officiel, et à ne prendre à sa charge que l'unique souci où l'oblige le pacte de Protectorat, de représenter et de conclure. Cette conviction établie, — et c'est d'en parler le premier qui est la chose délicate — le Protecteur saisira très facilement que, son intérêt propre ne le poussant à rien, c'est l'intérêt seul du Protégé qui doit dicter sa conduite et inspirer ses résolutions.

Il est une limite toutefois où se borne la liberté d'appréciation de l'État mineur : elle se tient au moment précis où les exigences de ce dernier, si justes soient-elles, viennent à indisposer la tierce puissance et à léser ses intérêts au point qu'elle se retourne directement contre le Protecteur, lequel semble, en effet, approuver les paroles qu'il prononce, même au nom de son protégé. La question se pose alors de savoir jusqu'où le Protecteur se peut et se doit engager pour son protégé, et si, à ce moment, son rôle d'intermédiaire ne doit pas se changer en un rôle médiateur actif, pour concilier, non pas les intérêts de son protégé et ceux de l'autre État (ce dont le Protecteur n'a cure), mais bien les intérêts de son protégé et ceux de ses intérêts, à lui Protecteur, que pourrait mettre en danger le changement de front de la tierce puissance. Cette question, infiniment complexe, se retrouve aussi dans les rapports que l'État mineur entretient avec les États autonomes de même race, et avec les États limitrophes, assignés à d'autres métropoles ; nous l'étudierons là à loisir avec les détails et les réserves qu'elle comporte.

§ 3. — L'État mineur vis-à-vis des États éminents du même continent.

Il existe, par suite même de son ancienne autonomie, une politique spéciale de l'État mineur vis-à-vis des États indépendants de même composition ethnographique et de même « continent politique. » Les relations, plus ou moins longues, entretenues de la sorte par le Souverain de l'État — devenu mineur — constituent une tradition extérieure qui doit, après le pacte de Protectorat ou d'assignation, être la base de la politique à suivre désormais par les récents représentants d'intérêts déjà anciens. L'histoire diplomatique de l'ancien empire sera la meilleure étude, la source la plus abondante de renseignements et d'exemples, et en même temps, le plus précieux conseil pour les agents que la nouvelle domination aura mis à la tête des affaires du Protégé. Ils s'en devront inspirer tout comme s'ils étaient véritablement les mandataires de l'État indigène vis-à-vis de l'État étranger, et faire ici une abstraction complète des vues possibles de la métropole avec ou sur cet étranger. Car, c'est là que gît vraiment, dans la seule indépendance qui lui soit possible, la politique extérieure spéciale des pays mineurs. Cette politique n'est pas une fiction ; c'est un héritage tangible, transmis par une longue suite de souverains, avec une longue série d'expériences ; et il n'est permis ni de l'ignorer, ni de le rejeter. Et il n'est pas douteux qu'une politique, consacrée par tant d'usages, tant d'applications, et un si long atavisme, ne soit plus favorable au développement de l'influence du Protégé que la politique idéale, si merveilleuse soit-elle, que, de toutes pièces, le Protecteur inventerait pour lui.

Quelques exemples montreront que toujours, dans la pratique, les États-métropoles reconnurent et appliquèrent ces principes, dans les cas même où ils paraissaient devoir provoquer les conséquences les plus opposées aux vues habituelles de ces métropoles. Lorsque l'Angleterre établit — par un pacte dont je n'essaierai pas de prouver la légitimité — son Protectorat sur la Birmanie, jusqu'alors indépendante, elle était en paix, et même en coquetterie avec le royaume de Siam ; au contraire, la politique de la Birmanie autonome s'était, vis-à-vis de cette puissance, montrée soupçonneuse, agressive et souvent hostile. Croit-on que, en don de joyeux avènement, l'Angleterre ait fait au Siam le sacrifice des rancunes du roi Thibau ? Point du tout ; tandis que le Foreign Office continuait à la cour de Bangkok sa bonne volonté et son appui, l'India office de la vice-royauté engageait les « commissioners » de la Birmanie protégée à de lents et perpétuels envahissements du territoire siamois ; le résident général anglais à Bhamo poussait à l'extrême la politique nationale de l'antique Birmanie ; et c'est à cette indépendance parfaite des vues simultanées et cependant contraires du secrétaire d'État à Londres et du vice-roi des Indes à Calcutta que la Grande-Bretagne doit, tandis qu'elle occupait contre la France les soupçons des rois de Siam, d'avoir mis la main sur les territoires immenses des États Shans.

Le même état se produisit au moment de notre occupation de la Cochinchine ; la France et l'Espagne étaient parfaitement unies entre elles, à ce point que les colonies et protectorats espagnols donnèrent à Napoléon III l'appui d'un corps de troupes dans le débarquement français sur les côtes d'Annam. Cette bonne entente ne devait pas dépasser les politiques des métropoles ; aussitôt la Cochinchine constituée, les amiraux qui la régissaient reprirent instinctivement la politique des souverains dépossédés, et obtinrent de l'Empereur des Français le retrait pur et simple du contingent manillais ; cet acte, que les Espagnols n'ont pas encore complètement oublié aujourd'hui, n'était pas, comme on l'a dit, le fait de l'ingratitude ; c'était une reprise, qui s'ignorait elle-même, de la politique extérieure de l'Annam.

Je pourrais aller plus loin encore, et démontrer comment ceux qui reprochèrent à Jules Ferry son apparente duplicité avec la Chine ignoraient absolument que les principes, dont nous parlons, seulement existassent ; en faisant combattre les soldats de la Chine sans que la France eût déclaré la guerre à Péking, Jules Ferry ne jouait pas un double jeu ; il inaugurait la politique spéciale de notre Protectorat en Extrême-Orient. Mais, comme nous reprendrons cet exemple quand il s'agira de déterminer l'intervention directe des métropoles dans les affaires des États mineurs, nous nous contenterons de faire observer ici combien unanime est l'accord des puissances à consentir à leurs protégés et assignés une politique, différente de la leur propre, avec les États de même race et de même groupement.

* *

Malgré ce que l'on en a pu dire, nous ne voyons pas quelles limites pourraient, d'une façon générale, être données à l'action extérieure de l'État mineur dans la situation que nous venons d'exposer. Nous avons en effet déterminé que le Protégé doit arrêter son action propre, lorsque, dans sa marche ou dans ses résultats, elle peut devenir préjudiciable au Protecteur. Comment ici une telle aventure pourrait-elle se produire ? Le Protecteur, vis-à-vis de la tierce Puissance (qui est, il ne faut pas l'oublier, du groupement politique et ethnographique du Protégé), possède, il est vrai, une politique propre, mais infiniment moins précise et détaillée que celle du Protégé. Il semble même que les points sur lesquels elle porte ne sont pas communs à l'autre ; or, si ces points communs existaient, le Protecteur paraîtrait n'avoir pu les acquérir qu'en acquérant un domaine colonial dans le groupement visé, et, par suite, en embrassant les intérêts mêmes dudit domaine. Dans ce cas, il n'y a pas de lésion possible des intérêts du Protecteur, et celui-ci doit son appui entier à la politique de son Protégé, comme à la politique d'une portion de son territoire. — Mais nous voulons supposer cette chose paradoxale que, malgré les distances, les différences de race, d'intellectualité et de traditions, le Protecteur et le Protégé se trouvent, avant le pacte qui consomme leur genre d'union, dans des situations identiques vis-à-vis d'un troisième État, et que ces situations identiques ne se puissent dénouer que par des solutions opposées. C'est là une contradiction d'intérêts assez flagrante pour n'échapper à aucun esprit. Et le devoir du négociateur n'est-il pas alors d'insérer dans le pacte de Protectorat une clause expresse de renonciation du Protégé à des droits ou des coutumes qui lèsent si profondément le Protecteur ? Les traités d'adhérence ne sont pas faits pour autre chose. Et l'État, qui, en prenant la charge de la défense des intérêts d'un pays, n'en exclurait pas formellement la défense des intérêts opposés aux siens propres, mériterait les embarras qu'ultérieurement lui causerait un tel oubli.

Les limites qui sont ainsi posées dans les pactes doivent être explicites, non moins au sujet des questions qu'elles envisagent, qu'au sujet des puissances étrangères vis-à-vis desquelles le Protecteur dénonce la politique de l'État autonome défunt. En retour des très signalés avantages que le Protecteur trouve toujours dans l'établissement de sa suprématie (sans quoi il ne l'établirait pas), la défense des intérêts extérieurs du Protégé, devenu diplomatiquement incapable, est sa première et, pour ainsi dire, sa seule obligation. Elle est clairement contenue dans tous les pactes, ne serait-ce que par la suppression des représentations de l'État mineur à l'étranger. Il importe donc que les exceptions, s'il y en a, soient rédigées avec clarté et précision, afin que le Protecteur ne puisse se prévaloir d'aucune ambiguïté pour élargir ces exceptions. Mais elles ne se présentent pour ainsi dire pas dans la pratique, et nous ne les avons prévues qu'afin de mentionner tous les cas théoriques que l'on peut supposer.

C'est ici donc vraiment que subsiste sans entraves la politique nationale de l'ancien État, et que le Protecteur doit adopter la politique de son Protégé, quelles que soient les tendances de sa politique personnelle ; et s'il s'oppose à l'entière liberté de son client, il doit trouver la raison et la justification de son opposition dans le traité même d'adhérence ou dans le pacte de protectorat.

On n'attendra pas de nous que nous établissions cette thèse à l'aide de nouveaux exemples ; il nous faudrait raconter toute l'histoire extérieure de toutes les colonies. Nous n'en retiendrons qu'un seul, des plus récents et des plus illustres : la guerre que la métropole anglaise soutint contre la Chine, afin de permettre à son État des Indes la culture et l'importation de l'opium. Nous ne connaissons pas de situation où le Protecteur ait été plus indifférent, et où il se soit engagé plus à fond ; point de plus éloquent enseignement que celui de la Grande-Bretagne, sans intérêts directs dans cette rivalité lointaine, entraînée d'abord dans l'élan de la politique indienne, puis s'y complaisant, et poussant enfin son client à réclamer jusqu'au bout — jusqu'à la guerre soutenue par elle-même — le maintien et l'entier usage de ses libertés. On voit aujourd'hui les résultats remarquables d'une telle décision : une grande partie du Céleste-Empire est commercialement tributaire du Bengale ; et, bien qu'il soit excessivement faux de prétendre que les Chinois ignoraient l'opium avant son exportation de l'Inde, du moins on peut dire que les castes riches, par mode ou par goût, s'en tiennent exclusivement aujourd'hui à l'opium de Benarès, et ouvrent ainsi un débouché important à l'activité d'une culture spéciale à la vice-royauté. — Que serait-il, au contraire, advenu si la Grande-Bretagne n'avait pas soutenu avec cette vigueur les intérêts de ses clients ? Le budget local de l'Inde y eût perdu — sur la seule exportation de l'opium — un bénéfice annuel qui n'est pas moindre de deux cent quinze millions de francs (chiffre de l'exercice de 1889) ; mais la vice-royauté y eût surtout perdu une série de points de contact continuels dans les différents ports libres de la côte chinoise, une foule d'occasions de négoce et d'installations commerciales. L'Angleterre n'y eût rien gagné qu'une économie momentanée d'hommes et d'argent (et encore une partie des frais fut supportée par la vice-royauté). Et elle se fût fermé à elle-même bien des débouchés. Par un très juste retour, après avoir fait profiter son client de son appui tout puissant, elle profite aujourd'hui, et directement, des avantages que son client a retirés de la situation à lui faite par cet appui. Car les établissements anglais n'ont pu prospérer en Chine, et l'influence anglaise s'y propager, que par l'intermédiaire des relations que les négociants et colons de la vice-royauté y ont nouées après les guerres et les traités de l'opium.

C'est ainsi que les métropoles trouvent dans leurs sacrifices apparents la source même de compensations imprévues et leurs propres avantages.

Pour pousser notre exemple à bout, et montrer combien la Grande-Bretagne respectait et entendait faire respecter les intérêts de l'Inde, nous ajouterons que, après les régulations très sévères que, de part et d'autre, le Céleste-Empire et la vice-royauté apportèrent au transit et à l'exportation de l'opium, le ministère des douanes chinoises se montra mal satisfait de sa part, que rognaient sans pudeur des collecteurs infidèles, et demanda un impôt d'entrée général, plus facile à recueillir et à contrôler. Bien que la partie adverse n'eût aucune responsabilité dans ces malversations, qui se passaient exclusivement sur territoire chinois, et sur la simple remarque faite par les producteurs du Bengale, que la mauvaise humeur du gouvernement impérial pourrait bien se traduire par des surtaxes intérieures excessives et, par suite, désastreuses pour leur production, le gouvernement local et le gouvernement métropolitain consentirent très facilement à une nouvelle réglementation douanière des droits de sortie du produit, qui devait avoir pour résultat probable une diminution dans les recettes budgétaires ; mais cette diminution permettait aux producteurs de conserver les avantages du premier état. (Convention de Tchéfou, février 1887).

C'est ainsi que, dans cette circonstance mémorable, l'Angleterre, et, dans toutes circonstances analogues, les métropoles, doivent être convaincues de trouver, dans le soutien énergique, entier et désintéressé de l'ancienne politique nationale de leur protégé, l'avantage de l'État mineur, l'avantage particulier des indigènes et des immigrés, et l'avantage plus lointain, mais assuré, des métropoles elles-mêmes.

§ 4. — L'État mineur vis-à-vis des autres États mineurs.

C'est ici que la question est, sinon la plus délicate, du moins la plus diverse et la plus divisible ; la politique nationale de l'État mineur se complique ici de la politique nationale d'un autre État mineur et de la politique de deux métropoles, non seulement entre elles, mais vis-à-vis des États respectifs qu'elles protègent ; et chaque question soulève sept intérêts différents, les uns à combattre, les autres à faire prévaloir, et tous à ménager pour éviter les solutions extrêmes et les interventions directes de métropole à métropole. Je suppose, pour me faire entendre, un conflit, nécessitant tractation ultérieure, entre les intérêts de l'Annam et ceux des îles de la Sonde ; outre qu'il y a à considérer les intérêts particuliers de l'Indo-Chine et ceux de la Malaisie, à ménager les rapports directs entre la France et la Hollande, à faire la part de l'influence que Paris doit avoir sur les propositions de Hué, et de l'influence que doit avoir La Haye sur les propositions de Batavia, il faut prendre garde aux rapports, directs ou non, que les affaires françaises peuvent avoir avec les affaires malaises, et aux rapports que les affaires hollandaises peuvent avoir avec les affaires annamites. Il y a ici un imbroglio et une complication d'intérêts plus que superficiels, qui peuvent donner naissance aux incidents les plus imprévus, et qui doivent aiguiser, sans la troubler, et éprouver, sans la lasser, l'expérience et la patience des mandataires des divers États.

La fréquence des interventions de ce genre est considérable, à cause de l'extension prise par les puissances coloniales, et du voisinage de leurs domaines. La rapidité avec laquelle se sont propagées les influences des grands États, et avec laquelle ceux-ci ont étendu leurs conquêtes et leurs sphères d'action, fait qu'ils n'ont pas eu le loisir d'implanter leurs idées et leur administration en même temps que leur domination, et qu'ils s'en sont tenus forcément à une prépondérance générale et à une déclaration de suprématie, pour pouvoir, avec toutes leurs forces vives, pousser plus loin leur pénétration. Il en est résulté l'établissement d'une foule de Protectorats divers, plus ou moins mitigés ou directs, qui se voisinent, dont les intérêts s'entrecroisent, et qui, nés à peine, déjà se jalousent. Il n'est pas d'année où deux ou trois ne surgissent encore, compliquant de leur présence inattendue des situations délicates, que l'absence de règles et de traditions tend à rendre inextricables. Supporter plus longtemps ces difficultés sans en chercher le dénouement rationnel, c'est vouer les nations protégées à un byzantinisme déprimant et sans fin ; et comme on ne peut espérer que les métropoles y consentent de grand cœur, c'est ouvrir l'ère des coups de force pour les États qui s'y sentiront le plus d'aptitudes et le moins de scrupules.

C'est en effet pour sortir de ces embarras, souvent rencontrés inopinément, mais parfois aussi créés à plaisir, que l'on a tenté d'introduire, dans les possessions lointaines de certains États d'Europe, la « *politique du fait accompli,* » contre laquelle nous devons nous élever de toutes nos forces, non seulement parce qu'elle est notoirement illégitime, mais parce qu'elle est franchement contraire au tempérament de la métropole française, que celle-ci ne saurait se résoudre à l'employer, et qu'elle est, par suite, destinée à pâtir de tous les avantages qu'en pourraient retirer les puissances voisines. L'empiétement progressif et continu de la force sur le droit, pour ne pas avoir à débrouiller celui-ci, est un spectacle véritablement scandaleux et attristant, à la disparition duquel, en dehors de toutes les considérations patriotiques personnelles, doivent travailler les diplomates et les agents européens qui veulent, dans les États mineurs, conserver aux métropoles leur bon renom d'honnêteté et de loyauté internationales.

La politique du fait accompli, qui est passée dans certaines traditions, au point qu'il en faille dire deux mots, comme d'un moyen immoral, mais coutumier, est jusqu'à présent demeurée l'apanage des États à la fois peu soucieux du droit général, et maîtres, dans leurs possessions, d'organes et d'instruments métropolitains puissants. Dans une contestation, ou même dans une simple négociation entre États mineurs, parmi lesquels se trouve l'un des siens, la tentation de la métropole est grande de considérer comme utilisables toutes les forces existantes, et par suite de mettre au service de son Protégé, avant que les circonstances l'y contraignent, des éléments d'attaque ou de résistance qui garantiront le succès d'autant mieux que l'État mineur visé ne peut opposer rien de semblable. De tels écarts fourmille l'histoire des agrandissements et des conquêtes de la Grande-Bretagne. La violation du droit est flagrante, et consiste dans une intrusion brutale et inopinée de l'action métropolitaine, là où rien encore ne lui donne le droit d'intervenir. L'État mineur lésé n'a d'autre ressource que celle d'une protestation platonique, qui n'est généralement pas écoutée, et, en admettant que sa métropole s'engage pour lui, elle le fait dans des conditions évidentes de retard et d'infériorité.

Parfois la politique du fait accompli s'exerce d'une façon moins violente, c'est-à-dire que la métropole pousse son client, suffisamment puissant par lui-même, à la violation du droit, en l'assurant de son assentiment et de son encouragement ; malgré ce détour, la métropole n'en encourt pas moins la responsabilité du fait, et les conséquences pratiques en subsistent les mêmes. C'est ce dernier mode qui fut employé par la Grande-Bretagne lorsque les Ghourkhas au service des Indes envahirent, sans déclaration préalable, le territoire indo-chinois de Muong sing. Il n'existe qu'un moyen de réduire à néant les effets de la politique du fait accompli, que cette politique émane directement ou indirectement des métropoles : c'est que la métropole de l'État mineur lésé prenne en main les intérêts de son client, au jour même de la violation, et arguant de l'entrée en ligne de l'un des États éminents, transporte énergiquement entre les Protecteurs seuls la question qui pendait entre les protégés. Ce changement du théâtre de l'action peut seul faire récupérer à la métropole de l'État lésé le temps gagné sur elle, par sa propre observance du droit, grâce au manque de scrupules de l'État rival. Cette réponse catégorique, et fort embarrassante pour l'adversaire, à des empiétements que rien ne peut justifier, enlève à l'agresseur le seul bénéfice qu'il ait, celui de l'impunité lointaine, et obtient généralement les meilleurs résultats. C'est ainsi que, dans le cas précité, le Gouvernement français obtint la rétrocession de Muong sing ; et nous ne voulons pas appuyer ici sur les avantages qu'il crut nécessaire de concéder, par le même acte, à la Grande-Bretagne ; car nous estimons que, si le chef de la diplomatie française à cette époque avait eu pleine connaissance de ses droits et de ses obligations, il eût pu obtenir cette rétrocession sans la compenser d'autre part par aucun sacrifice.

*
* *

Or, il est à remarquer que les coups de force ont lieu principalement contre les États mineurs qui manquent de puissance et d'indépendance ; ces deux éléments font naturellement défaut aux protégés dont les lois restrictives du Protecteur ont empêché le développement personnel, et dont l'adhérence est si étroite qu'ils ne peuvent rien décider par eux-mêmes dans leurs intérêts diplomatiques. Ces États sont livrés, mains liées, par leurs métropoles mêmes, aux ambitions des voisins et aux agressions du dehors. Et, à ce point de vue spécial, il conviendrait, pour imposer l'universelle estime et le respect de ses droits, que le protégé fût étroitement enchaîné à son Protecteur par les liens de sa dépendance, mais qu'il eût, vis-à-vis des puissances limitrophes, l'action et la surface d'un État autonome. C'est une situation théorique à peu près impossible, mais près de laquelle il faut s'efforcer d'amener peu à peu la réalité.

Cela fait, il sera facile de se conformer au principe qui suit, et qui, dans sa naïve logique, préviendrait la plupart des conflits d'influence que nous connaissons : en cas de contestation, les États mineurs doivent s'entendre entre eux, comme s'ils étaient autonomes (sous réserve, bien entendu, des clauses de leurs pactes respectifs), avec les sentiments de temporisation ou d'énergie que comporte leur position réciproque ; et les métropoles des États mineurs, laissant ceux-ci agir à leur guise (toujours dans les mêmes limites), doivent traiter la question directement entre elles, la portant occasionnellement dans leur domaine particulier, et s'y conduisant comme les y poussent les traditions de leur politique générale. Les sept influences que j'énumérais tout à l'heure, et dont je déplorais la confusion inévitable, se réduiraient ainsi à deux groupes de politique (politique nationale des métropoles, politique spéciale des États mineurs), groupes qui ne lieraient pas absolument entre eux leurs arguments et leurs revendications. Et il est infiniment probable que de cette double entente sortirait, dans presque tous les cas, la solution médiane capable de satisfaire toutes les parties en présence.

Que si, par suite de l'impossibilité d'un accord quelconque, les métropoles sont obligées de s'engager, du moins chacune d'elles, ayant uni son intérêt à celui de son protégé, présente à l'autre le résumé de ses réclamations et de ses prétentions : c'est là un des cas de l'intervention nécessaire des États éminents ; et, dans ce cas, les protégés retombent au rang de satellites se mouvant dans l'orbite du Protecteur. Mais au moins n'arrivera-t-il pas qu'un État éminent accable, sans déclaration préalable, le protégé d'un État éminent, avec qui il n'est pas en lutte (ce qui constitue le « coup de force » de la politique du « fait accompli. »)

Si de tels principes étaient écoutés, l'Angleterre sortirait demain de l'Égypte et de l'île de Chypre, pour ne citer que ces deux dernières et singulières conquêtes. Mais, s'ils ne parviennent pas à être respectés comme de véritables articles de droit international, l'existence même de la plupart des États mineurs est mise en question ; et seule, la Puissance maritime qui pourra être convaincue de sa prépondérance simultanée et effective sur tous les océans, sera capable de conserver désormais ses colonies, ses possessions et ses protectorats.

*
* *

La pratique de ces principes ramènerait à deux situations très claires la confusion présente : la contestation de deux États mineurs n'engageant pas les métropoles; ou bien les métropoles prenant vis-à-vis l'une de l'autre les droits — fœderis et belli — des protégés, qui sont alors attachés à la fortune de leurs Protecteurs. Ce sont là des situations simples, et qu'aucun incident ni aucun hasard ne peuvent enchevêtrer.

Actuellement au contraire, il n'est pas une contestation entre États mineurs qui, grâce à la confusion de tant d'intérêts divers, ne provoque des résultats à l'encontre de tous les droits, et ne crée des situations anormales, que des moyens anormaux seuls peuvent dénouer.

Prenons l'exemple de la dernière réglementation des frontières laotiennes de 1895, et considérons un instant à quelles inconséquences se résignèrent les parties. — Muong sing n'était point dans les territoires contestés ; il appartenait au Laos tonkinois d'une façon aussi éclatante que l'île de Sein au département du Finistère ; néanmoins, sur l'autorisation officielle que lui donna le Gouvernement de l'Inde, après consultation et approbation du ministère anglais, sir Frederic Friars, résident général en Birmanie, fait occuper Muong sing par un détachement de Ghourkas, troupes régulières à la solde de la vice-royauté.

C'était là une violation de territoire parfaitement caractérisée, d'autant plus que sir Colville, chef militaire de ces Ghourkas, fut obligé de mettre hors de Muong sing un agent et des nationaux français. C'était un des « casus belli » des moins discutables. Le but de sir Friars, et par ricochet du Gouvernement de la Reine, ne pouvait être dissimulé ; mais les motifs de l'agression n'existaient pas.

L'Annam et le Tonkin, qui n'avaient de démêlés qu'avec le Siam, étaient en indifférence absolue vis-à-vis des Indes ; la France était en bon accord avec l'Angleterre. C'est donc ici le type du coup de force, exécuté dans l'espoir que le fait accompli permanerait. L'affaire, s'étant passée en des points inoccupés et pacifiques, se termina, sans effusion de sang, tant à l'entrée qu'à la sortie des Ghourkas. Mais que se fût-il passé si dans Muong sing s'était trouvé un agent militaire aussi ardent à la résistance que sir Colville fut ardent à l'agression ? Une lutte se fût inévitablement engagée ; des morts seraient demeurés sur le terrain. Or, de même que les milices laotiennes sont commandées par des inspecteurs, à la solde du protectorat de l'Indo-Chine sans doute, mais citoyens français, les Ghourkas sont commandés par des officiers à la solde du Gouvernement de l'Inde, mais sujets britanniques. Si un inspecteur français avait été tué, la France était en droit de réclamer à l'Angleterre une forte compensation pour le meurtre d'un Français sur le sol français indûment envahi ; mais, si un officier anglais avait succombé, l'Angleterre, qui n'avait pas officiellement commandé l'agression, le Gouvernement des Indes, qui n'aurait pu arguer de son ignorance (puisque la commission anglo-française opérait précisément sur ce territoire), n'auraient pu réclamer aucune compensation de la mort d'un soldat anglais, tué en service, sous son drapeau. Et si la Grande-Bretagne s'était enhardie à cette demande, la République française l'eût fait primer par une action reconventionnelle, en violation directe du territoire français par l'armée anglaise, violation que la demande de l'Angleterre aurait implicitement reconnue comme préparée et volontaire ! Le Gouvernement anglais s'était donc mis dans l'alternative (dont un hasard heureux lui a épargné les inconvénients) de reconnaître qu'il avait commis la plus grande offense au droit des gens, — la violation armée d'un sol ami — ou de laisser sans vengeance, et de paraître approuver, par son silence, le meurtre de ses soldats.

***

La métropole qui voudrait se soustraire, et avec elle ses protégés, à la confusion des politiques, et à l'imminence des coups de force lointains que nous avons démontré devoir en résulter, peut dès aujourd'hui user de quelques moyens pratiques et énergiques, et en imposer l'usage à ses clients. Les discussions et contestations, que nous voulons libres entre les États mineurs, ne doivent dépasser ni les intérêts ni les zones d'influence de ces États. C'est donc le plus petit, le moins indépendant, le plus borné de vues qui doit le premier mettre un terme aux situations délicates qu'il entrevoit possibles. Tous les arguments de la partie adverse qui viennent frapper par-dessus ses intérêts, les intérêts de sa métropole, tous ceux qui semblent, par leur valeur ou leur détermination particulière, émaner de l'influence, même occulte, de la métropole adverse, un État mineur, soucieux à la fois de son devoir et de sa sécurité, doit refuser d'y répondre lui-même, et se contenter de les transmettre à sa métropole ainsi mise en cause. Non seulement il se tient ainsi dans les limites que lui impose son acte d'adhérence, mais aussi et surtout il se dégage de toute responsabilité, et il se couvre de son Protecteur vis-à-vis des exigences de la partie rivale, ce qui rend cette dernière infiniment plus traitable. Cette franchise d'allures donne enfin au protégé sa véritable situation de client, client à qui l'on ne peut désormais adresser d'injures, sans qu'elles aient leur retentissement dans un État plus puissant que celui qui les reçoit, et que celui qui les adresse.

Plusieurs États mineurs ou « *assignés* » n'eurent pas, en certaines circonstances, le courage de faire taire leur amour-propre et la jalousie de leur personnalité, et encoururent ainsi, par cet isolement apparent, de sérieux dommages. Mais il est juste aussi de dire que plusieurs métropoles, saisies en temps opportun de ces charges imprévues, ne surent pas remplir complètement les obligations qu'elles avaient assumées par les pactes de protectorat. On ne saurait trop, en effet, répéter que ce genre de pactes confie au Protecteur l'intégrité des frontières et la réputation extérieure du protégé, et qu'il doit les maintenir comme il fait des siennes propres. Un État qui aurait la complète conscience de tous les devoirs d'une telle charge — et qui le dirait — n'exposerait plus ses protégés à des rapts d'individus, à des inobservations de conventions, et encore moins à des violations de frontières, de la part des États mineurs ou autonomes de l'un ou l'autre continent. L'assaut donné à un village lointain d'un État mineur habité par des nègres sauvages devrait équivaloir, dans l'esprit de l'État éminent, au débarquement d'une division ennemie dans un port de la métropole ; il devrait, avec la même énergie, ressentir et repousser l'outrage. L'enseignement d'une telle conduite ne serait perdu pour personne ; chacun se garderait d'attaquer qui se défendrait si bien. Et ce serait le plus bel éloge à faire de la puissance d'un grand État, et du souci qu'il a de ses devoirs, que de dire que l'on respecte ses clients comme lui-même.

§ 5. — L'État mineur vis-à-vis des petits États autonomes influencés.

Nous ne ferons aucune difficulté d'admettre que cette désignation d'États autonomes « *influencés* » ne correspond à aucun principe théorique, attendu qu'il se peut bien qu'un État autonome subisse temporairement l'influence extérieure de tels États ou de telles circonstances, mais qu'il est certain qu'un État, perpétuellement influencé dans le même sens par les conseils d'une même Puissance, n'est plus un État indépendant, et subit une sorte d'oppression morale et de protectorat intellectuel officieux et dissimulé. Nous sommes toutefois obligés d'établir cette distinction à cause de la réalité qui veut que de tels États existent, et d'instituer une manière d'agir en ces cas particuliers et singuliers. Nous sommes d'autant moins disposés à les passer sous silence, qu'il en est avec qui la politique française extérieure doit compter, et que, grâce à l'extension coloniale de plusieurs Puissances, une telle condition est devenue la dernière sauvegarde de l'autonomie de certains États souverains (1).

Comment trouver ici des règles pour une action? Non seulement le protégé a changé sa politique, mais l'État autonome, auquel il s'adressait jadis, en change, lui aussi, tous les jours; et tandis qu'une des parties opère ce changement d'un seul coup et d'une manière officielle et publique, l'autre partie opère par restrictions successives de son indépendance et d'une manière occulte. Le mystère et l'instabilité sont les deux caractéristiques de la conduite internationale de ces malheureux États, condamnés à chercher ailleurs la force qu'ils n'ont plus en eux-mêmes, et, s'ils ont trouvé cette force, ne pouvant ni s'y confier toujours ni s'en prévaloir. Écrasé officiellement sous le poids d'une personnalité à laquelle il ne peut plus faire

---

(1) D'ailleurs les mêmes règles politiques, qui comprennent ces États secondaires, peuvent aussi s'appliquer aux États dont la communauté internationale garantit l'intégrité et la neutralité, et à tous États autonomes, dont un élément politique quelconque est dirigé par une Puissance ou un accord de Puissances.

honneur, l'État secondaire ne trouve son moyen d'action que dans le soutien caché — sans aucun échange de paroles — d'une tierce Puissance, soutien qui lui échappe s'il en a ouvertement besoin, et pour la conservation et l'occultation duquel il est réduit à tous les détours d'une politique vague, ondoyante, indéterminée, sans logique et sans dignité. Voisin impuissant, mais dangereux, le secours qu'il espère toujours et qui ne lui vient que rarement, l'encourage à des revendications aigres, à des retours imprévus, à des agressions sans causes directes, incoordonnées, sans rapport aucun avec sa puissance réelle, à des actes illégitimes ou injurieux qu'il est obligé de désavouer, mais qui n'en sont pas moins accomplis, à des dommages qu'il est obligé de réparer, mais qui n'en ont pas moins été commis. L'impondération inévitable de sa politique rend presque impossible l'établissement à son égard de relations suivies, normales et en tout cas pareilles. La violence passagère de ses décisions jette dans le plus profond embarras l'État mineur et sa métropole, qui, unis par un lien public, sont responsables, vis-à-vis la communauté internationale, de leur action combinée. Telles sont les difficultés que soulèvent les rapports qu'on est obligé de tenir avec les États secondaires. Ceux-ci d'ailleurs ne comptent sur l'impunité de leurs manœuvres que grâce à la pitié que leur faiblesse inspire, et grâce à l'intérêt qu'ont d'autres États à empêcher leur disparition et à conserver l'apparence de leur falote existence. Nous devons ajouter que le rôle occulte de la tierce Puissance, qui consiste à jeter en avant l'État secondaire, pour créer des embarras à une autre métropole, et à l'abandonner ensuite, n'ayant ni le droit ni le goût de le soutenir, n'a absolument rien qui soit légitime ou chevaleresque. Et nous voudrions que, pour éviter aux États secondaires toute curiosité de servir de paravent à des ambitions inavouées, les métropoles des États mineurs en jeu ne missent aucune générosité dans leur politique de revendications. Condamnés aujourd'hui à l'impuissance individuelle, ces États secondaires sont désignés demain pour la mort totale ; et leur existence, garantie seulement par l'intérêt des uns et la longanimité des autres, ne mérite peut-être plus autant d'égards, quand il est constaté qu'ils n'en utilisent les derniers soubresauts qu'à créer des difficultés à ceux-là mêmes qui les épargnent, et qui respectent en eux, et jusqu'à leur dernier soupir, un principe international.

**

Nous ne prétendons point qu'il faille les empêcher d'agir et répondre à leurs injures hypocrites par une iniquité éclatante ; nous prétendons seulement qu'il est bon de leur faire entendre que l'on sait à quoi s'en tenir sur leur puissance intérieure et leur force expansive, et leur interdire des actes ou des prétentions qui sont d'une façon flagrante hors de la portée de cette puissance et de cette force, et qui indiquent par suite l'ingérence occulte d'un tiers dans un débat où le droit des gens ne laisse place à deux négociateurs, ou, si l'on veut, à deux antagonistes. Le but à atteindre par l'État mineur lésé est donc de démasquer au plus tôt le tiers qui pousse ses visées à l'abri des visées de l'État secondaire, et de le forcer à se déclarer ou à se retirer. L'énergie et l'à-propos des agents métropolitains ne seront jamais hasardeux en de telles occasions ; plus leurs démarches seront rapides, plus tôt le tiers sera tenu de cesser son intrusion.

Le meilleur moyen pour obtenir, dans le plus bref délai, un tel résultat consistera à laisser parler et agir la métropole seule, au moment même où l'État secondaire dépassera, dans ses exigences et dans sa manière d'être, les limites que lui impose sa médiocrité. L'action franche de la métropole dissipera les actions détournées du tiers, et affirmera la suprématie de son client, dûment et hautement protégé, sur l'État secondaire, dont l'autonomie n'a plus de valeur, et dont l'amour-propre ne supporte pas encore un Protecteur.

Ces États secondaires ne sont pas, heureusement, nombreux dans l'histoire extra-européenne (car les princes des confédérations de l'Allemagne ne furent jamais que des souverains « influencés »); et l'on peut compter par avance avec les embarras qu'ils sont toujours prêts à susciter aux États autonomes, dont ils envient la puissance, et aux États mineurs, dont il semblerait qu'ils jalousent le sort paisible et prospère. Comme on les connait, eux et leur petit nombre, il est toujours facile aux États mineurs de se mettre en garde, et d'entamer avec eux le moins de négociations possible; et il serait même à désirer que, en discutant elle-même les intérêts de ses pupilles, la métropole prévînt les effets déplorables de l'outrecuidance de l'État secondaire, et l'intervention dissimulée d'une personnalité rivale. Le seul exemple parfait subsiste aujourd'hui dans la situation du royaume de Siam autonome, dont la destinée est entraînée invinciblement dans l'orbite de la politique anglaise, et que nous verrons à son heure, sans avoir toutefois perdu cette personnalité publique qui constitue sa dernière fierté, payer à la fois sa confiance, sa témérité, son insolence et ses illusions.

Nous aurons bientôt un second exemple à proposer d'un État autonome inévitablement influencé, puisque, malgré les efforts méritoires de l'Espagne, l'île de Cuba vient d'être déclarée libre ; grâce à l'ingérence, dans la guerre civile, des États-Unis, et aux circonstances dans lesquelles a été proclamée une telle indépendance, le nouvel État, nominalement autonome, ne saurait se dispenser, dans l'avenir, de la tutelle, au moins morale, américaine ; et ce n'est pas là une des moindres raisons qui doivent faire regretter à Cuba la disparition de l'hégémonie espagnole.

§ 6. — De l'intervention de la métropole.

Nous répéterons, au commencement de ce paragraphe, pour éviter toute ambiguïté d'interprétation, que nous mettons en dehors de la discussion les droits de paix, de guerre, de traité, de représentation, tout ce qui, en un mot, constitue l'extranéité d'un pays ; là, et d'après le pacte et l'essence du Protectorat, le Protecteur intervient seul et est substitué entièrement aux droits et au personnel du protégé. Nous n'entendons donc parler que de la part directe que le protégé doit avoir dans les décisions à prendre, et de la façon dont ses intérêts et sa politique doivent être respectés par le Protecteur et présentés aux autres États. Il s'agit par suite de déterminer, suivant les incidents qui se produisent et les personnalités publiques à qui l'on peut avoir affaire, quelles sont les circonstances dans lesquelles les intérêts, *seuls en jeu,* du protégé seront le plus avantageusement défendus, par ses moyens ou par les moyens de la métropole, et quels sont les moyens précis, déterminés par la marche des événements et les conditions des relations, où cette défense doit, pour être efficace, être transportée du pupille à son tuteur.

L'indifférence de la métropole ne peut avoir que deux motifs: son intérêt, ou l'intérêt de son protégé. C'est indiquer d'un mot les deux catégories de circonstances où il est loisible au mineur d'agir seul. La première se présente lorsque les intérêts du protégé sont différents de ceux du protecteur, dans le litige. On ne peut en effet demander à la métropole d'user tant soit peu de ses forces vives ou de son influence à défendre une politique divergente de la sienne propre, et à obtenir d'un tiers des avantages qui tourneraient à son propre détriment; la plus grande preuve que l'on puisse attendre de sa longanimité est qu'elle se désintéresse de la question, jusqu'au moment où les adversaires de son client mettraient en péril des intérêts supérieurs à ceux pour lesquels elle avait cru pouvoir faire abstraction de son sentiment. Mais nous avons déjà fait pressentir qu'une telle aventure ne se présenterait jamais aux États qui, dans leurs pactes d'adhésion, auraient suffisamment notifié à quel prix ils mettaient leur protection, et quels abandons ils exigeaient, en retour, du protégé.

La seconde catégorie de circonstances se présente lorsque le tuteur suppose son pupille assez puissant pour faire entendre sa seule voix et faire triompher sa cause. L'intervention de la métropole ne va pas sans quelques sacrifices et sans quelques frais, dont l'État mineur est appelé parfois à supporter sa part ; elle ne se produit pas surtout sans une certaine déviation dans la politique spéciale de l'État mineur, sans une généralisation de ses visées particulières. Il n'importe pas de faire supporter, à la fois au tuteur et au pupille, cette gêne réciproque et ces sacrifices respectifs, si le pupille est à même de se tirer seul, honorablement et avantageusement, de la contestation ou de la compétition où il est engagé.

Hors de ces deux catégories, où rentrent, plus souvent qu'on ne le pourrait penser, les faits de la vie politique des États mineurs, l'intervention de l'État éminent devient toujours, à un moment donné, nécessaire ; et cette intervention revêt deux formes distinctes, suivant qu'elle se produit d'une façon désintéressée en faveur de l'État mineur, ou que l'État éminent entre en lice à la fois pour son client et pour lui-même.

*
* *

L'intervention de la métropole, non seulement cette intervention continuelle qu'elle exerce de droit par la présence de ses agents, mais son intervention par son action directe, son influence, et, s'il le faut, ses forces et ses ressources, devient nécessaire, lorsque les forces et l'influence de l'État mineur ne sont plus en mesure de soutenir les prétentions que, en son nom, les représentants de la métropole émettent vis-à-vis des États intéressés. Une prétention n'est utile et digne d'attention et de succès que lorsqu'elle peut être appuyée immédiatement d'arguments, dont la puissance est en rapport avec sa valeur. Toute parole, à laquelle il est patent que nulle action ne pourrait être jointe, n'est qu'une proposition ou une protestation théorique ou platonique, propre plutôt à diminuer qu'à augmenter l'importance de celui qui la prononce. Donc, dans tous les cas où, soit par son motif même, soit par la tournure prise au cours des négociations, le litige vient à dépasser les forces du protégé, il est, non seulement du droit, mais du devoir du Protecteur d'intervenir, en vertu même des clauses du pacte qui le lie. Suivant les intérêts immédiatement en cause, et suivant ceux que les incidents y peuvent engager, l'intervention de la métropole est désintéressée ou intéressée. Théoriquement, elle doit, dans les deux cas, avoir la même décision et la même énergie.

Lorsque les intérêts de l'État mineur sont insuffisamment soutenus, et bien que la métropole n'ait aucun intérêt direct à intervenir, elle doit à son protégé son intervention, à cause de sa propre dignité, des engagements pris et de la fâcheuse répercussion morale que l'abandon et l'insuccès de son client peuvent avoir sur sa politique générale. C'est à elle à mesurer son effort et ses sacrifices à l'importance du but à atteindre. Elle doit satisfaire à la fois son amour-propre et son obligation, en s'engageant pour son client, et la saine logique, en ne faisant pas de bruit ni de frais hors de proportion avec les avantages à poursuivre ; et c'est à elle seule de juger l'opportunité de son action, et de choisir son moment et ses moyens.

Cette action, toute désintéressée, s'entend surtout du cas où un État autonome, du même continent que la métropole que nous envisageons, vient à entrer en litige avec l'État mineur. Sans que les intérêts immédiats augmentent, la question se complique et se généralise en changeant de théâtre ; cette complication et cette généralisation entraînent d'autant plus de sacrifices, que la métropole n'est pas seulement mise en cause à propos de son client, mais indirectement à propos d'elle-même ; et c'est le cas le moins avantageux de la politique d'intervention, car la métropole est appelée et attendue, par un État pair, sur le terrain du litige, où elle ne semble par suite descendre qu'après contrainte, et sur lequel elle est tenue à d'autant plus de sacrifices qu'elle semblait moins disposée à en consentir, et qu'elle a à effacer une impression première, souvent fausse. Aussi, sans pousser le conseil jusqu'à l'agression, nous estimons que la métropole la mieux soucieuse de son intérêt bien entendu, même personnel, est celle qui soutient les visées particulières de son client, la première et le plus énergiquement.

Vis-à-vis d'un État secondaire (autonome nominal, occultement influencé), nous avons donné et expliqué notre sentiment, que la métropole ne doit laisser son client agir seul que le moins longtemps possible, et nous avons appuyé cet avis sur trop de détails pour y revenir encore. Notons seulement ici que l'aide de la métropole n'est pas absolument désintéressée, en ce sens que, bien que les intérêts de son client paraissent seuls en jeu, il est de son intérêt spécial que l'État secondaire n'ait pas le loisir d'être enhardi par l'influence secrète d'une tierce Puissance, de pousser ses négociations jusqu'à des intérêts généraux englobant ceux de la métropole, et de la forcer ainsi à se dégager par une action particulière, au détriment de l'action pendante et de l'union qui doit toujours exister entre elle et son client.

*
* *

L'intérêt que la métropole trouve dans son intervention peut s'appliquer à ses droits personnels, ou à ses droits vis-à-vis de ses clients. Dans l'un des cas, l'intervention est inévitable. Dans les contestations de l'État mineur, en effet, devant toutes démarches des autres États, *quels qu'ils soient*, entraînant l'exercice d'un des droits auxquels l'État mineur a renoncé, cet État défaille, et en vertu même du pacte d'adhérence (et, si je puis m'exprimer ainsi, mécaniquement), la métropole apparaît à sa place. Elle intervient comme gardienne du pacte conclu, dans les avantages extérieurs que ce pacte lui confère, et indépendamment du litige ; on peut dire qu'elle remplace, par un instrument valable, un instrument incapable et incompétent. Cette intervention est intéressée, mais elle s'applique, beaucoup plus qu'à l'acquisition d'avantages internationaux, à la sauvegarde des avantages acquis par le Protecteur sur le protégé. Il semble donc inutile d'insister ici, car la métropole agit, en cas semblable, d'autant plus volontiers, que son abstention équivaudrait à l'oubli de sa position et à la perte même de son titre de métropole.

Enfin, l'intervention intéressée de la métropole a lieu lorsque, dans le cours des contestations avec l'État mineur, des questions intéressant directement la métropole se produisent incidemment. L'État mineur n'a aucune capacité d'en connaître, et la tierce Puissance, en touchant à la politique de l'État éminent, se hausse jusqu'à lui, et l'appelle dans le débat. Dans ces circonstances nous pensons que la métropole doit prendre la direction, non seulement des questions qui lui sont personnelles, mais de tout le litige, afin d'imprimer, à toutes résolutions venant d'elle ou de son protégé, ce caractère d'unité de vues qui relie étroitement les pupilles à leurs tuteurs, vis-à-vis de la communauté internationale. Ces vues uniformes doivent sauvegarder les intérêts de la métropole et, au même titre, ceux de ses clients, et c'est l'intérêt intérieur qui veut que des parts proportionnelles soient faites aux désirs de chacun d'eux. Mais dans le litige, la personnalité de la métropole, une fois provoquée, doit apparaître seule.

*
* *

Nous ne voulons pas pousser ici plus loin l'étude de l'intervention directe des métropoles, la désignation de leurs moyens, la spécialisation des moments ; il nous faudrait de longs développements pour connaître les moyens termes qui sauvegarderont les intérêts du protégé, lorsque les intérêts du Protecteur seront de sens contraire ; pour établir la validité des accords de l'État mineur, ratifiés par l'État éminent ; pour déterminer le moment où l'agression d'un tiers contre le protégé entraîne inévitablement le Protecteur. Il nous faudrait parler aussi des obligations que la solution des divers litiges — solution qui engage la métropole — impose à la politique du protégé, et de quelle réserve il lui convient de ne jamais se départir. Il nous faudrait voir surtout comment cette liberté relative en politique entraîne la liberté complète commerciale et la franchise douanière et fiscale. Mais ce sont là de trop graves et trop délicates questions pour être agitées dans un livre qui n'est pas absolument un traité de la doctrine, et pour que leur solution ne réclame pas les études les plus détaillées et la compétence la plus étendue.

Si, au point de vue théorique, nous sommes contraints

de nous arrêter ici dans nos considérations générales, nous voulons croire que du moins nous avons démontré amplement la nécessité d'une politique extérieure des possessions et pays de protectorat, et que nous avons établi les bases sur lesquelles il lui est permis de se constituer, sans léser les droits et sans froisser l'amour-propre des métropoles. Nous espérons que, dans la suite de cet ouvrage, où se trouvent condensés la politique de l'Annam autonome et les désirs de l'Annam protégé, on verra une application pratique des principes généraux que nous venons d'exposer, et aussi un enseignement fécond pour l'établissement des règles usuelles et le traitement des cas particuliers, que nous avons été obligés de passer sous silence.

CHAPITRE II

La politique de l'Annam autonome

Au cours du chapitre qui précède, on a pu voir que la politique extérieure, spéciale aux pays de Protectorat, prenait ses bases en deux éléments bien définis : la politique antérieure de l'État mineur autonome, et la politique présente de l'État éminent. Le pacte d'adhérence qui joint les deux États coordonne, il est vrai, ces deux politiques, en excluant, par un texte clair du pacte même, ce que la politique du pupille peut avoir de directement contraire aux intérêts de son tuteur; mais il donne naissance à une politique métropolitaine, en tant que protectrice, et à une politique spéciale du protégé, en tant que déchu de ses droits d'extranéité et de représentation. — C'est cette politique, essentiellement nouvelle, qu'il s'agit de déterminer par l'étude des éléments qui la composent, et dont le principal consiste certainement dans la politique extérieure que tenait l'État mineur, alors que, jouissant de son autonomie, il dirigeait lui-même ses relations internationales.

L'étude de cette question revêt d'autant plus d'importance que l'État mineur a jadis possédé des relations plus anciennes et plus étendues, et que son existence propre remonte plus loin dans l'histoire. C'est le cas de l'Annam, et, en général, des royaumes de l'Indo-Chine qui constituent aujourd'hui l'Extrême-Orient français.

La personnalité de l'Annam, sans remonter jusqu'aux temps légendaires, s'affirme, dans une longue suite d'années, par une série de rapports internationaux, diffus, compliqués, qui témoignent d'une existence vivace et tourmentée. Aiguisée encore par une civilisation fine et très complète, fortifiée au contact d'importants événements et des plus grandes épreuves, cette personnalité, toute vieille et fatiguée qu'elle paraisse, ne peut être entièrement absorbée; et les tempéraments avec lesquels elle doit être traitée sont d'autant plus délicats et nombreux, que son exercice a laissé de plus profondes traces dans le génie de la race, et créé au peuple une âme, à la fois synthétique et spéciale, empreinte, sous le cachet des siècles, d'un caractère que désormais rien ne saurait effacer.

C'est de la politique, issue de cette longue indépendance, et qui parfois ne manque pas de grandeur, qu'il importe de tenir compte, lorsque, comme protecteur, on prend la direction d'un pays si longtemps responsable de lui-même. Le chaos véritable où, pendant des siècles, s'agitèrent les destinées des peuples jaunes, et dont est sortie, tant bien que mal, la physionomie de l'Asie contemporaine, ne saurait être un obstacle à une étude souvent ardue, parfois passionnante, toujours instructive. A débrouiller cette confusion, à placer sous leur vrai jour les conflits des ambitions et les antagonismes des prépondérances, on acquerra au contraire un peu de ce doigté délicat, si nécessaire dans toutes les affaires asiatiques ; et l'on distinguera, parmi l'imbroglio des compétitions personnelles ou dynastiques, et le fatras des révolutions et des luttes intestines, l'intérêt véritable de ce pays, qui ne peut plus devoir qu'à nous, désormais, sa tranquillité et sa grandeur.

§ 1. — Relations entre l'Annam et la Chine.

On ne s'étonnera pas que l'exposé des relations de l'Annam avec la Chine tienne ici la place principale. L'immensité presque indéfinie du sol, l'absence de voisins égaux, la diffusion d'une race prolifique et généreuse, le terrible éclat des souverains conquérants, tout s'accorde à donner et à conserver à la Chine une hégémonie sans conteste qui dépasse ses frontières, et à laquelle nul peuple jaune ne cherche à se soustraire ; telle est la réputation de faste et d'omnipotence du Céleste-Empire, que l'Asie entière s'enorgueillit d'être son client, et que ceux-là même, parmi les souverains, qui eussent pu s'affranchir de tout lien de vassalité, reconnaissent néanmoins au Fils du Ciel, par une déférence coutumière, un droit vague de suzeraineté. Dans la plupart des cas, aucun avantage politique ne découle de ce droit, qui ne trouve son exercice que dans des ambassades réciproques, des échanges de cadeaux symboliques, et de solennelles investitures. Mais il faut se rappeler que l'Orient est formaliste et soucieux des préséances, et qu'il tient à l'ordre de son ensemble et à l'inaccessibilité de ses hiérarchies bien plus qu'à un avantage direct et tangible. L'Empereur de Péking faisait la guerre pour le maintien des formules cérémonielles plus volontiers que pour la défense ou l'acquisition d'un territoire, et trouvait, dans la pérennité du rituel diplomatique, un aliment qui suffisait à son orgueil. Il prétendait, à certaines dates, être officiellement reconnu pour le Père de tels peuples qui passaient leur temps à l'invectiver; et pourvu que les sceaux d'or ou d'argent qui donnent la puissance royale fussent émanés de ses ambassadeurs, il lui importait moins que ces insignes scellassent des déclarations injurieuses ou des défis à son propre pouvoir. De si graves manquements n'étaient dès lors prétexte que de missions complimenteuses et de réclamations platoniques. Le pouvoir suprême, remis par le Fils du Ciel aux rois ses commettants, ressemblait quelque peu au libre arbitre attribué par Dieu aux hommes, et dont il leur est loisible, aussitôt qu'ils l'ont reçu, de se servir contre celui qui le leur a donné, sans crainte d'une répression immédiate.

Il fallait établir cette conception singulière, spéciale à l'esprit asiatique, pour comprendre comment l'hégémonie chinoise dura si longtemps, et pourquoi y consentirent des nations qui n'y trouvaient aucun sujet de contentement. Nous allons voir en effet l'Annam, au cours de son histoire, acceptant et réclamant même, au besoin, l'investiture de Péking, et cependant agissant en souverain incontesté, quand elle avait été différée ou refusée, sans que la Chine semble en prendre ombrage. Nous verrons qu'aucun avantage effectif n'est exigé en échange de cette investiture. Les rois des diverses dynasties de l'Annam, que ce lien ne gêne en rien dans l'exercice de leur absolutisme, s'y réfèrent immédiatement, dès qu'une compétition sérieuse les menace, ou qu'un ennemi puissant viole leurs frontières ; ils réclament alors de la Chine la protection — ou simplement parfois l'alliance — que symbolise l'investiture impériale, et il paraît que la Chine ne reste pas toujours insensible à cette réclamation qui la flatte, tout en l'onérant. Par contre, nous verrons les rois d'Annam partir en guerre contre ce suzerain débonnaire et confus, non pas pour secouer une dépendance si commode, mais pour les motifs, futiles ou importants, que les souverains indépendants peuvent seuls invoquer. Il apparaît donc que le Protectorat fictif, qui unit l'Annam à la Chine, est une question d'orgueil pour l'une et d'intérêt pour l'autre, que les obligations n'engagent qu'une des parties contractantes, et que le pacte devient nul de fait, lorsque l'Annam n'y trouve pas son avantage.

Cette bizarrerie internationale a sa raison d'être : c'est dans un principe philosophique, révéré de toute la race jaune, que la Chine a puisé sa longanimité, et l'Annam sa liberté d'allures. Nous voulons parler du principe de la solidarité (gen). De par sa situation, à tous points de vue prépondérante, au nom de la Science et des Principes sacrés dont elle a le dépôt, la Chine se croit tenue à être la tutrice morale de tous les peuples jaunes, comme le représentant de leur communauté, et la sauvegarde de l'indépendance de la race. Grâce aux influences que les lettres chinoises exercent, par l'intermédiaire des mandarins, des philosophes et des savants élevés aux écoles taoïste et confucéenne, les nations asiatiques sont disposées à reconnaître cette suprématie et cette fonction traditionnelle et intellectuelle. Le sentiment de la conservation ethnique réunit tous les Extrêmes-Orientaux par dessus et malgré leurs frontières. Et c'est à ce sentiment latent, mais tout puissant, qu'obéissent — involontairement parfois — les souverains de l'Asie orientale en se groupant autour de la Chine, comme des enfants autour de leur mère, cherchant un appui moral et une communion intellectuelle, sans toutefois que le secours matériel s'ensuive nécessairement. Ainsi le grand empire remplirait un devoir de tutelle désintéressée vis-à-vis des petits empires, qu'il défendrait contre les entreprises du dehors, sans en retirer d'avantages pour lui-même. C'est à cette conception élevée que répondrait l'investiture conférée aux rois voisins, sans stipulations compensatrices. C'est un idéal fort beau lorsque les Empereurs de Péking étaient vertueux ou occupés de leurs affaires particulières ; mais, dans l'histoire, il dégénère souvent en des réalités fâcheuses, lorsque sa conception se dégrada parmi les visées personnelles d'autocrates ambitieux.

A ce même sentiment de la solidarité obéirent les petits États, les confédérations plus ou moins changeantes, les associations régionales sans valeur et sans personnalités bien définies, qui se réunirent autour de l'Annam, comme l'Annam et la Birmanie se réunissaient autour de la Chine. Toutefois, à mesure que les États, clients moraux, devenaient moindres, la préoccupation du secours matériel entrait davantage en l'esprit de leurs chefs; et à mesure que cette demande de protection physique indiquait mieux leur faiblesse intérieure, le caractère de la tutelle d'un État sur l'autre se précisait plus exactement, et les motifs de l'État protecteur perdaient de leur pureté et de leur désintéressement primordiaux, pour faire place à des ambitions territoriales, et même à un but d'assimilation entière et de conquête. Nous verrons donc l'Annam absorber lentement, mais sûrement, ses États feudataires, sans grande opposition des tribus qui les composaient, et chez qui le sentiment de la solidarité, joint à celui de leur propre impuissance, éteignait tout regret de leur falote personnalité.

Vis-à-vis de ces États feudataires, l'Annam se comportait en souverain, et la Chine n'intervenait en rien dans leurs relations réciproques. C'est encore là une marque de l'indépendance totale des empereurs indo-chinois. Nous en trouvons une autre preuve, plus frappante encore, dans les guerres que la Chine continuellement, et pas toujours heureusement, déclare à l'Annam. Si un pacte sérieux eût existé entre les deux nations, les clauses de ce pacte eussent écarté toute éventualité de guerre, et, bien plutôt que d'entrer en lutte ouverte, la Chine eût trouvé avantage à faire respecter ce pacte, ou à le modifier. Mais il n'est rien de pareil dans l'histoire. Nous sommes donc ici vis-à-vis d'un état spécial de « respect moral » de l'Annam envers la Chine, que nous décorons du nom de Protectorat, faute d'autre terme, mais qui ne se rapproche pas du Protectorat moderne, tel que le conçoivent les puissances, hors du continent européen. Cet état, malgré les inévitables tourmentes des choses humaines, subsiste pendant une série trop longue de siècles, pour que nous puissions en étudier le détail. D'un tel amoncellement nous extrairons seulement les faits les plus caractéristiques, d'après lesquels il peut être permis d'établir une opinion sur la nature des rapports qui unirent jadis l'Annam avec la « Mère de toutes les nations. » Et l'on aura sans doute l'occasion de s'étonner qu'un fil si ténu soit demeuré si solide parmi les bouleversements du continent, si on oublie qu'il ne doit son existence et sa continuité qu'à un principe de morale philosophique, essentiel à l'âme des races jaunes.

*
* *

Nous nous ferions un reproche de porter une étude pratique jusqu'au fond de ces temps légendaires, où les rois de la première dynastie de l'Annam, issue directement du Dragon-Céleste, régnaient parmi les prodiges. Et malgré les bribes de véridique histoire qui ont pu s'y accrocher, nous devons regarder les récits des premiers temps et les annales des dix-huit rois Huong comme les produits d'une gigantesque mythologie. Pour contrôler les assertions de l'invraisemblable tradition, nous n'avons pas ici les sources nombreuses, pures et respectables que, 800 ans avant Moïse, offre déjà l'histoire de l'Empire du Milieu. Et s'il plaît aux souverains nuageux de la première époque de ne reconnaître pour supérieur que le Dragon, leur ancêtre, nous ne pouvons entrer dans l'étude des relations de l'Annam qu'au jour même où l'Annam entre dans l'histoire définitive, c'est-à-dire à l'avènement de la dynastie de Thuc (275 av. J.-C.).

Cette dynastie de Thuc, qui conquit et gouverna le royaume, était issue des frontières nord de l'Indo-Chine, vers Caobang, là où les récits anciens placent la fameuse citadelle de Conlonthanh, dont les spirales en escargots couvraient les montagnes. Ce fut l'avènement de cette dynastie, dont le lieu d'origine était voisin du Quangsi et du Yun-nan, qui détermina des relations suivies avec la Chine, relations qui se caractérisèrent immédiatement par la reconnaissance de la suzeraineté morale de cette dernière. Anduongvuong, premier roi de la dynastie, reçut de la Chine le titre et les insignes royaux. Trieu vode, chef de la troisième dynastie, renouvelle, au commencement de son règne, cet hommage initial, qui rend souverains tous ses actes ultérieurs.

La cour d'Annam reconnaît la nécessité de cet hommage ; elle en recueille les fruits en invitant les généraux chinois à protéger ses frontières ; mais elle veille à ce qu'il ne dégénère pas, sous la pression de Péking et la complaisance des rois d'Annam, en un vasselage effectif, ni même à ce qu'il ne détermine, dans le cours des règnes, des hommages séculaires ; le roi Ai vuong, que le sang maternel chinois poussait à des complaisances envers la Chine, accepta d'assister, comme vassal, aux audiences de l'Empereur à Péking ; à son retour, il trouva la cour soulevée, le peuple en révolte (111 av. J.-C.). Le parti national, conduit par le maréchal Lucgia, le bat, l'emprisonne, le met à mort, et l'indépendance de l'Annam est pour la première fois proclamée.

Pour garder son droit d'investiture, l'Empereur n'hésite pas à mettre en ligne cinq corps d'armée ; le vice-roi, qui les commande, envahit l'Annam, conquiert tout le sol, réduit le pays en provinces chinoises, et l'administre comme tel ; la dynastie Thuc disparait dans l'orage ; et ce premier asservissement — car le terme de vasselage serait trop doux — demeure pendant une durée de 150 ans. Mais si le peuple de l'Annam acceptait la suprématie particulière dont nous avons parlé, il souffrait impatiemment la domination ; et, après un siècle et plus de souffrances et de révoltes non comprimées, éclate le mouvement de race où tout le peuple prit part, et qu'incarnèrent les sœurs

Trung, les Jeanne d'Arc tonkinoises, dont la mémoire, après dix-huit cents ans, est encore plus vénérée que celle de nos libérateurs et de nos conquérants. Un si bel élan, quoique couronné primitivement de succès, dura peu. En 42 ap. J.-C., le général chinois Mavien rétablit, plus impérieusement que jamais, l'hégémonie chinoise; l'Annamite fut traité en vassal, et ne put plus prétendre aux grades du mandarinat supérieur (1). Il faut cent ans aux lettrés annamites pour obtenir des privilèges égaux à ceux des lettrés chinois. A la fin du IIᵉ siècle, en 186, à la voix de Sitien, chef d'une famille illustre, l'Annam secoue de nouveau le joug chinois, et le royaume eût dès lors acquis son indépendance avec celle de sa dynastie, si Sitien n'avait pas été attaché plus que de raison aux doctrines confucéennes, n'eût pas introduit des maîtres chinois pour les enseigner, et n'eût pas contraint les Annamites à abandonner leur écriture nationale pour adopter l'usage des caractères chinois. Son successeur, Sihuy, dupé par le général chinois Lidaï, porte sa soumission au Fils du Ciel, qui le fait mettre à mort, et l'Annam est réduit de nouveau en province chinoise : ce nouvel asservissement dure jusqu'en 540.

Toute cette période, ancienne et troublée, de l'histoire indo-chinoise, nous montre l'Annam souvent révolté, toujours vaincu, serré étroitement par son vainqueur. La seule investiture se dénature jusqu'à la conquête du protégé, et à son administration directe par les chefs militaires du Protecteur. Toutefois ces chefs militaires, qui ont jeté

---

(1) C'est cette sujétion que les rois de la dynastie Nguyễn exercent sur les Tonkinois, en refusant presque toujours les emplois de la cour aux indigènes des provinces situées au nord du Thanhoa.

bas et remplacé la race royale, s'érigent eux-mêmes en dynasties, et sont les premiers à relâcher, par intérêt et orgueil personnel, les liens dont ils avaient contribué à contraindre le peuple conquis ; et bientôt l'ambassade et le tribut annuels à Péking sont les seules marques de la vassalité de ces vice-rois à peu près indépendants. Il n'est pas néanmoins douteux que le pays ne soit profondément acquis, et de force, à la prépondérance chinoise ; il n'est plus de royaume d'Annam, il n'est que des provinces annamites ; le peuple a perdu ses libertés, ses rois, ses privilèges de castes et jusqu'à son écriture ; et c'est de cette époque que date le croisement physique, intellectuel et moral des Chinois avec le peuple annamite, jusqu'alors autochtone. Nous voyons aussi que cette prépondérance n'est pas facilement supportée : à défaut d'un patriotisme particulariste, il demeure à l'Annam le sentiment de la race opprimée et de la liberté perdue ; et de violents soubresauts pour la reconquérir ensanglantent l'histoire des premières dynasties. De ces révoltes, l'une enfin devait réussir ; et, sortant enfin d'un esclavage, si étroit qu'il menaçait sa personnalité tout entière, nous allons voir l'Annam monter lentement et par échelons, de la vassalité la plus stricte jusqu'à l'indépendance presque entière, à travers les difficultés et les guerres d'une période orageuse.

*
* *

En 546, l'Annam entier se révolte ; sous l'impulsion du chef de la famille Ly et du général indigène Trien, les troupes se soulevèrent et chassèrent les Chinois. Après des dissensions entre les vainqueurs, le trône demeure à Ly phat tu, qui établit la première dynastie nationale en Annam ; celle-ci fut absolument indépendante, et refusa de demander l'investiture à Péking ; elle s'éteignit malheureusement au bout de soixante-deux ans, et la Chine, en 603, établit de nouveau sa suprématie sur l'Annam. Mais quoique encore la dynastie disparue ne fût pas remplacée, et que des vice-rois en occupassent les fonctions, la Chine se garda bien de réduire l'Annam aussi étroitement que par le passé ; elle imposa au premier vice-roi un traité de Protectorat, par lequel l'Annam conservait toutes ses libertés sur son territoire proprement dit, formant treize divisions ou chaûs, qui furent gouvernés par des indigènes ; les quarante autres chaûs, qui formaient le reste de l'empire des Ly, furent administrés à la chinoise, et tenus de payer un tribut annuel (or, argent, parfums et produits précieux de la contrée). Grâce à cette habile distinction, ce pacte fut observé pendant plus de trois siècles, et les Annamites, soumis à une suzeraineté assez large et régulièrement constituée, connurent enfin la prospérité. Durant tout ce laps de temps, la Chine fut véritablement la protectrice désintéressée du royaume, et c'est à ce désintéressement qu'il dut sa première grandeur. Il faut remarquer toutefois que les treize provinces à qui la Chine consentit une administration intérieure autonome, furent un foyer naturel où couvèrent les espérances de liberté, et que c'est d'elles que partit le signal du mouvement qui, plus tard, rendit à l'Annam cette personnalité publique dont il n'avait presque jamais fait usage.

Nous verrons, dans l'histoire de la politique de l'Annam vis-à-vis de ses voisins de l'ouest, comment la race annamite employa les loisirs de cette période ; mais ce fut, après beaucoup d'autres, une dernière invasion des Laotiens et des Siamois qui précipita la fin de l'hégémonie chinoise en Annam. Après de longues luttes, entreprises pour le compte de son protégé, qui, sans l'aider, la regardait faire, la Chine, à bout de dévouement, se résigna à laisser l'Annam aux mains des barbares Ciampois. Ceux-ci, après dix ans de guerres, d'atermoiements et de ruses, furent refoulés sur le Mékhong par le général chinois Caobien, qui, à force de commander à des Annamites, avait oublié sa patrie d'adoption. Caobien vainqueur se proclama roi, et fut accepté par le peuple reconnaissant; il ne réclama et ne reçut aucune investiture, et paraît avoir été indépendant. A sa mort, le trône de Chine était lui-même en compétition, l'Annam entre en révolte générale: le gouverneur, qui succède à Caobien, et qui est pourtant un indigène, est mis à mort. Le chef de la famille Ngô réveille l'esprit d'indépendance, et se déclare roi souverain (939). Sa famille demeure vingt-neuf ans sur le trône, sans que la Chine, perdue elle-même dans ses dissensions intestines, s'y oppose en rien. Mais au bout de vingt-neuf ans, affamés de liberté, les treize gouvernements intérieurs, créés par le pacte de 618, se révoltent chacun pour leur compte, et chacun d'eux proclame son gouverneur souverain indépendant. Une telle anarchie ne pouvait durer. Dinthien, le plus habile de ces treize roitelets, bat ses rivaux, se déclare souverain de l'Annam (968). Revenue de sa surprise, et sortie de ses embarras, la cour de Péking le fait assassiner, et déclare la guerre à l'Annam en révolte. Le peuple entier se porte aux frontières dans un magnifique élan, et, d'une voix unanime, le maréchal Le Hoan est proclamé roi (981). C'est le fondateur glorieux de la première dynastie Lê, qui donne à l'Annam une autonomie, plus durable que sa dynastie même. L'armée chinoise qui envahissait la frontière nord est battue; ses généraux sont faits prisonniers; et le traité de 982 reconnaît à la fois la royauté des Lê et l'indépendance de l'Annam.

La caractéristique de la politique de ces quatre siècles (546-982) est l'acheminement de l'Annam vers son autonomie, sous les yeux de la Chine un peu indolente. Il n'est en effet pas douteux que, si elle y eût tenu et trouvé avantage, la cour de Péking n'eût été de force à maintenir son joug, si âpre qu'il fût, sur l'Annam; elle ne paraît pas avoir attaché à cette possession une importance extrême; toutefois le peuple, les barbares, et les généraux chinois eux-mêmes y aidant, il était difficile, à moins d'une volonté continue (qui ne pouvait se faire sentir parmi les révolutions intestines dont souffraient les dynasties chinoises), de faire peser sur tout le pays une administration étrangère, et d'y maintenir le régime de la conquête. L'acte de 618, qui, dans le grand Annam vassal, consentait un petit Annam autonome, ouvrit l'ère des concessions, et éveilla dans toutes les classes de la nation l'idée d'une indépendance totale; l'on pouvait dès lors prévoir que, grâce à l'esprit très personnel de la race, le joug direct de la Chine ne tarderait pas à être secoué, et que le royaume d'Annam posséderait sous peu une histoire et une individualité propres, dont nous allons voir le développement.

La dynastie des Ly, qui, sous le couvert du traité de 982, supplanta le fils indigne de Le Hoan, accepte de la Chine l'investiture directe et la nominale suzeraineté auxquelles nous avons naguère fait allusion. Une liberté, conquise par tant de luttes, ne devait pas néanmoins s'exercer sans difficultés. Un certain regret poursuit toujours les empereurs de Péking de cette dépendance consentie ; et, si plusieurs d'entre eux, observateurs de la foi ancestrale, ou esclaves des circonstances, n'exercent sur l'Annam qu'une protection désintéressée, il en est d'autres qui profitent des embarras du nouveau souverain, et s'allient avec ses rivaux, pour tenter de le réduire à l'ancienne tutelle.

Mais dès les premiers rois Ly le caractère des relations entre la Chine et l'Annam s'accentue pour prendre sa valeur définitive : à chaque avènement de souverain annamite, une ambassade part de Péking pour lui apporter le sceau royal et la déclaration d'investiture ; moyennant quoi le souverain est investi d'une souveraineté sans réserves, cela de l'aveu même du platonique Protecteur. Le premier Ly fait la guerre et signe les traités ; son fils, Ly thai tong, se bat contre son propre peuple, puis contre les Ciampois ; et sa situation d'indépendance est si bien incontestée que les rebelles de Canton lui offrent l'arbitrage entre eux et le Céleste-Empire. Ly thai tong refuse cette délicate entremise, mais il donne de part et d'autre des conseils qui sont donnés et reçus comme venant d'un ami et d'un allié, et non d'un protégé de la Chine (1043). Ly thai tong frappe ses monnaies ; il abolit l'esclavage ; tous ses actes sont ceux d'un maître qui ne rend de comptes à personne.

Sous le règne de son petit-fils Lyn hou, la Chine s'allia à tous les ennemis de l'Annam pour tâcher à le réduire. Quelle que soit l'ambition qui perce dans l'ouverture de cette campagne, le seul fait de cette déclaration de guerre prouve qu'il n'y avait, entre la Chine et l'Annam, ni protectorat, ni véritable pacte, et que leurs difficultés ne pouvaient être résolues que les armes à la main. Cette guerre se termina à l'avantage de l'Annam, à qui la Chine rétrocéda quelques territoires indûment conservés par elle (1127). Dès lors, convaincue que l'ancien client est devenu un voisin, à l'occasion redoutable, la Chine n'entretient plus avec l'Annam que des relations de bonne confraternité ; les deux dynasties rivales de l'Empire du Milieu envoient tour à tour des ambassadeurs et des présents au roi Ly Anh, afin de le disposer pour l'une ou pour l'autre. En 1186, à l'avènement de Lycao, la Chine ne donne plus l'investiture, mais elle reconnaît que le souverain de l'Annam a droit au titre de roi. Cette formule très large subsiste désormais comme le seul lien qui rappelle la protection morale d'un État sur l'autre, et les ambassades réciproques, qui portent les présents et les congratulations, sont de même importance et de même richesse. L'usage en est si bien établi que la dynastie Ly disparaît après le règne d'un fou et celui d'un enfant, et que la famille Tran monte au trône d'Annam, sans que la Chine s'en mêle le moins du monde. Les révolutions d'Annam ne suffisent plus pour changer la nature d'un lien si facile ; il faut les bouleversements d'un continent, et l'entrée sur la scène asiatique du dévorateur des peuples Khoubilaï khan.

*
* *

Trente-trois ans après, en effet, que la dynastie des Tran, en la personne de Tran thai, eut succédé à la dynastie Ly, les Mongols envahirent la Chine, et les Khans de Mongolie, renversant la dynastie nationale des Tong, imposèrent à la Chine la dynastie tartare des Nyèn. Les Tran d'Annam, tout en faisant respecter militairement les frontières par les généraux mongols, s'alarmèrent du caractère guerrier de la nouvelle domination, et, pour conserver l'autonomie de leur royaume, sacrifièrent la forme au fond. Ils proposèrent à Khoubilaï khan un traité, et ils lui consentirent, en 1259, un véritable pacte d'adhérence, pacte nettement défini, aux termes duquel le roi d'Annam reconnaissait devoir son investiture et son titre royal au dynaste de Péking, et s'engageait à lui verser en conséquence un tribut trisannuel. Ce pacte laissait d'ailleurs à l'Annam toute son extranéité, son administration intérieure, et tous ses droits vis-à-vis des autres feudataires de la Chine ou de ses propres feudataires. L'aide matérielle obligatoire, en cas de danger, n'était nullement promise par le tuteur au pupille, et la valeur intrinsèque du tribut trisannuel réclamé par Khoubilaï excluait toute idée de recherche d'un profit quelconque ; la dépendance était donc ici réduite au solennel hommage et aux formes cérémonielles et symboliques dont nous avons parlé ; et le Protectorat exercé par Khoubilaï se fût donc entièrement rapproché du Protectorat désintéressé exercé par la Chine antique, si le souverain mongol, bien avisé, en ne stipulant pour lui aucun droit d'intercession chez son pupille, ne s'était bien gardé en même temps de lui promettre, en quelque cas que ce fût, la moindre assistance. Khoubilaï, d'ailleurs, enivré par les conquêtes qui le faisaient véritablement successeur de Gengis khan, ne semble pas être demeuré volontiers dans les limites du pacte de 1259, signé avec Tran thaï, et profite de l'avènement du fils de ce dernier, Tran hou, pour lui intimer l'ordre de venir à Péking aux audiences impériales, comme un prince vassal, pour recevoir de ses mains l'investiture. On se souvient que pareille complaisance avait précipité du trône un roi de la race Thuc. Tran hou, mieux inspiré par sa dignité, peut-être averti par ce lointain exemple des annales, n'eut garde de céder à cette fantaisie. Et de ce refus sortit, avec le rude conquérant mongol, la guerre la plus farouche que l'Annam ait jamais eu à soutenir. Grâce au climat, aux distances, et aux autres préoccupations de Khoubilaï, l'Annam en sortit vainqueur. Quatre ans plus tard, nouvelles instances de la Chine, nouveau refus de l'Annam. A l'avènement de Tran nan, Khoubilaï recommence ses menaces ; ses préparatifs de campagne sont interrompus par sa mort, et son successeur envoie à Tran anh l'investiture que celui-ci n'avait pas sollicitée, et qu'il n'attendit pas pour agir en souverain et pour déclarer la guerre à ses ennemis les Ciampois : le roi Tran dinh reçoit l'investiture avec le cérémonial prescrit ; mais son successeur, Tran du, ne la demande pas ; on ne la lui envoie pas, et il agit en souverain absolu, tout comme ses prédécesseurs.

   La famille de Khoubilaï ne se maintint pas longtemps sur le trône ; elle fut renversée par la dynastie des Ming, et c'est en vain qu'elle réclama, pour conserver l'empire, l'appui de cet Annam qu'elle avait si longtemps combattu. Les Ming, en prenant le pouvoir, notifient leur avènement au roi d'Annam, et celui-ci envoie à Péking une ambassade qui *reconnaît* les nouveaux maîtres ; mais c'est ici le seul terme employé qui précise l'idée du Protectorat, car les Ming eux-mêmes appellent *traité d'alliance* le pacte dans lequel ils reprennent avec l'Annam les relations déterminées par le pacte de 1259.

Toutefois, l'obscurité même et l'imprécision de l'accord signé avec les Ming engagent ceux-ci à profiter de la faiblesse que les interrègnes et les luttes intestines causaient en Annam, pour réclamer des droits que ne leur donnaient ni la lettre ni l'esprit du pacte. Les Ming exigent des Tran, assaillis et divisés, de nombreux tributs, des approvisionnements, le libre passage des troupes chinoises en territoire annamite ; tout est accordé par crainte d'une guerre que les Tran n'auraient pu soutenir avec avantage. Enfin, ils demandent que cinquante mille hommes des meilleures troupes de l'Annam soient incorporés dans l'armée chinoise. Le grand maréchal Lequily, qui visait le trône, refuse d'accéder à une telle demande, se retranchant derrière les clauses du traité ; l'empereur n'insiste pas, et c'est parmi ces difficultés que les Tran sont déchus, et que Lequily inaugure l'ère rapide et déplorable de la dynastie Hô.

※
＊ ＊

Cette dynastie, ennemie de la Chine, était advenue à un moment favorable aux revendications nationales ; elle eût pu jouer un beau rôle, mais sa haine pour la dynastie des Tran, qui fut chère au peuple, et la rapacité et la cruauté de ses deux rois détachèrent d'elle la nation : entre ses Protecteurs irrités et ses sujets indifférents, la cour d'Annam se trouva sans ressources et sans défenses; et l'on vit renaître les plus mauvais jours de la primitive histoire. Les Chinois commencent par s'allier aux ennemis des Hô, tout en envoyant des ambassades complimenteuses ; puis, jetant le masque, ils envahissent l'Annam, créent une administration chinoise dans les douze grandes provinces, font périr les rois Hô, et s'emparent de tout le pays, à la tête duquel est mis un gouverneur nommé par Péking.

Cette conquête violente et la brutale administration qui la suivit sont l'origine du mouvement national, lent et sourd à son origine, qui précipita l'Annam entier sur ses envahisseurs. Deux membres de la dynastie Tran prennent le titre de roi. Le premier meurt presque aussitôt ; le second, Trang, après avoir envoyé force cadeaux et ambassades, réclame en vain l'investiture ; l'Empereur lui accorde dédaigneusement le titre de *préfet* de l'Annam méridional. Ainsi le Tonkin entier demeurait à l'envahisseur, qui d'ailleurs ne cessa pas les hostilités contre le malheureux Roi-Préfet. Les généraux chinois envahirent le Nghean ; et la bataille de Thaigia, où les Annamites furent entièrement défaits, ruina les espérances de la dynastie de Tran. Le roi s'enfuit au Laos, où il fut fait prisonnier, et mourut en exil. L'Annam entier fut réduit en provinces chinoises, et la haute administration confiée à deux gouverneurs venus de Péking.

Mais l'Annam n'était plus aux temps anciens où il supportait encore la domination d'un maître ; la politique d'annexion, pratiquée par la Chine, trouva immédiatement des adversaires qui se révoltèrent et entraînèrent peu à peu le peuple à la fameuse guerre de l'Indépendance. La sévère domination des gouverneurs chinois augmenta le regret universel des régimes abolis.

La Chine, en effet, poursuivit avec la dernière énergie le rêve d'assimilation qu'avaient caressé plusieurs empereurs conquérants ; elle bouleversa les mœurs et les coutumes de l'Annam jusque dans la manière de se vêtir et de porter la chevelure ; les écoles chinoises eurent seules le droit de fonctionner pour l'enseignement des lettres, des arts, de la religion, de la médecine ; et les diplômes de lettrés ne purent désormais être obtenus qu'en Chine, et délivrés par des examinateurs chinois. L'impôt fut entièrement touché par les Chinois, et son assiette remaniée. Le peuple fut écrasé sous les corvées, employé au travail des mines. Le sel fut l'objet d'un monopole d'État ; l'armée annamite fut incorporée par tiers dans les troupes chinoises. Sous de semblables exigences, le peuple se souleva à la voix du général Lê loï. Sans pouvoir entrer dans les détails, qui illustrent les fastes nationaux, des dix ans de la guerre de l'Indépendance, nous dirons que Lê loï, qui la conduisit glorieusement, voulait que ses succès rendissent à son pays toute son autonomie. A la suite des plus brillants triomphes, il l'obtint enfin à la capitulation et au traité de Hanoï, par lequel le territoire entier de l'Annam fut rendu aux Annamites et évacué par les Chinois, et l'investiture royale accordée, dans les formes anciennes, à Tran kien, dernier descendant de la dynastie des Tran. Un an après, Lê loï montait sur le trône, roi indépendant et chef de dynastie. L'Annam devait désormais être respecté dans son intégrité territoriale et diplomatique, et ses dissensions intérieures n'enlevèrent rien à son indépendance. La suzeraineté chinoise reprend pour la troisième fois un caractère vague et débonnaire, qui, désormais, lui restera.

*
* *

D'ailleurs les souverains de la dynastie Lê, qui ont conquis sur la Chine lassée leur trône et leurs sujets, tiennent en médiocre attention les avis de leur voisine et le cérémonial même des investitures. Lê loï, malgré le traité, ne fut jamais investi, et ne reçut, de 1431 à sa mort, que le titre de roi provisoire, ce qui ne l'empêcha pas d'être le plus absolu des autocrates. Son fils Lê thai combat, vainc, signe des traités, et ne songe qu'en 1436, et comme par hasard, qu'il n'a point encore l'investiture; il la demande délibérément, comme pour se dégager d'une formalité sans valeur réelle. Bang ki, petit-fils de Lê loï, prévient la Chine de ses expéditions de guerre; et la Chine le force à rétablir sur le trône un roi du Ciampa qu'il avait destitué. Pour compenser ce petit affront, Bangki interdit l'entrée de l'Annam aux envoyés impériaux. Durant cette paix profonde entre Chine et Annam, ce dernier s'agrandit aux dépens de Péking; il conquiert la région du Tran ninh et le Laos jusqu'aux frontières de Birmanie; il s'attache l'une et l'autre conquête par les liens du Protectorat. Ces provinces étaient jadis tributaires de la Chine; la Chine réclame; ses réclamations ne sont pas reçues. Oai mucde, qui n'est qu'un Lê batard, est le premier d'entre eux qui reçoive l'investiture, l'ayant sollicitée. Le général Huyhn, qui le détrône, n'a pas le temps d'avertir la Chine et est détrôné lui-même. Enfin l'anarchie militaire livre l'Annam à la famille usurpatrice des Mac, qui, pour se faire légitimer par Péking, cède à la Chine deux chaûs annamites de la frontière. C'est de ce jour que la dynastie des Lê devient véritablement nationale, et que, lorsque ses représentants sont trop jeunes ou indignes, ils n'en continuent pas moins à occuper le trône, sous la direction de l'illustre souche Trinh. La révolte de 1536 élève au trône le roi Lê minh;

celui-ci ne parvenant pas, comme son aïeul Lê loi, à conquérir son royaume sur les Mac, porte à Péking ses doléances. La Chine déclare la guerre au roi Mac, met sa tête à prix, et finalement procède au seul acte de suzeraineté véritable de toute l'histoire de ses relations ; souverainement elle partage l'Indo-Chine en deux parties : le Tonkin avec treize provinces, à Mac Dong dang, mandarin héréditaire, qu'elle reconnaît comme prince chinois feudataire du Quang si, et à qui elle envoie un sceau d'argent (3ᵉ degré) ; et l'Annam, au roi Lê minh, qu'elle pourvoit d'un sceau d'or (1ᵉʳ degré) sans conditions aucunes, même celle de l'antique formule de l'investiture. Lê minh ne la reçoit pas, non plus que les trois rois, ses successeurs.

Nous voyons ici la séparation accomplie de l'Annam et du Tonkin ; les deux parties du royaume ne subirent plus désormais le même traitement, et il est bizarre que le seul acte du Protecteur, ayant vraiment le cachet du Protectorat, tende au démembrement du protégé. Il semblerait que la Chine ait eu là subitement l'intuition du Protectorat moderne, envahissant, despotique, pacte bilatéral de forme, mais unilatéral en réalité, imposé par les grands États aux États secondaires. A partir de cette époque, les dissensions intestines font de l'Annam une puissance confuse, tiraillée de toutes parts, et absorbant en elle-même toute sa vitalité (entre les Lê, seuls rois légitimes, en Annam ; les Mac, usurpateurs, soutenus par la Chine au Tonkin ; les Trinh, maires du palais, suppléant à l'insuffisance des Lê ; et les Nguyèn, gouverneurs du Thanhoa, puis du Tonkin, puis de la Cochinchine, investis par les Lê de leurs charges et de leur titre de : soutien du trône).

*
* *

L'histoire du royaume d'Annam devient dès lors extrêmement confuse : les rois Lê, les rois Mac, des prétendants, des anti-rois, des usurpateurs déchirent le pays en mille factions ; et il serait tout-à-fait impossible de se reconnaitre dans un tel fatras, et surtout d'y découvrir l'influence que put avoir la Chine dans la répression de ces troubles, sans cesse renaissants, si nous n'avions pas en main les documents mêmes de la cour de Péking ; ces documents, traduits et annotés avec un soin minutieux par M. Devéria, premier interprète de la légation de France en Chine (1), ne donnent peut-être pas l'exacte vérité sur la situation relative des deux pays, et semblent faire la part trop belle au grand Empire ; nous avons pu même les convaincre de fausseté flagrante en les comparant aux archives officielles de l'Annam ; il n'en est pas moins vrai qu'ils fournissent de précieux renseignements, et que leur rayon spécial peut et doit concourir, dans une large mesure, à l'établissement de la lumière définitive.

Forts de l'oubli, volontaire ou non, où le pacte de 1548 avait mis les formalités de l'investiture, les rois Lê, pendant plusieurs générations, et quoi qu'en disent les Annales chinoises, se dispensent de la demander. Les succès des premiers rois Lê les exonèrent de toute demande de secours ou de médiation. En 1596 seulement, le roi Lêthe, exaspéré de l'audace et de la fortune croissante des Mac, réclame le secours, et, par la même occasion, l'investiture de l'Empereur. Celui-ci abaisse formellement le roi d'An-

---

(1) *Histoire des relations de la Chine avec l'Annam*, par J. Devéria; Leroux, 1880.

nam en ne lui conférant que le titre de Roi provisoire ; mais en même temps il revise le pacte de 1548, en ne laissant plus aux Mac (en toute indépendance de l'Annam, il est vrai) que les chaûs de Thainguyen et de Caobang. Nous voyons ici un acte de suzeraineté directe et indéniable de la part de la Chine, qui semble obéir ici, en restreignant à la fois l'indépendance de l'Annam, et la valeur matérielle de l'apanage des Mac au profit de l'Annam, au double but que M. Devéria précise parfaitement : « Le gouvernement chi-
» nois est intéressé à maintenir ses voisins dans un cer-
» tain état de faiblesse, et aussi à montrer vis-à-vis d'eux
» une certaine générosité, tout en tenant à ce qu'il leur
» reste juste assez de force pour retarder les attaques ve-
» nant du dehors; pour conserver longtemps ce rôle de
» puissance prépondérante, elle ne doit pas se montrer
» très difficile. » Donc, en créant un apanage pour les Mac, la Chine se constituait un vassal que sa reconnaissance et sa faiblesse rendaient doublement dévoué ; et en le restreignant, lui protecteur, plus que l'Annam ennemi n'eût pu le faire de ses propres moyens, la Chine donnait à l'Annam un témoignage de sa bonne volonté.

L'Annam n'était certainement pas dupe de cette apparente bienveillance ; les relations avec la Chine se font de plus en plus froides et espacées, après ce prétendu service qui n'est qu'un démembrement dissimulé. Ce n'est que dans la dix-neuvième année de son règne, en 1646, que le roi Lêduyhan demande et reçoit l'investiture ; et en même temps son ministre Trinh trang (de la race des Trinh, maires du palais) reçoit le titre honorifique de second roi. — En 1663, une alliance d'une nouvelle sorte se produit : c'est la dernière qu'on ait à signaler avant l'arrivée des Occidentaux. La dynastie des Ming avait été jetée bas par les Tsing, et l'illustre Kang hi régnait en Chine ; le roi d'Annam Lêduyhen tong reconnaît la nouvelle dynastie, en retour de quoi il reçoit le titre de roi et l'investiture; les deux souverains échangent ensuite un pacte amical où ils disent devoir se venir mutuellement en aide, et surveiller la sécurité de leurs communes frontières : en observation de ce pacte (1663), l'Empereur de Chine livre à l'Annam, en 1670, des perturbateurs de la région de Tuyenquang qui avaient franchi la frontière ; en même temps il ne présente pas les demandes qu'il fait pour les Mac, ses feudataires, comme des prescriptions de suzerain à vassal, mais comme des avis conciliateurs d'égal à égal.

Lêduyhen fut l'avant-dernier souverain Lê qui reçut l'investiture dans les formes usitées ; la Chine lui continua ses bons offices, dans les circonstances prévues par le pacte de 1663, en lui livrant le chef de la souche Vô qui s'était déclaré indépendant.

Dans tout le cours du xviiie siècle, les Lê ne reçurent pas l'investiture ; on sait que la puissante famille Trinh, qui occupait héréditairement la charge de maire du palais, ne les laissait régner que de nom ; elle ne se fût sans doute pas souciée de voir l'investiture impériale rendre une apparence de vie à la royauté mourante. Dans cet ordre d'idées, qu'ils savaient n'être point agréable à l'Empire du Milieu, les Trinh tâchèrent de donner à l'Annam, qu'ils gouvernaient réellement, son unité ethnique, morale, religieuse et littéraire. Ils tentèrent aussi d'accomplir la manœuvre politique inverse de celle qu'imposèrent jadis à l'Annam, pendant cinq siècles, les gouverneurs chinois qui l'administrèrent. Cette tâche particulariste leur valut l'inimitié de la cour de Péking ; elle ne leur valut pas l'affection des Annamites, qui reportèrent leur reconnaissance sur la race des rois qui occupaient nominalement le trône, rois qu'on plaignait de la dépendance où les tenaient leurs tout puissants ministres, et qui pourtant leur durent leur popularité, et l'amour où leur souvenir est encore tenu aujourd'hui.

Les Chinois, établis en Annam, durent se plier aux coutumes de l'Annam, abandonner leurs coiffures et leurs robes nationales ; il fut défendu aux Annamites de parler, dans la vie ordinaire, la langue chinoise ; les Chinois n'eurent plus l'autorisation de se grouper en villages ni en centres d'exploitation agricole ou commerciale ; ils furent soumis à de plus fortes charges que les autochtones, et reçurent interdiction de se livrer au travail des mines. Pour la première fois les cinq livres canoniques *(ngukinh)*, les quatre livres classiques, les Annales, furent gravés en Annam, et les éditions chinoises furent proscrites.

C'est vers cette époque que les familles princières qui gouvernaient les différentes provinces de l'Annam se déclarent indépendantes et souveraines les unes après les autres, et que la révolte des Tayson éclate. Lèchien tong, quoique muni de l'investiture de la Chine, est jeté à bas du trône ; un instant rétabli par les armées chinoises, il est de nouveau contraint de s'enfuir, se réfugie à la cour de Péking (1791), où il finit sa vie et sa race comme mandarin de 2ᵉ classe. Le royaume d'Annam est déchiré entre les Tayson et le chef des Nguyên, Gialong ; mais la Chine, qui avait, sans succès, pris parti pour les Lê, assiste, indifférente, à leurs luttes, et n'intervient qu'au moment où, Gialong ayant pacifié, réorganisé le pays, reconstitué l'administration, et reçu la soumission des Lê et des Trinh, elle envoie au chef de la nouvelle dynastie Nguyèn une investiture que les événements justifiaient, mais en même temps rendaient superfétatoire.

*
* *

Les relations des rois de la race Nguyèn avec la Chine ne furent ni variées ni fréquentes : elles consistèrent uniquement dans l'octroi de l'investiture par une ambassade spéciale; il est à remarquer que, en ce qui concerne le roi Tuduc, les envoyés chinois vinrent jusqu'à Hué, tandis qu'auparavant les rois précédents montaient jusqu'à Hanoï à la rencontre de l'ambassade (1). D'ailleurs les Nguyèn se débattaient contre l'ingérence française qui, de jour en jour, se faisait plus pressante; avec la fatuité qui règne dans toutes les cours orientales, ils espéraient venir tout seuls à bout des barbares de l'Occident, et quand ils réclamèrent l'appui de leur suzerain, il était déjà trop tard. Nous étudierons avec plus de détails cette partie de la politique annamite dans les lignes qui résumeront l'histoire du remplacement de la suzeraineté chinoise par la suprématie française. Nous nous contenterons de faire remarquer ici que l'ambassade, par laquelle Tuduc aux abois réclama pour la dernière fois le secours de la Chine, était contraire aux règles du droit international, puisqu'elle était postérieure à ce traité de 1874, que nous étudierons tout à l'heure, et où Tuduc avait abdiqué son indépendance en matière de politique extérieure.

---

(1) *Histoire de l'Annam*, par P. Truong Vinh Ky.

§ 2. — Relations de l'Annam avec le Cambodge.

Au dire de ceux-là mêmes qui ont le mieux étudié son histoire, la vie politique du Cambodge reste, pendant de longs siècles, ignorée et mystérieuse. Les Rois Rouges et les Khmers, qui eurent une si légendaire puissance, et qui laissèrent derrière eux les ruines les plus grandioses, n'ont légué ni écrits, ni documents, ni matière quelconque à dresser leur histoire ; jusqu'aux temps contemporains, ils sont plongés dans l'inconnu fabuleux; et leurs successeurs, non plus que nous, n'ont de véridiques données sur le rôle que jouèrent ces rois, leurs armées et leurs peuples ; on juge, d'après les restes de leurs capitales, qu'ils furent puissants et glorieux, mais on ne les connaît plus que par leurs revers et le constat de leur disparition.

Jusqu'en 1352, époque de l'invasion siamoise et de la destruction d'Angkor et des grandes villes cambodgiennes, il apparaît que les rois Khmers, indépendants et redoutés, faisaient alliance tantôt avec les peuples de la Péninsule contre les invasions des vice-rois chinois, tantôt s'alliaient à la Chine dans l'espoir d'un agrandissement. Ainsi les annales de l'Annam mentionnent que l'un des rois de la dynastie de Duong utilisa (722) l'appui du Cambodge, pour se soustraire aux obligations du traité de Protectorat de 618 ; elles rappellent aussi que la Chine obtint l'alliance du Cambodge pour réduire le roi Ly-nhon (1127), qui s'était déclaré indépendant, et qui triompha de cette coalition. A la fin du même siècle (1190), le roi du Cambodge était redevenu l'allié un peu obséquieux de l'Annam.

Même après l'invasion et la courte domination siamoise (1352-1358), l'Annam étend sur le Cambodge son amitié protectrice, et établit, en 1384, son Protectorat définitif, Protectorat analogue à celui que la Chine exerçait sur l'Annam lui-même ; c'est-à-dire paiement d'un tribut annuel ou trisannuel, envoi d'une ambassade avec hommage solennel, mais aucune influence dans les affaires intérieures ou extérieures du Protégé, aucune ingérence dans son administration, aucune infiltration sur son territoire ou dans sa race ; c'est une protection honorifique, sans avantages ou agréments, peu en harmonie avec le caractère du gouvernement annamite, et qui d'ailleurs n'allait pas sans de nombreux ennuis, le Siam conquérant réclamant une part égale dans la protection du malheureux Cambodge, trop bien gardé.

C'est sous la dynastie des Lê que l'Annam inaugura avec le Cambodge sa politique vraiment nationale, politique lente, patiente, d'invasion par la race, admirable dans la longueur et dans la ténacité de son développement.

Les pays qui n'ont que peu ou point de frontières maritimes, exutoire géographique par où éclate leur vitalité, et qui, en même temps, ne pressent pas leurs frontières territoriales par une natalité exubérante, ne sont pas destinés à une longue existence ; la confusion des races apporte la destruction des limites, et rien ne retient l'ambition guerrière et la pacifique invasion de voisins plus puissants et plus prolifiques. Le Cambodge, entre le Siam ambitieux et l'Annam débordant, peut être appelé la Pologne asiatique, et son histoire, dans les temps modernes, n'est que le récit d'une inévitable absorption.

Mais de ses deux voisins, qui furent ses protecteurs et

ses ennemis à la fois (tant la conception du Protectorat était parfois bizarre chez ces peuples), la conduite fut bien différente, et conforme néanmoins au génie propre des deux nations. Tandis que, procédant par coups de force et par surprises, le Siam inaugurait vis-à-vis du Cambodge cette politique de violence, d'astuce et de duperie qu'il continue aujourd'hui encore contre le Protecteur actuel de ce royaume, l'Annam procédait, en dehors de toute discussion, à l'infiltration lente, continue et invincible de la race cambodgienne par la race annamite, et, dans la paix la plus profonde, poussait sur le territoire voisin des colonies nombreuses et compactes.

La différence entre ces deux manières d'influences est flagrante, et leur résultat n'est pas douteux. L'Annam s'en aperçut bien vite. Dans la période qui précède, le Protectorat était affaire d'amour-propre et d'ambition ; et le roi protégé — ou traité en ami secondaire — trouvait dans ses sujets des alliés enthousiastes pour secouer des liens inutiles et offensants ; dans la période actuelle, les Annamites émigrants peuplent l'État voisin ; lors donc que le roi d'Annam propose ou impose son Protectorat, il semble récupérer une partie de ses sujets, et ceux-ci semblent reprendre leur nationalité primitive ; si donc les désirs secrets du roi protégé le poussent toujours vers l'indépendance, les aspirations du peuple qu'il gouverne — et qui n'est plus absolument *son* peuple — tendent au maintien du Protectorat, et même à une assimilation plus complète avec le Protecteur. C'est en vertu de ce simple principe que les nations prolifiques font les conquêtes les plus faciles et les plus durables.

Les premières colonies que l'Annam envoya au Cambodge ne furent pas, on le pense bien, parmi les plus probes. Elles se composaient principalement de vagabonds et de déserteurs. Les mandarins des régions frontières (Binhtuan) avaient ordre de laisser passer sans encombre ce genre spécial de voyageurs, à condition qu'ils s'engageassent à demeurer au Cambodge méridional. Les bannis formaient aussi un sérieux appoint à cette émigration ; et la loi du royaume qui les exilait, et l'amour religieux du sol natal qui leur demeurait vivace, les retenaient non loin des frontières. C'est ainsi que les Annamites commencèrent au Cambodge leur établissement. Le fait n'est pas isolé dans l'histoire politique et ethnographique générale ; ce n'est pas par un autre genre de citoyens qu'a été peuplée l'Australie.

Au milieu du xviie siècle, ces colonies étaient assez denses dans le Baria et le Donghaï (car il faut se rappeler que le Cambodge possédait alors les pays qui forment l'actuelle Cochinchine française), pour que le roi cambodgien Mac en prît ombrage, essayât de les molester, et pour que les rois Lê vinssent au secours de leurs sujets opprimés. La lutte se termina par l'emprisonnement du roi Mac, qui ne recouvra la liberté et le trône qu'en se soumettant au Protectorat de l'Annam, en payant un tribut, et en permettant aux Annamites établis au Cambodge de vivre sous le libre exercice des lois et des coutumes de leur pays d'origine (1658).

Le Cambodge ne put pas se débarrasser de cette tutelle ; et tandis que le second roi se déclarait hautement vassal de l'Annam, le parti cambodgien et le premier roi se tournaient du côté du Siam. Le roi d'Annam, Hien Vuong, arma une flotte et équipa une armée d'invasion pour soutenir ses droits ; il détrôna le premier roi, sur la demande du second roi, et il lui donna l'investiture de vassal, gardant pour lui le titre de « Roi céleste. » Jamais la suzeraineté de l'Annam sur le Cambodge n'avait été plus réelle et mieux marquée (1675).

⁂

C'est à ce moment que, pour hâter l'assimilation par la race, l'Annam imposa au Cambodge de recevoir comme colons les Chinois faits prisonniers dans les anciennes guerres, ou les soldats chinois déserteurs. Ces colonies nouvelles — qui devinrent sujets annamites avant de passer la frontière — furent installées à Bienhoa et à Mytho ; et, par une fiction ingénieuse et profitable, bien qu'ils fussent en territoire cambodgien, le contrôle de leur administration était aux mains des fonctionnaires de l'Annam.

Aussi, aux premiers troubles que suscita l'établissement de ces colons nouveaux, l'Annam vint au secours de ses soi-disant sujets, et profita de l'occasion pour obtenir du roi du Cambodge, assiégé dans sa capitale, la cession du Donghaï (delta du Mékhong),avec la ville de Saïgon (1691). C'est ainsi que le pays prit la nationalité de ses habitants.

Les territoires ainsi concédés furent, par les soins des nouveaux gouverneurs, peuplés de colons du Binhtuan, de façon à ce que la population fût portée à une densité telle que les Cambodgiens ne pussent plus venir s'y établir. Par ce travail continu d'endosmose, les territoires annamites atteignaient le golfe de Siam au commencement du XVIIIe siècle.

Pas un instant ne fut perdu, et les souverains de Hué ne s'arrêtèrent pas sur un si beau résultat ; ils aidèrent l'établissement d'un Chinois de Hatien, qui fonda sept centres de colonisation dans le delta du Mékhong, avec des Chinois venus du Cambodge, des Annamites venus de Binhdinh, et avec les subsides du roi d'Annam ; aussi, une fois investi du pouvoir, il offrit à la cour de Hué la suzeraineté de cette région, qui a Hatien pour centre, et qui comprend Compongthom et l'île de Phuquoc (1715). Le roi du Cambodge Reac, tenu en tutelle serrée et défiante depuis l'insurrection de 1706, n'éleva aucune protestation. Les princes de la souche Nguyèn, qui gouvernaient le sud de l'Annam, gouvernèrent alors, et au même titre, toute l'actuelle Cochinchine.

La guerre des Tayson, qui dura trente ans, arrêta la marche en avant des Nguyèn, et introduisit les Siamois au Cambodge ; il ne faut pas oublier que, si Gialong dut beaucoup son empire à l'intervention de la France, il le dut aussi un peu aux subsides et à l'hospitalité des Siamois ; ceux-ci voulurent s'en payer sur le Cambodge; et il fut toujours difficile à Gialong, même au temps de sa plus grande puissance, de se dégager des prétentions siamoises, que sa faiblesse passée avait fait naître ; il en triompha cependant, et nous allons voir la politique nationale de l'Annam reprendre essor avec la dynastie des Nguyèn affermie ; mais il nous faut constater que les empiétements siamois, pendant la fin du XVIIIe siècle, empiétements appuyés, huit années durant, par des actes précis auxquels nul ne pouvait s'opposer, établirent des précédents sur lesquels le gouvernement de Siam s'appuya dans la suite pour s'ingérer dans les affaires du Cambodge, et pour réclamer la suzeraineté et même la propriété de certains territoires.

*
* *

Si, dès 1778, Gialong, alors seigneur seulement de la Cochinchine, avait imposé au Cambodge son droit de suzeraineté, s'il avait contraint les Cambodgiens à respecter l'ordre héréditaire dans les souches royales, si même, en 1779, il s'était fait reconnaître comme « propriétaire » du Tranninh, détaché du Cambodge, il n'en est pas moins vrai que les diverses fortunes, où ce prince se trouva placé avant son avènement, permirent aux Cambodgiens de fréquents soulèvements, et aux Siamois des incursions au Cambodge et des prétentions sur son territoire. Les hasards de la guerre des Tayson et les compétitions des Lê et des Trinh forçaient Gialong à recourir souvent à l'appui armé du roi de Siam ; en revanche, il laissait ce dernier s'intéresser, au même titre que lui Gialong, aux agrandissements du Cambodge et au sort des rois Neac, bien que le traité de suzeraineté mentionnât le seul roi de Cochinchine comme protecteur du Cambodge. C'est ainsi que, de 1791 à 1793, le roi de Siam aida le roi du Cambodge, avec l'aveu de Gialong, à s'emparer de Bassac et à l'incorporer à ses États (1).

Cette intervention, plusieurs fois répétée, du Siam dans les affaires cambodgiennes, eut une déplorable conséquence, dont les effets sont pénibles encore aujourd'hui : les deux princes cambodgiens, Ang eng et Ang chan, compétiteurs de la couronne, se tournèrent, le second vers le

---

(1) A propos de ce fait historique, nous remarquerons que Bassac, à cette époque, appartenait aux Principautés laotiennes, et que les rois de Siam n'avaient aucun droit à sa possession, et ne songeaient pas à en prétendre le moindre.

suzerain légal, Gialong, le premier vers l'ami puissant, le roi de Siam (1794). Et Ang eng signa un traité par lequel il abandonnait au Siam les provinces de Siemreap et de Battambang, si le roi de Siam lui donnait l'investiture et parvenait à le maintenir sur le trône. Le Siam n'y réussit point, et ce fut Ang chan, vassal de Gialong, qui régna. Mais, fort du traité signé par Ang eng, et malgré que les conditions de ce pacte bilatéral n'aient pas été remplies par l'un des contractants, le Siam éleva dès lors des prétentions sur les régions que Eng lui avait promises en cas de succès. Ces prétentions, en droit, en logique et en politique, étaient inadmissibles; mais, à force d'être répétées ardemment, elles prirent une certaine spéciosité. Et nous verrons, dans un chapitre ultérieur, comment, prise au dépourvu par sa propre ignorance et par des affirmations mensongères, la diplomatie de Napoléon III sembla légitimer ces prétentions et, en tout cas, leur accorder de bénévoles et injustifiées satisfactions. Il est à remarquer, au contraire, que les rois du Cambodge, successeurs de Ang chan, ont toujours affirmé la nullité d'un traité signé par un prétendant malheureux, et que les rois d'Annam, leurs suzerains, ont toujours soutenu les droits de leurs clients, dans une série d'actes et de revendications incessantes, qui constituent véritablement le maintien légal d'un droit de propriété dont ils furent indûment frustrés.

Du reste, aussitôt après son couronnement (1801) et la pacification du royaume, Gialong reprit, vis-à-vis du Cambodge, la politique nationale. Officiellement reconnu comme suzerain par une solennelle ambassade venue du Cambodge à l'occasion de son intronisation, il établit, par une convention, la suzeraineté politique de l'Annam, et le droit de contrôle du gouverneur annamite à Saïgon dans les affaires intérieures du Cambodge (1807). Ce gouverneur servait d'intermédiaire entre le roi protégé et le roi protecteur, et son sceau devait contre-sceller les ordonnances royales de Pnompenh ; de plus, la manifestation matérielle de cette suzeraineté était fixée par une ambassade triennale du Cambodge à Hué, ambassade chargée de présents symboliques et déterminés d'avance. Quatre ans après (1811), après des pourparlers difficiles et même menaçants, Gialong fit reconnaître par le roi de Siam sa prépondérance unique au Cambodge, suivant les termes mêmes de la convention (traité de Labich, 1813). La capitale du Cambodge était définitivement fixée à Pnompenh, et les concurrents malheureux d'Ang chan internés, sous la surveillance du Siam, avec interdiction de quitter la ville de Bangkok.

Minhmang, fils cadet de Gialong, s'appliqua à régir étroitement le Cambodge, et à profiter du traité de Labich et de la convention de Protectorat, pour assimiler le mieux possible le Cambodge à l'Annam. Les mesures très sages qu'il prit alors font partie de cet ensemble immense de réglementations par lesquelles il nationalisa beaucoup de provinces frontières (1826-1829), et par l'édiction et l'application desquelles, autant que par son caractère cruel et ombrageux, il apparaît un peu comme un Louis XI d'Extrême-Orient. L'administration et l'éducation populaire parurent à Minhmang les deux puissants leviers, grâce auxquels on conquiert une race, infailliblement et malgré elle. Des écoles furent ouvertes dans tous les chefs-lieux de canton, où fut enseignée la langue du Protecteur, et le royaume fut divisé en deux provinces (Pnompenh et Pursat), d'administration, de rouages et de hiérarchies analogues à ceux de l'Annam. Les incessantes révoltes du Tonkin, mal résigné à la domination des Nguyèn, empêchèrent seules Minhmang de parfaire immédiatement son travail d'assimilation.

Les Siamois, poussant les Cochinchinois et les Cambodgiens à la révolte, ne purent toutefois empêcher Minhmang de rétablir l'ordre dans toutes les parties de son empire ; et, en 1834, Pnompenh fut occupé définitivement par une garnison annamite, le territoire divisé en 33 phus, et remis à l'administration des hauts mandarins de la Basse-Cochinchine. Mais, à la mort de Minhmang, mille difficultés furent suscitées à Thieutri, son fils ; le prétendant cambodgien, Neac-Duong, que les Siamois gardaient en otage depuis le traité de Labich, s'enfuit, entra au Cambodge où il souleva ses partisans, et décida, par quelques petits avantages, les Siamois à déclarer la guerre à l'Annam, pour la prépondérance au Cambodge. La lutte se prolongea sept ans, avec des fortunes diverses, et se termina par la reconnaissance de Neac-Duong, le protégé du Siam, comme roi du Cambodge, tous autres concurrents étant morts. Ce fut un coup fatal pour la prépondérance annamite, dont Neac-Duong reconnut le principe, mais qu'il tâcha de réduire dans les limites d'un Protectorat nominal (ce qu'on appelle aujourd'hui Protectorat diplomatique, par opposition avec le Protectorat colonial ou direct). Tout le terrain que perdait ainsi l'Annam était conquis par le Siam ; car le Cambodge (voir chapitre 1er) n'avait pas la vitalité nécessaire pour se passer de protection ; et il était naturel que Neac-Duong la cherchât auprès de celui qui avait soutenu ses revendications, plutôt qu'auprès de celui qui l'avait accepté par résignation, faute d'un plus digne. Et le roi Thieutri sentait bien le désavantage de sa situation.

Ce nouvel État reçut sa consécration au traité d'Oudóng (1841), où le Cambodge, appelant « son Père et sa Mère » ses redoutables voisins, les reconnaissait tous deux pour protecteurs, au même titre et avec les mêmes prérogatives. Et certainement ce traité eût été le prétexte de contestations et de luttes incessantes, si l'intervention française dans les choses d'Annam n'était venue le frapper de caducité.

Mais, de ce résumé des relations de l'Annam et du Cambodge, ce qu'il importe de retenir, au point de vue de la politique actuelle, c'est la réalité des droits du Cambodge sur Bassac ; c'est l'inanité des droits du Siam sur Siemreap, Battambang et Angkor. Nous reviendrons là-dessus en temps utile.

§ 3. — Relations de l'Annam avec le Laos et les États frontières.

On sait que le Laos est, de tous les pays d'Asie, le moins connu, le plus morcelé, et fut longtemps aussi difficile à déterminer qu'à régir. La rareté des communications, l'âpreté de la montagne, la diversité des races et des langues, tout contribuait à séparer les indigènes les uns des autres.

Avant le cataclysme politique de 1827, le Laos s'étendait sur les deux rives du Mékhong, et comprenait : le royaume de Vienchan (États Shans du haut Mékhong, jusqu'à hauteur de Lakhôn) ; plus haut, le royaume de Luang Prabang ; plus bas, le pays des neuf provinces

(Keusong), et le pays des six cantons Moïs (Lucchau).

Entre le Laos et l'Annam proprement dit, quelques États secondaires, comme le Tranninh et le Ciampa, étendaient des juridictions incessamment variables.

Bien que les rois d'Annam ne considérassent comme apanage familial que les provinces maritimes entre la mer de Chine et la chaîne intérieure, ils prétendaient toujours des droits de suzeraineté sur ces immenses régions, aux peuplades clairsemées, aux délimitations vagues. Ils se faisaient, de ces feudataires, une ceinture contre les ennemis possibles ; et ainsi ils reprenaient, en petit et vis-à-vis d'eux, la politique que le Céleste-Empire tenait vis-à-vis de l'Annam lui-même, et des autres États qui servaient de couverture à son immense périphérie.

Cette conception politique, commune à tous les grands États de l'Extrême-Orient, et que l'Annam appliquait à ses voisins secondaires, mérite une mention spéciale. Ces voisins étaient appelés « fan, » ou haies, et ils formaient véritablement la haie contre l'extérieur au profit du suzerain dont ils englobaient les États; c'est ainsi que le Céleste-Empire conserva longtemps l'intacticité de frontières immenses et insuffisamment défendues. Un lien de vassalité assez lâche, et très facile à supporter, au physique comme au moral, reliait seul la circonférence au centre. Les invasions s'émiettaient parmi les « fan » avant d'atteindre leur but ; les habitants servaient de soldats, et les territoires, de tampons ; et leur propre sécurité était le garant de la sécurité du protecteur. Comme, en échange de ce service, et de quelques autres d'ordre administratif intérieur, le protecteur leur abandonnait à peu près leur indépendance gouvernementale, l'influence de ce protecteur ne pouvait s'exercer que d'une manière accessoire et pacifique : écoles, langues, émigration, etc. On sait que c'étaient là les procédés familiers de l'Annam ; il ne s'en fit point faute vis-à-vis de ce genre spécial de clients, qui furent absorbés peu à peu dans le gouvernement, la race et les traditions de leur tuteur, dans une lente progression, qui est moins un effet d'une diplomatie voulue que la conséquence naturelle d'un mouvement d'expansion nationale.

En interprétant cette doctrine, ethnographique et sociale plus encore que politique et diplomatique, on comprendra qu'ici l'Annam n'avait pas besoin d'imposer, par une coercition quelconque, l'exercice de son Protectorat. Les tribus dont nous venons de parler ne pouvaient prétendre à leur autonomie intérieure qu'en étant indifférentes de leur personnalité publique ; l'hommage nominal qu'elles en faisaient à l'Annam, et le service qu'elles étaient à même de lui rendre par suite de leur position géographique, leur permettaient de compter, pour venir en aide à leur vitalité médiocre, sur la vitalité débordante du puissant voisin ; d'autre part l'Annam, satisfait de voir ses frontières protégées à si bon compte, se contentait d'une suzeraineté vague, laissait à ses clients toute leur indépendance intérieure, et même, par un habile calcul, assez d'existence propre pour que, si cette existence venait à être menacée de l'extérieur, l'Annam ne souffrît pas personnellement de cette menace et de ce danger. Un tel Protectorat n'était ni difficile à exercer, ni pénible à subir, et l'on conçoit que, de part et d'autre, il ait subsisté sans embarras et sans laisser de nombreuses traces dans la diplomatie et dans les relations des contractants bénévoles.

Toutefois il faut savoir que ces relations étaient parfaitement déterminées, qu'elles comprenaient ambassades, tribut, envoi de sceau, tout ce qui constitue, en Extrême-Orient, l'investiture et la suzeraineté ; il faut savoir que la longue durée de ces relations amicalement respectueuses constitue, pour l'Annam, des droits de clientèle et de priorité imprescriptibles, que la France, aujourd'hui Protectrice, a le devoir et le droit de faire respecter de chacun.

La soumission honorifique de tous ces pays à l'Annam n'est pas douteuse ; nous n'en faisons pas ici l'historique ; mais, étant donné le mauvais vouloir actuel du gouvernement siamois à cet égard, nous ne pouvons que répéter cette affirmation, et indiquer à quelles sources le lecteur curieux pourra éclairer sa religion, et trouver les preuves d'une telle domination (1). Nous nous contenterons ici de dégager la manière dont l'Annam expliquait sa suzeraineté, et les moyens politiques qu'il prenait pour conserver et étendre de jour en jour sa zone d'influence et d'action.

*
* *

Le meilleur exemple de la politique annamite extérieure est dans le sort du royaume de Ciampa, dont les souve-

---

(1) Lettre de M. de Freycinet, n° 120, des archives de la sous-direction des Protectorats, en date du 8 octobre 1886, suivie d'une note de M. G. Devéria, interprète du gouvernement français en Chine, faisant l'historique des petites dynasties laotiennes et birmanes. — Le récit de la mission Doudart de Lagrée et F. Garnier aux sources du Mékhong, les relations de voyage de MM. L. de Carné, d'Arfeuilles, du docteur Harmand, du docteur Néis (dans le *Tour du Monde*), — *Les frontières de l'Annam avec le Siam*, par Ch. Lemire (Challamel, 1889).— *L'affaire de Siam*, par Mat gioï (Chamuel, 1897, pages 83 à 111), et enfin le rapport de M. le résident Luce au Conseil de régence de Hué, en date du 25 juin 1888.

rains furent d'abord les rivaux heureux des souverains d'Annam, leurs vainqueurs, puis leurs alliés, puis leurs clients, et qui disparurent, eux et l'individualité de leur peuple, si complètement, que leurs provinces font aujourd'hui partie de l'apanage de la race royale d'Annam. C'est au onzième siècle déjà que commence, à la suite d'une guerre heureuse de la dynastie Ly, cette politique d'absorption, politique couronnée de tant de succès, que le roi de Ciampa, se résignant, et descendant volontiers du rang d'égal à la fonction de « fan, » sollicite et obtient l'investiture et le Protectorat de l'Annam. C'était là, pour le Ciampa, le seul moyen de garder son autonomie. Il essaya cependant, avec l'appui des Khans mongols — devenus empereurs de Chine — de secouer le joug (1306). Mais il n'en devint que plus dur, et le Ciampa fut dès lors réduit en une vassalité étroite. Dès 1440, le roi de Ciampa, prisonnier à Hué, eût été détrôné, et son royaume supprimé, sans une puissante intervention de la Chine. En 1475, le fameux conquérant Lèhien réduit définitivement le Ciampa en une province du royaume d'Annam. Cette conquête se fit sans cataclysme, à cause que des colonies annamites avaient depuis longtemps leurs établissements au Ciampa. Et l'annexion suivait à la fois les intérêts politiques du protecteur et les aspirations nationales de la majorité des protégés.

C'est au milieu du quinzième siècle que l'Annam étendit sa suzeraineté de la façon la plus large et la plus efficace, et c'est la dynastie, vraiment nationale, des Lè, qui élargit cette politique et établit la tutelle de l'Annam sur les bases diplomatiques les plus claires, lesquelles servent aujourd'hui encore de documents et de témoins. En 1434, le chef des régions Man du Songma (Phuclé, etc.) vint reconnaître la suprématie de l'Annam ; le pays d'Ailao, de Lakituan, de Bonman, toute la vallée du Sebanghien (1435) formèrent un État feudataire; enfin, en 1436, le roi de Siam lui-même se soumit à l'investiture et au tribut obligatoire, comme vassal du roi d'Annam, au sujet de quelques territoires laotiens de la rive droite du Mékhong (8ᵉ mois de 1436). Ce fait est à rappeler constamment, car il indique que, de tout temps, le Laos tout entier fut considéré comme une dépendance féodale de la couronne d'Annam, quelque puissant que pût être le souverain qui en gérait directement telles ou telles parcelles. Nous trouverons maintes fois encore, et nous signalerons chaque fois, des preuves irréfutables et très nettes que la suzeraineté de l'Annam s'étendit jadis sur les deux rives du Mékhong, sur des pays que le Siam ou même la Birmanie (haute) détiennent aujourd'hui ; nul acte diplomatique, nul contrat, même unilatéral, n'est venu changer cet état de choses ; et si l'Annam est aujourd'hui amoindri du côté de l'ouest, c'est une conséquence de violences illégitimes, que des violences égales et de sens contraire sont toujours *en droit* de venir réparer. Nous ne saurions trop insister sur le maintien des prétentions et des exigences annamites (aujourd'hui françaises), exigences justifiées par la saine logique politique et par les traditions du droit international.

En 1448, le chef de la région de Baolac (haut Tonkin) devient tributaire de l'Annam. — En 1456, le chaû de Moc (16 chaûs tonkinois) prête hommage. — Sous l'illustre

Lê thanh, le plus grand prince qu'ait jamais eu l'Annam, le Trannhinh entier (jusqu'au Mékhong) fut converti en pays frontière (1471). — Sonla fut réduit en 1473 ; enfin, les seize chaûs tonkinois tombèrent en vassalité après les guerres de 1479 ; Lai fut emporté et détruit ; le roi laotien s'enfuit sur la Salouen, et la domination annamite s'étendit, par l'intermédiaire de ses tributaires, jusqu'en Birmanie (ligne de partage des eaux entre le Mékhong et la Salouen). Ces pays étaient alors appelés « *Laoqua et Batbatuc-phu.* » Ils passèrent de la suzeraineté de la Chine à celle de l'Annam. Les ordonnances de 1489 portaient que les Annamites ne pourraient pas molester les provinces nouvellement inféodées, mais interdisaient le mélange des races par le mariage avec des Ciampoises ou des Laotiennes. Cet état de choses resta stationnaire pendant environ un siècle. — En 1593, le traité de Daïdong accordait à la race Vô l'État de Tuyen quang feudataire, avec détermination d'une ambassade et d'un tribut annuels. Ce traité demeura en vigueur pendant 143 ans. Et, en 1693, malgré que les luttes des Lê, des Trinh et des Nguyên dévorassent toutes les forces vives de l'Annam, on voit le souverain d'Annam détrôner les rois de l'Ailao et du Laos, et leur substituer des candidats plus agréables.

D'ailleurs on ne saurait donner meilleur témoignage de l'état de ces feudataires, que la propre fidélité avec laquelle ils suivirent eux-mêmes cet état. Pendant tout le cours du xviiie siècle, ils demeurèrent strictement observateurs des conventions de leur clientèle. Et quand la guerre des Tayson d'abord, la lutte entre les Lê et les Nguyên ensuite, déchirèrent l'Annam, ils n'en prirent pas occasion pour secouer un joug qui leur était à la fois si léger et si avantageux. Ils se tinrent toujours scrupuleusement du côté du souverain légitime; ils refusèrent toute aide, tout secours aux chefs des Tayson, et même le passage, à travers leurs territoires, des courriers que les révoltés adressaient au Siam et à la Birmanie; ils tinrent ainsi la conduite de Protégés sorupuleux et d'alliés fidèles; et lorsque la dynastie Nguyèn, acclamée par le peuple et acceptée par la Chine, s'installa, en la personne de Gialong, sur le trône d'Annam, ils renouvelèrent spontanément avec lui le pacte de suzeraineté conclu avec ses prédécesseurs, par une ambassade collective et les hommages accoutumés (8e mois 1800). Ils donnèrent presque immédiatement une preuve de leur bonne foi en envoyant à Gialong des corps de volontaires et en aidant à la disparition des derniers partisans des Tayson (1801). Après la conquête du Tonkin et la pacification complète du royaume, Gialong reconnut ces bons services en distribuant des titres aux chefs des chaûs, et en accordant des honneurs souverains au prince feudataire de Namchuong (1803, — Laos).

*
* *

Comme au Cambodge, le règne de Minhmang fut, pour le Laos, l'époque de l'organisation et de l'assimilation complète. Ce prince, si redouté, si fantasque, si peu estimé à l'intérieur de ses États, fut, à l'extérieur, un souverain vraiment national. En même temps qu'il rattachait ses feudataires par des liens plus étroits, qu'il rappelait au respect des conventions les petits princes autonomes, il relevait et soutenait, à toutes ses frontières, les droits protecteurs et les prétentions de l'Annam ; il inculquait, de force parfois, aux populations éloignées, les traditions, les coutumes, la langue de la métropole ; il les pliait à une forte centralisation administrative. Il édicta, pour tous les « Fan, » des lois et des prescriptions spéciales, qu'il rattacha aux constitutions de l'Empire, y indiquant les droits de ses prédécesseurs, l'ancienneté et le mode de l'hommage, l'acquiescement universel des feudataires ; il établit ainsi une sorte de Code de suzeraineté et de rattachement direct à l'autorité royale, qui demeure, encore aujourd'hui, un durable témoin de la science politique du prince, et le meilleur document que la France substituée puisse présenter comme preuve d'authenticité de ses droits et de la justice de ses exigences.

Il peut être regrettable qu'un tel éloge se doive adresser à l'un des plus sombres, capricieux et cruels d'entre les princes asiatiques, à l'un de ceux surtout qui repoussèrent l'influence européenne par les moyens les plus injustes et les plus sanglants. Mais tous ces actes répréhensibles étaient inspirés à Minhmang par le souci de la grandeur de son pays, qu'il confondit volontiers avec sa propre grandeur. Et on trouverait facilement, dans l'histoire de la royauté française, l'exemple analogue d'un souverain réunissant en sa personne les qualités du plus profond politique, et les travers d'un maître soupçonneux et pervers (1).

La réglementation, par le roi Minhmang, appliquée à

---

(1) Ce fut le roi Minhmang qui, après une expédition heureuse, fit faire retour à la couronne de l'État feudataire de Baolac, consenti par un de ses prédécesseurs à une famille de sang royal, dont le dernier prince, révolté contre son suzerain, fut décapité en 1834.

toutes les provinces feudataires voisines du Siam, de la Birmanie, de la Chine, date de 1829. Mais elle avait été préparée par des actes administratifs de la plus haute importance; dès 1821, les Trichau, qui, au nombre de sept, gouvernaient les sept districts de Camlo, se virent adjoindre deux chaûs nouveaux, et furent réunis, sous l'autorité d'un seul gouverneur, représentant du roi. Les neuf chaûs, ainsi constitués en grande province feudataire, prirent et ont conservé la désignation de Keusong (neuf cantons).

En 1826, par la voix de son prince, Phuoc bo sam, la région de Lakhôn, dont la vassalité avait été déterminée, en 1808, par Gialong, demandait son incorporation pure et simple au royaume.

La région de Trantinh était « louée » moyennant tribut au roi feudataire de Vantuong ; de même pour la région de Trantinh et pour la région de Tranbien. Cette principauté de Vantuong, elle-même, était vassale de la cour d'Annam, et les souverains en étaient appelés « roitelets » dans les Annales impériales de Hué. Le « roitelet de Vantuong » recevait, moyennant tribut, consenti depuis deux siècles, l'investiture du roi d'Annam pour le Vantuong d'abord, puis pour chacune des régions pour lesquelles le suzerain l'avait commissionné ; et, à chacune de ces partielles investitures, correspondait un tribut spécial.

L'apparition de la législation de 1829 fut certainement hâtée par la violente intrusion des Siamois dans la principauté de Vantuong en 1827, et par la destruction de Vienchan, capitale du roi Ano. Ce dernier, ayant réclamé immédiatement la protection de son suzerain, se vit rétabli, en 1828, dans sa charge et sur son petit trône. Mais les Siamois revinrent à la charge, et Minhmang, occupé d'éteindre les révoltes du Tonkin et du Thanhoa, fut contraint d'abandonner son protégé. Les Siamois s'emparèrent donc de toute la portion du royaume de Vantuong qui se trouvait sur la rive droite du Mékhong ; ils l'ont aujourd'hui encore, malgré les protestations de l'Annam et les efforts de la France ; mais aucun acte n'a précédé cette violation du droit des gens ; aucune convention n'a mentionné ou justifié cette usurpation de soixante-dix ans ; et aujourd'hui, comme jadis, les droits du roi du Vantuong, de l'Annam et de la France sont indéniables, et restent entiers sur toute la partie de la rive droite du Mékhong qui était l'apanage du prince Ano.

Ne pouvant tout sauvegarder, le roi Minhmang songea à conserver, au moins sur la rive gauche du Mékhong, les possessions du feudataire disparu. Suivant leur position géographique, les unes furent directement annexées à l'Empire, les autres demeurèrent feudataires et furent soumises au régime législatif (Protectorat) de 1829. C'est ainsi que trois « Dong » de la région de Trantinh, la région de Lacbien tout entière, les préfectures de Camcot, Cammôn, Camlinh, la région de Tranbien, furent incorporées à l'Annam en 1828 et 1829. Tout le reste du bassin du Mékhong (rive gauche) fut remis à des princes vassaux ou à des gouverneurs héréditaires, et régis par les édits royaux concernant les États feudataires, qui servaient alors de « fan » contre les Siamois.

Ces édits comportaient : une réglementation financière d'après laquelle tous les districts étaient imposés, mais non d'une façon uniforme : tandis que les uns étaient assujettis à un simple tribut honorifique, ou à l'envoi de pierres précieuses et d'objets rares, les autres étaient soumis à l'établissement et à la récolte des impôts réguliers suivant le mode d'Annam, impôts sur les personnes et sur les propriétés ; et, à cet effet, les registres de capitation et les cadastres des lots de rizières étaient tenus par un fonctionnaire, généralement un trichau, et envoyés en copie au ministère compétent à Hué.

L'impôt de capitation en Annam était alors fixé à deux dixièmes de taël par inscrit. La principauté de Luang-Prabang était comprise parmi les districts à tribut annuel.

La partie administrative de ces édits renfermait également des réglementations suivant deux méthodes : dans les districts où l'extension de la race avait été la plus considérable et avait déjà porté des fruits, districts qui avaient demandé, sans encore l'obtenir, leur incorporation directe à l'Empire, l'institution mandarinale était établie d'une façon complète (phu, huyen et huyenthua) ; ces fonctionnaires étaient choisis parmi les familles indigènes notables, et toute cette administration locale obéissait au gouverneur (tongdoc) de la province métropolitaine la plus voisine.

Dans les districts dont l'assimilation était moins complète, l'édit de Minhmang conservait les chefs héréditaires et électifs que les habitants s'étaient donnés, et n'établissait aucune autre hiérarchie. Mais le plus élevé de ces chefs recevait, avec un titre honorifique annamite, le soin et la responsabilité de veiller à la bonne tenue et à la prospérité du district. Ce chef était directement rattaché au ministère de la police et à l'administration intérieure, à Hué. Ce mode de gouvernement, en donnant au Protecteur autant de sécurité que l'administration directe, laissait aux protégés plus de cette latitude et de ces libertés personnelles, auxquelles ils étaient attachés par tradition.

Aucune force armée ni de la police métropolitaine n'occupait les régions rattachées par les édits de 1829 ; les chefs de ces régions, et spécialement les « Phuongnhusu » avaient le droit et le devoir de lever des milices provinciales quand les circonstances l'exigeaient ; d'autre part, le roi d'Annam s'engageait à les protéger contre les ennemis du dehors. Mais, et avec raison, Minhmang ne voulait pas user de contrainte, et la présence d'une troupe armée, dans un pays qui change de condition politique, prête, à tort ou à raison, à des présomptions de coercition. Ici, comme partout ailleurs, l'Annam suivait son ancienne politique de lente, débonnaire et irrésistible invasion.

Les ordonnances de Minhmang n'ont jamais été rapportées ni remplacées par aucun autre acte administratif. Il parait certain que, conformément à une politique séculaire, l'Annam eût prolongé son mouvement expansif vers l'ouest, et fût rentré ainsi en possession des régions vassales de la rive droite du Mékhong, si l'ingérence européenne dans les affaires de Hué n'était venue mettre entrave à un développement continu, si les guerres extérieures, les révoltes, et les épidémies qui en furent les conséquences, n'avaient pas absorbé le surcroit de population, dont l'émigration eût servi si puissamment les intérêts de l'empire à ses frontières occidentales.

C'est sous ce régime de 1829 que la France, Protectrice nouvelle, a reçu les districts du Mékhong ; rien n'a pu enlever à ce régime sa virtuelle puissance, ni les incursions siamoises, ni certaines coutumes abusives, ni la désuétude où il fut mis parfois. Les liens institués par le fils de Gialong n'ont jamais été rompus, ni par le désir des peuples, ni par le consentement des souverains ; ils demeurent entiers, et d'une valeur strictement égale sur les deux rives du Mékhong. Il paraît important d'appuyer sur cette conséquence naturelle de la politique de l'ancien Annam, pour, dans une discussion ultérieure, dégager plus facilement les droits et les devoirs de la métropole actuelle.

§ 4. — Relations de l'Annam et du Siam.

Les relations de l'Annam autonome et du Siam ne sont pas aussi serrées et nombreuses qu'on pourrait le supposer entre nations voisines. Cela tient à ce que l'expansion siamoise, annihilée le plus souvent par le peu de densité de la population, et par les caprices contraires de souverains fantasques, n'avait pas à s'exercer du côté de l'Annam ; cela tient surtout à ce que l'expansion annamite, très sûre en ses moyens, mais très lente en sa progression, trouvait, en avant des frontières siamoises, un champ assez vaste pour occuper son activité pendant de longues périodes. Distraites par des objectifs différents, séparées par des espaces importants et sans maîtres effectifs, les politiques des deux États ne se heurtèrent donc pas directement, et elles ne se rencontrèrent, de temps en temps, que dans les affaires des petits souverains limitrophes, où elles s'ingéraient tour à tour. C'est ainsi que le Cambodge fut, sinon un terrain neutre, du moins un champ clos, où, jusqu'aux derniers temps, se restreignirent leurs compétitions diplomatiques.

Il fut cependant une époque où les rois de Siam acceptèrent très humblement l'influence des souverains annamites ; ce fut celle où ces derniers occupèrent dans le sud de l'Asie la situation prépondérante que leur valut leur triomphante résistance à Khoubilaï. Ce fut surtout celle où, vainqueur définitivement de ses rivaux et de la mauvaise volonté chinoise, Lê loï établit sur le trône d'Annam la dynastie nationale des Lê. Au 8ᵉ mois de 1436, une convention stipula que les rois de Siam, en tant qu'usufruitiers d'une certaine partie du Laos, paieraient tribut annuel et rendraient hommage au roi d'Annam, propriétaire et suzerain de tout le territoire. Il est certain que ces liens furent très lâches, et que l'hommage ne fut pas rendu longtemps. Ils n'en existèrent pas moins, et doivent être considérés comme une reconnaissance, de la part du Siam, des droits imprescriptibles de l'Annam.

C'est donc au chapitre précédent, sur la politique observée par les souverains de Hué vis-à-vis du Cambodge, qu'il convient de se reporter pour connaitre la nature et l'étendue de leurs rapports avec le Siam. Quand le Cambodge perdit son autonomie, on peut remarquer que c'est vers l'Annam qu'il pencha plus naturellement, et que ce n'est que par crainte de violences armées que les rois du Cambodge reconnurent à leurs voisins d'occident une partie des droits qu'ils concédaient à leurs voisins d'orient. Il faut en voir la cause dans l'expansion de la race annamite au Cambodge et dans certaines affinités des deux nations ; on peut dire, au contraire, qu'aucun effort ne fut jamais fait par le Siam pour se concilier les Cambodgiens, ni avant ni après leur semi-Protectorat.

On pense bien que l'Annam devait garder rancune au Siam de ces compétitions d'influence ; mais, après la guerre des Tayson et l'avènement de la race Nguyên, la nouvelle dynastie se trouvait moralement gênée et matériellement engagée vis-à-vis des souverains siamois, dont elle avait maintes fois réclamé les secours de guerre, et qui avaient contribué à son installation. Comme tous les usurpateurs, même heureux, Gialong fut obligé de payer sa couronne, en aliénant l'un de ses fleurons ; et ce fut ainsi que, au Cambodge, le Siam obtint sur l'Annam un avantage marqué, en dépit d'une politique mauvaise et d'une flagrante infériorité ethnographique.

Les rapports du roi Minhmang avec le Siam furent encore plus âpres et pénibles, lorsque, à la suite de la destruction du royaume de Vienchan et de Namchuong (souverainetés laotiennes feudataires de la couronne d'Annam), le roi de Siam s'empara, sur la rive droite du Mékhong, de territoires vassaux de Hué (1827). Minhmang reprit par la force ce qu'il avait perdu par la force (1829). Mais les révoltes de ses propres sujets, dans le Tranninh et au Tonkin, où l'autorité des Nguyên était fort mal assise, et les soucis que lui donnait en même temps l'intrusion en Annam des officiers et des religieux des puissances d'Europe, servirent mieux les avidités siamoises que les meilleurs calculs de la politique. Minhmang, distrait par d'immédiates préoccupations, dut laisser les envahisseurs maîtres de leur illégale conquête, et dut se contenter d'une protestation diplomatique, que tous ses successeurs renouvelèrent solennellement à leur avènement.

C'est ici le seul échec de la politique de l'Annam, qui fut partout la même ; on peut dire que, là non plus qu'ailleurs, elle n'était pas destinée à cet insuccès ; elle n'eut pas le temps de faire valoir ses moyens. Mais il semble certain que, si une conquête étrangère et les plus grands cataclysmes intérieurs n'étaient venus absorber sa vitalité et diminuer le nombre de ses enfants, l'Annam eût non seulement reconquis les régions tributaires momentanément abandonnées, mais eût porté jusqu'au Siam, si pauvre en population, la diffusion de ses colonies d'émigrants, irrésistible poussée d'une race exubérante et supérieure à la fois, aujourd'hui, à ses limites et à ses destins.

§ 5. — Relations de l'Annam avec les puissances de l'Europe.

C'est par les missionnaires et les négociants que l'Annam entre en relations avec l'Europe : la nation la plus catholique, l'Espagne, y envoya des apôtres ; la nation la plus commerçante, la Hollande, y fonda des comptoirs. Mais, pendant plus d'un siècle, aucune communication nationale ne fut établie entre les gouvernements : les Européens qui venaient, à leurs risques et périls, tenter le prosélytisme et la fortune, n'avaient ni commission ni mandats ; ils agissaient pour leur compte personnel ou pour le compte de leurs sociétés, et n'avaient chance ni d'être soutenus en cas de litige, ni vengés en cas de dommages.

Les missionnaires abondèrent à peu près en même temps. en Cochinchine (Diego Adverte, 1596) et au Tonkin (Baldinotti, 1626). Ils n'eurent pas grand succès, et s'embarquèrent sans avoir fait le moindre catéchumène: ce furent le P. de Rhodes (1624-1640), un Français, et le P. Marquez, un Portugais, qui créèrent à Anvuc la première mission, et doivent être considérés comme les importateurs du catholicisme dans la presqu'île. En 1640, ils s'installèrent à Faifoo (Annam). Sujets tout d'abord à quelques suspicions, et victimes de quelques poursuites, les missionnaires eurent, en 1641, liberté de leur prédication, d'après le texte d'un édit qui leur interdisait d'aborder quelque question que ce fût, qui pourrait se rapporter à l'ordre politique ou social (1).

Les Hollandais, de leur côté, fondèrent, en 1637, un comptoir à Phoyèn, aux environs de la ville actuelle de Hungyèn, comptoir qui eut un commerce fluvial avec Hanoï. En 1700 (8 février), malgré que les uns et les autres en tirassent assez grand profit, cet établissement fut abandonné.

Tandis que, de sa capitale religieuse, Ajuthia (Siam), un évêque, Mgr de Lamothe-Lambert, régissait la Cochinchine, le Tonkin était divisé en deux vicariats apostoliques, où des Jésuites, des Barnabites, des Franciscains et des Dominicains prêchèrent à l'envi, en imprimant à chacune de leurs circonscriptions des tendances particulières, origines des divisions futures, des suspicions des foules et de la disgrâce des autorités. Ils s'installèrent, après le départ des Hollandais, dans les ruines du comptoir de Phoyèn (1705). Mais rien ne faisait présager encore l'établissement de communications officielles avec l'Europe.

Les établissements français de l'Inde avaient déjà cepen-

---

(1) Le P. Alex. de Rhodes a fait, de ses voyages et de ses prédictions en Extrême-Orient (Cochinchine, Tonkin, Chine), en Perse et en Arménie, un récit des plus documentés, paru, en 1666, chez Journel, à Paris, et qui n'a malheureusement pas été réimprimé depuis 1681.

dant entamé des négociations commerciales. La Compagnie des Indes y avait envoyé un agent (1648), et l'un de ses gouverneurs, Dumas (1735); sous la géniale impulsion de Dupleix, un traité de commerce fut signé entre la cour de Hué et notre empire de Pondichéry (1749). La disgrâce de Dupleix et les embarras de la guerre de Sept ans firent abandonner l'entreprise, et reculèrent de cent ans le résultat déjà entrevu.

Des circonstances très graves de la politique annamite et la présence d'un grand Français en Cochinchine fournirent l'occasion de préluder à ces relations, dont nous pouvons apprécier aujourd'hui les immenses résultats. Gialong, roi de la Cochinchine et premier souverain de la race Nguyèn, avait à reprendre son royaume aux Tayson révoltés, et se lassait de demander aux Siamois des secours souvent insuffisants, et toujours chèrement payés. Il avait, déjà à cette époque, le français Emmanuel, décoré du titre de Khamsaï, qui mourut dans un combat en 1781. Cet Emmanuel avait été présenté à Gialong par Mgr de Béhaine, évêque d'Adran. L'évêque d'Adran, missionnaire zélé, Français ardent, ami intime de Gialong (il avait été précepteur du prince héritier), persuada au roi de demander, pour conquérir son trône, le secours de la France, et de l'envoyer lui-même en ambassade. Cette ambassade partit à la fin de 1783, accompagnée par le prince Canh, et revint en 1788 avec deux navires de commerce, une frégate de guerre, des officiers que le roi de France attachait au service de l'Annam, et un traité, signé, au nom de Gialong, par le prince Canh et l'évêque (28 novembre 1787). Ce traité, dont les articles ne furent jamais exécutés, à cause des événements de la révolution française, promettait à Gialong l'alliance offensive et défensive du roi de France, vingt bâtiments de guerre, cinq régiments européens et deux régiments des Indes, cinq cent mille dollars en espèces, cinq cent mille dollars d'armements militaires et de munitions ; en compensation, le roi de France obtenait le droit d'établir, sur les principaux points du royaume futur, des consuls et des résidents; il obtenait la cession à perpétuité de la baie de Tourane et des îles qui la défendent ; et le roi de Cochinchine portait à soixante mille hommes son contingent de guerre en Extrême-Orient, et à quatorze mille hommes le secours qu'il s'engageait à fournir à son allié sur le territoire de l'Inde. Ce traité est le premier lien de l'Annam avec la France ; c'est aussi le premier document relatant les obligations de l'Annam ; ces obligations furent renforcées encore par la présence d'officiers français en Cochinchine, et par les services signalés qu'ils y rendirent, tant dans les batailles que dans la construction des forteresses (1). La faveur de ces derniers demeura entière jusqu'en 1798, époque de la mort de l'évêque d'Adran, et même jusqu'en 1800, année du décès du prince Canh, élève du vaillant prélat. Lorsque Gialong fut roi incontesté de la péninsule, il oublia ceux qui l'avaient aidé dans les mauvais jours, et il les oublia plus complètement encore dans ses dispositions posthumes (1820).

En 1818, le roi Louis XVIII envoya M. de Kergariou à

---

(1) La mission française de 1788 comprenait six officiers de vaisseau : MM. Chaigneau, de Forsanz, Vannier, Dayot, Girard de l'Isle, Guilloux ; deux ingénieurs : MM. Ollivier et Le Brun ; un colonel, M. Barisy, et un médecin, M. Despiaux. M. Ollivier éleva les remparts, dits Thankhaï, à Saïgon. Le commandant Dayot prit une première fois Quinhon.

Saïgon avec une lettre autographe, pour rappeler à Gialong les engagements du traité de 1787, mais sans le moindre résultat. La mission française, découragée par le mauvais vouloir du roi Minhmang, rentra en France, et Bougainville, envoyé en ambassade en 1825, ne put pas même établir de communications avec la cour de Hué.

Les tentatives faites en 1831 pour renouer des relations avec le roi Minhmang, et pour installer M. Chaigneau comme consul à Hué, n'eurent pas meilleur succès. Le souverain voyait dans ces anciens alliés des ambitieux possibles, et, n'ayant plus de services à attendre d'eux, craignait d'avoir à donner à leur pays des gages de sa reconnaissance ; il exclut les missionnaires eux-mêmes de ses conseils, et promulgua des édits de persécution, qui causèrent bien des meurtres ; puis, pour se justifier sans doute par la raison d'État, il envoya en France trois mandarins ambassadeurs, qui furent accueillis comme les marins français l'avaient été à Hué ; ils ne furent pas reçus par le roi Louis-Philippe (1839-1841). Toutes les relations étaient donc supprimées : les bateaux français ne parurent plus désormais sur les côtes de l'Annam, que pour y promener des négociateurs allant en Chine (mission Lagrené, 1844), ou pour arracher des missionnaires à la prison (affaire de l'amiral Cécille, en 1845), ou pour tirer vengeance et réparation du meurtre de nos nationaux au cours des persécutions religieuses (destruction des bateaux royaux dans le golfe de Tourane, par l'amiral Rigault de Genouilly, en 1847).

A l'avènement de l'empereur Tuduc, continuateur de la politique de Minhmang, la haine des Européens et les persécutions, qui en étaient la conséquence, redoublèrent ;

une deuxième démonstration devant Tourane eut lieu sans plus de profit. Notre envoyé extraordinaire au Siam et au Cambodge, M. de Montigny, n'obtint ni une audience, ni un relâchement dans les rigueurs de la cour (1858).

A cette époque, le clergé français insistant pour la protection des catholiques en Extrême-Orient, et des navires et des contingents étant sur la route du retour après l'expédition de Chine, le gouvernement de Napoléon III, las des dénis de justice et des fins de non-recevoir dont on bernait la France depuis soixante ans, exigea subitement l'exécution des clauses du traité de 1787, et fit appuyer ses réclamations de sa flotte et de ses troupes. L'Annam allait abandonner de vive force ce qu'il n'avait voulu consentir de plein gré. Et l'entrée des Français vainqueurs à Saïgon (17 février 1859) mit fin à la politique extérieure de l'Annam indépendant. Car, comme nous le verrons dans le chapitre qui suit, le traité de 1862 ne laissait plus sa liberté d'action à la diplomatie annamite, non plus que l'établissement définitif des Français dans les trois provinces de la Basse-Cochinchine ne laissait son intégrité à l'Empire et son indépendance à l'Empereur.

*
* *

Après cet examen rapide des relations de l'Annam souverain avec les pays limitrophes, ses vassaux, avec l'Empire chinois, son suzerain occasionnel, et avec les puissances européennes, il nous faut succinctement dégager, des faits qui viennent d'être exposés, quelle fut la ligne de conduite politique des dynasties royales, dans le but d'assurer et d'étendre leur domination.

Dans son existence de nation indépendante et de personne publique, l'Annam eut affaire à trois sortes de peuples, et exerça vis-à-vis d'eux trois politiques différentes : l'Annam rencontra devant lui un empire infiniment supérieur, suzerain obligatoire, puis des monarchies, tantôt égales, tantôt inférieures ; enfin, sur les derniers temps, il se heurta aux nations européennes, d'abord à leurs commerçants et à leurs religieux, puis à leurs gouvernements et à leurs armées. En chacun de ces cas, il agit différemment, mais les actes de ces longues séries de souverains et de ministres furent tous inspirés par un sentiment commun, et tendirent tous à la grandeur de leur pays, par le désir de l'isolement vis-à-vis des plus forts, par la tendance à l'assimilation vis-à-vis des plus faibles. C'est en résumant de tels exemples, et en les traduisant en langage et en préceptes modernes, que nous dégagerons du passé l'allure présente qu'il faut donner aux choses extérieures de l'Annam, et l'obligation étroite qu'a la France protectrice de contraindre ses fonctionnaires coloniaux à l'étude, à la compréhension et à l'application d'une politique ainsi raisonnée.

Vis-à-vis de l'Empire suzerain, l'Annam, tout en conservant la politesse qui fait le fond des mœurs, et la déférence qui fait le fond des traditions de la race, maintient ses libertés, défend ses droits, ne cède qu'à la force brutale la moindre de ses prérogatives, et ne perd aucune occasion de gagner du terrain et de consolider son autonomie. Lentement il arrive à son indépendance, et s'affranchit de toute tutelle, en ne conservant, des liens antiques, que ce qui peut lui être utile.

Il faut bien préciser ce caractère spécial de la politique

des Lê. Ils sentaient, pour leur couronne, la nécessité d'une personnalité politique complète, et, pour leur peuple, la nécessité de l'amitié continuelle, et, pour ainsi dire, protectrice, de l'Empire immense, qui est le frère aîné des Jaunes. C'est pourquoi, tendant à la nationalisation de l'Annam, et y atteignant, ils ne craignaient pas de mécontenter les souverains de la Chine, du moment qu'ils ne heurtaient point de front la politique traditionnelle chinoise. L'Annam voulait vivre par lui-même et grandir de sa propre substance, mais il était conscient de ne pouvoir le faire qu'avec l'assentiment du Céleste-Empire. L'amour-propre des souverains de l'Annam, l'orgueil de la caste mandarinale ont été tempérés adroitement par le souci constant de l'intérêt immédiat du pays et de la fidélité aux origines. On ne saurait expliquer autrement la résistance victorieuse de l'Annam aux entreprises violentes des souverains que les hasards des guerres mirent sur le trône chinois, et l'accession lente à son homogénéite parfaite, malgré les plus diverses entraves. A cause de la communauté des races, des langues, des origines et des traditions, jamais les Chinois ne virent des ennemis nationaux dans les Annamites, et jamais ils ne les traitèrent comme tels. Et d'autre part, malgré les sobriquets joyeux et la méfiance populaire, jamais les Annamites ne reçurent les Chinois autrement que comme de grands frères, dont la main peut être lourde à l'occasion, mais de la part de qui on ne saurait craindre la destruction.

Ce sentiment est assez ténu ; mais il est profond, indestructible, comme tout sentiment de race ; et il porte ses résultats dans la politique extérieure, parce que tout le pays en est, pour ainsi dire, imprégné. C'est, relativement, le sentiment que, depuis deux siècles environ, professe la nation espagnole pour la nation française ; et, si mauvais que soit cet exemple, il me semble impossible d'en trouver un qui se rapproche davantage de la situation à définir. Quand bien même des intérêts ultérieurs l'exigeraient, il est impossible, à peu près, de se dégager entièrement de ceux de qui l'on procède ; et la politique est toujours mauvaise et de courte durée, quand elle fait violence aux sentiments profonds d'une nation. En ce qui concerne l'Annam, le respect de ce principe offrait non seulement un avantage moral, mais aussi un avantage matériel, puisque la Chine reconnaissait, le cas échéant, une protection efficace à ces nations-barrières, qui étaient, en temps ordinaire, ses protections géographiques. Aussi faut-il louer sans réserve les souverains de la dynastie d'avoir si bien compris la situation qui leur était faite, à la tête d'une race mal différente des races voisines, et d'avoir concilié si ingénieusement l'avantage de leur peuple avec la dignité de leur couronne. C'est grâce à eux que l'Annam demeura, pendant de longs siècles, vis-à-vis de la Chine, comme sont les fils émancipés, indépendants dans leurs actions et maîtres de leur fortune, qui savent, dans les moments difficiles, avoir droit à leur place au foyer paternel et à la protection de l'ancêtre commun.

Si l'Annam défendit ainsi son indépendance politique contre le peuple plus fort, on peut dire, en thèse générale, qu'il n'attaqua point et n'abolit point par la force l'indépendance des peuples plus faibles. On ne peut trouver, dans l'histoire de l'Annam, qu'une seule exception, et cette exception confirme la règle : c'est celle du Ciampa. Le Ciampa était un vassal, un protégé direct, qui devait tout aux rois d'Annam, ses richesses, sa tranquillité, son existence ; et les rois du Ciampa n'étaient que des mandataires royaux et des dépositaires de l'autorité suprême. Ils mésusèrent de ce dépôt, et trahirent leur mandat ; et la longanimité des rois d'Annam à leur égard fut le critérium de la sévérité et de l'inexorabilité finale avec laquelle ils durent couper court à tant de révoltes et de trahisons. A part ce fait isolé, il n'y a pas un coup de force brutale dans la politique des rois d'Annam : il s'y trouve des législateurs, mais pas un conquérant ; des Louis XI, pas un Charles VIII ; ils déposent leurs armes, même victorieuses, quand ils sont en possession de leurs droits anciens, et ils ne font pas appel aux guerres pour en acquérir de nouveaux. Leurs extensions territoriales marchent de front avec l'expansion ethnographique de leur race ; on peut donc dire que c'est le peuple, et non pas le roi, qui conquiert et qui s'agrandit.

Lentement, par l'excédent des naissances, la race s'épanouit hors des frontières, dans les petits États voisins, politiquement feudataires ou ataviquement respectueux ; elle emporte avec elle ses coutumes et l'obéissance à ses lois primitives ; elle occupe, pour le roi lointain, les parcelles de sol dont elle devient individuellement propriétaire.

En suite d'un principe de droit fort ingénieux, et qui procède tout entier des traditions religieuses de la race, le roi d'Annam possède sur ces Annamites, installés en la terre étrangère, des droits juridiques et de possession aussi étendus et stricts, que si ces exilés n'avaient pas quitté le sol de l'empire ; et ainsi ils lui restent, à travers les générations, indissolublement attachés et soumis. Ce sont ainsi des colonies, non pas d'émigrants, mais de nationaux, colonies compactes, que le roi d'Annam possède hors de chez lui avec tous les droits souverains. D'années en années, le nombre des colonies augmente, et, dans l'intérieur des colonies, les colons se multiplient. Arrive un moment où les autochtones sont débordés et disparaissent dans la masse affluente des nouveaux venus ; et, comme tous ces nouveaux venus sont propriétaires, et qu'ils ont apporté avec eux, en un seul bloc, les lois, les usages, la langue de l'ancienne patrie, il se trouve que leur souverain de jadis possède tout, sur le sol et sous le sol d'au-delà de ses frontières, tout, excepté le pouvoir nominal et officiel. Et quand, grâce à un facile hasard, le roi d'Annam acquiert ce pouvoir, il semble bien moins opérer une conquête, que rentrer en possession d'anciens sujets. Le pouvoir acquis se fait sentir d'abord avec modération, il n'est pas exercé directement ; il est délégué à une famille et à une fonction qui ne portent point d'ombrage aux aborigènes ; et les premiers actes de ce pouvoir sont de répandre la langue annamite, d'ouvrir des écoles annamites, et d'assurer partout le fonctionnement des lois de l'Annam. Au bout de quelques années d'accoutumance, l'annexion pure et simple se produit sans à-coup comme sans surprise ; le territoire ainsi acquis fait partie intégrante de l'empire, et devient une province directe, une pépinière nouvelle, d'où de nouveaux colons, recommençant le cycle ancestral, émigreront encore par un mouvement continu d'endosmose, et créeront ainsi, au-delà des frontières récentes, les mêmes droits à des conquêtes futures.

La perfection de cette méthode consiste en une production lente d'efforts mesurés et continus, efforts logiquement proportionnels à l'accroissement de la population. Cette extension naturelle ne trouve pas d'obstacle, d'autant plus que l'accession définitive au plus grand royaume donne aux populations absorbées de visibles avantages commerciaux et économiques. Elle consiste encore dans l'excellence des moyens employés pour attacher étroitement aux institutions de l'empire les populations des régions qui viennent d'y être incorporées, et dans la prudence avec laquelle on leur fait sentir leurs premiers liens et leurs premières obligations.

Telles sont les caractéristiques des succès qui couronnèrent la politique de lente expansion, de nationalisation populaire et d'assimilation intellectuelle, que pratiquèrent, vis-à-vis des limitrophes, les souverains de l'Annam.

Quant à l'action, enfin, des nations étrangères, à l'action d'autres races et d'autres civilisations, la politique de l'Annam chercha à la diriger dans l'intérêt de son indépendance et de son hégémonie, quitte à s'en débarrasser, une fois le but atteint. Tant que l'Annam put se suffire à lui-même, ou put obtenir de la Chine des secours à peu près désintéressés, il reçut avec une parfaite indifférence les ouvertures et les ambassades des nations occidentales. Quand la dynastie Lê s'écroula, et que les Nguyên se débattirent péniblement entre les Tayson et les Siamois, Gialong lui-même demanda l'intervention française. Mais il ne le fit qu'en dernier ressort, la Chine lui ayant refusé tout concours, et le Siam mettant le sien à un prix trop élevé. Gialong savait, après la visite que l'évêque d'Adran et le prince héritier avaient faite en Europe, que l'aide matérielle d'un peuple de race blanche lui donnerait infailliblement le succès, et il espérait secrètement pouvoir éluder les obligations et les devoirs de reconnaissance contractés envers une puissance aussi lointaine, plus facilement qu'il n'eût pu le faire vis-à-vis de voisins immédiats et directement intéressés. C'est dans ces espérances qu'il signa le traité de 1787; et dès lors toute sa conduite et celle de Minhmang, vis-à-vis les membres de la mission française, donnent libre cours à ces sentiments. Après avoir choyé les officiers qui lui furent adressés, s'être servi de leurs personnes, de leurs talents et des ressources qu'ils apportaient avec eux, Gialong les délaissa aussitôt que son trône fut affermi, et son successeur ne cessa de les molester et de les humilier, jusqu'à ce qu'ils se fussent résignés à un départ qui convenait seul dès lors à leur dignité.

Les rois d'Annam avaient compris que ces puissants alliés portaient avec eux un pouvoir moral considérable, et ils craignaient que l'État qui les avait envoyés n'arrivât, grâce aux services rendus, à acquérir parmi le peuple une notoriété et une influence capables de leur porter ombrage et de nuire à leur propre autorité. La présence des étrangers, outre qu'elle était un vivant reproche à leur ingratitude, donnait un prétexte perpétuel à la France pour intervenir dans les affaires politiques et religieuses de l'Annam; et les Nguyèn n'avaient pas secoué le lien vis-à-vis de la Chine, pour en contracter un autre vis-à-vis d'une race plus étrangère et d'un protecteur plus exigeant.

L'événement justifia pendant longtemps l'espoir qu'ils avaient nourri, que la France passerait par profits et pertes l'argent et les vaisseaux mis au service de l'Annam.

Et il est même probable que jamais elle n'eût réclamé la mise en vigueur de certains articles du traité de 1787, si, dans leur caractère soupçonneux et aigri, Minhmang et ses successeurs n'avaient pas maladroitement exagéré leur politique de défiance envers les nations occidentales, en proscrivant la religion catholique et en persécutant cruellement ses missionnaires.

Nous pouvons comprendre d'autant plus facilement cette politique égoïste, mais profondément nationale, que le Japon, sous nos yeux contemporains, n'en use pas autrement vis-à-vis des nations de race blanche. Le Japon a envoyé des Japonais comme élèves dans tous les pays de l'Europe, et pour toutes les branches, militaires, administratives et commerciales de notre civilisation. Il a obtenu la bienveillance, l'instruction, les moyens de tous, car chacun espérait trouver, comme compensation, chez ce nouveau-né du progrès moderne, un débouché à ses artistes, à ses professeurs, à ses marins et à ses soldats. Une fois mis au courant par ces amis bénévoles, le Japon leur a dit un adieu sans retour, s'est retrouvé face à face avec lui-même, et, adaptant tant bien que mal à son tempérament toutes les idées nouvelles, si hâtivement conçues et encore si mal digérées, il a retourné ce qu'on lui avait enseigné contre ses propres instructeurs.

C'est aussi ce que tenta l'Annam, mais avec un moindre talent de prestesse et d'assimilation, et surtout à une époque peu favorable, où il n'était point encore admis, en Europe, de traiter les autres races sur un pied d'égalité parfaite. Emporté par des circonstances impérieuses, l'Annam conclut des conventions, échangea des signatures, et se livra à un point suffisant pour qu'il lui devint impossible plus tard de se dégager.

Mais le principe, pour mal appliqué qu'il fut, n'en subsistait pas moins dans la pensée et dans les prévisions de ses rois.

Nous pouvons donc conclure que, pendant la durée de son existence publique, l'Annam eut invariablement une politique nationale, de but unique et bien déterminé, qui fut la cohésion et la fortification de son entité ; vers ce but tendirent tous les efforts de ses souverains, par deux moyens : l'assimilation pacifique des royaumes voisins, inférieurs en puissance et en expansion, tout en s'appliquant soigneusement les ressources des pays assimilés ; la défiance et l'isolement vis-à-vis des puissances supérieures et plus éloignées, tout en profitant des secours désintéressés qu'ils en pouvaient obtenir.

Ce sont ces principes et ces moyens qui doivent être soigneusement retenus, et qui devront être présentés et appliqués à la politique extérieure actuelle de l'Indo-Chine française, avec, bien entendu, les tempéraments que nécessite son état actuel, dont nous allons, à présent, étudier rapidement les transformations, les différents modes et les instruments.

CHAPITRE III

Les différents modes de protectorats en Indo-Chine

Le protectorat de l'Annam eut, dès 1862, une forme embryonnaire. Le protectorat du Tonkin ne vint à l'idée de personne avant 1872. Ces deux protectorats eurent leurs rouages déterminés dans les traités de 1884, qui sont divisés en deux parties bien distinctes, s'appliquant chacune à l'un de ces deux pays. Des conventions et des arrêtés successifs, jusqu'à ceux tout récents de M. Doumer, en ont modifié l'exercice, dans des sens tout à fait différents. Le Cambodge au contraire a reçu son instrument définitif dans le traité de 1863, et les ordonnances qui l'ont complété n'en ont pas changé la valeur ni le sens, en ce qui concerne les relations extérieures. Des considérations d'époques, de sentiments, de politique métropolitaine, de races et de personnes ont donc contribué à la création de trois protectorats — qu'on peut déclarer trois protectorats coloniaux, par opposition avec le protectorat diplomatique tunisien — mais qui n'en sont pas moins très différenciés les uns des autres. On comprendra donc qu'il faille les étudier à part, en commençant par le protectorat de l'Annam, qui est celui de la portion principale de l'ancien royaume, et en spécifiant ensuite, pour chacun des autres pays, ce qui pourrait être particulier au protectorat de chacun d'eux.

§ 1. — Le protectorat de l'Annam.

La cause première de l'intervention de la France dans les affaires de l'Annam fut, comme nous l'avons vu, cet article, jusqu'alors oublié, du traité de 1787, qui cédait en toute propriété au roi Louis XVI la baie de Tourane, en reconnaissance des services rendus au prétendant Gialong. Une autre cause, celle-là secondaire, fut la série de persécutions que, à l'imitation de son aïeul Minhmang, le roi Tuduc infligea aux missionnaires et aux catholiques depuis 1847. Mais ces droits fussent restés sans satisfaction, et ces injures sans réparation, si la guerre de Chine n'avait pas fourni au second Empire l'occasion d'envoyer des forces en Extrême-Orient. Car la première tentative de 1858 sur Tourane avait avorté, et la campagne victorieuse de l'amiral Rigault de Genouilly (1859) à Tourane et à Saïgon n'avait donné aucun résultat en dehors de la prise de ces deux places, où, dès la fin de l'année, les Français étaient plutôt assiégés qu'ils n'y tenaient garnison. C'est à la fin de la campagne de Chine (février 1861) que l'amiral Charner fut envoyé en Cochinchine avec l'escadre française, et que ses troupes de débarquement, brisant les lignes annamites de Kiloa, prirent enfin, d'une façon absolue, possession du sol cochinchinois.

Notre intention n'est pas ici de donner les détails des

campagnes qui se sont succédé, ni même l'historique si intéressant et si compliqué des débats diplomatiques. Cette histoire a déjà été faite par le menu et de maitresse façon. L'étude compacte de MM. Bouinnais et Paulus peut à ce sujet satisfaire les curiosités les plus indomptables (1). Notre seul but est d'établir, dans l'étude des traités qui terminèrent ces luttes et consacrèrent ces conquêtes, la manière, plus ou moins stricte, suivant les modes de protectorat, dont la France s'est substituée à l'Annam, non seulement dans l'exercice, mais dans le souci de la politique extérieure du royaume ; et de déterminer que le texte même des accords crée à la France, en ce qui touche le maintien des intérêts internationaux et la diffusion de l'influence de l'Indo-Chine, un devoir, à la fois très grand et très exprès, sur lequel il semble que la métropole n'ait pas suffisamment appelé l'attention de ses agents.

En dehors de toutes stipulations de cessions et de conquêtes (les trois provinces de Basse-Cochinchine et de l'île de Poulocondor), le premier instrument par lequel la France s'ingéra dans la politique de l'Annam fut le traité du 5 juin 1862, qui termina la campagne commencée par l'amiral Rigault de Genouilly et continuée par l'amiral Charner. Ce traité ne semblait en rien restreindre la souveraineté du roi d'Annam sur son royaume ainsi diminué. Toutefois l'article 4 du traité permettait à l'Empereur des Français, *sans cependant l'y contraindre*, d'intervenir dans la

---

(1) Bouinnais et Paulus, *L'Indo-Chine contemporaine*. Challamel, éditeur : 2 volumes in-8º, formant 1.400 pages. Voir surtout les différends avec la Chine. — Consulter aussi *La conquête de la Cochinchine*, par Pallu.

politique extérieure de l'Annam, au cas où l'Annam se trouverait dans une situation fâcheuse. C'était là l'acceptation d'une protection sans protectorat, protection déguisée, mais expresse et désintéressée. L'Annam, dans les temps passés, n'avait jamais rien demandé à la Chine. Cependant il s'y ajoutait une restriction ; cette restriction, de même que la perte des trois provinces de la Basse-Cochinchine, indiquait au roi Tuduc que ses nouveaux amis ne seraient pas des alliés bénévoles ; et sa défiance d'autrefois se changea dès lors en une sourde haine. Par cette restriction, le roi d'Annam s'interdisait formellement de céder à une nation étrangère une partie quelconque de son royaume, sans avoir obtenu le consentement préalable de la France ; c'était là une atteinte aux droits d'extranéité de l'Annam et à sa personnalité publique ; le roi Tuduc sembla la supporter, parce que, somme toute, cette atteinte paraissait bienveillante ; mais elle constituait un précédent, et un droit d'ingérence dans les affaires de l'Annam, droit que n'avait pas réclamé, ou que, en tout cas, n'exerçait pas la Chine suzeraine, laquelle ne fut pas consultée ni avertie par Tuduc pour l'abandon des trois provinces que stipulait le même traité. (Voir le traité du 5 juin 1862 : pièces diplomatiques, n° xi, page 228).

*
* *

Les clauses du traité de 1862 réglèrent les rapports de la France et de l'Annam jusqu'en 1874 ; car la conquête, par l'amiral de La Grandière, des trois autres provinces de la Cochinchine ne fut pas ratifiée auparavant. En 1872, l'attitude des mandarins du Tonkin vis-à-vis l'explorateur Jean Dupuis parut justement une violation, dans la lettre et dans l'esprit, de l'article 1ᵉʳ du traité de 1862. L'amiral Dupré, gouverneur de la Cochinchine, pris pour arbitre par les deux parties en litige, délégua Francis Garnier au Tonkin avec tous ses pouvoirs. On connaît comment Garnier fut conduit des négociations à la guerre, et l'histoire héroïque de la conquête du Delta tonkinois avec quatre-vingt-trois hommes, et la fin tragique du chef de l'expédition. M. Philastre, envoyé en toute hâte, signa les conventions des 5 janvier et 6 février 1874 (1). Toutes nos rapides conquêtes du Tonkin étaient abandonnées ; les chrétiens, qui nous avaient soutenus, livrés aux rancunes des mandarins ; Jean Dupuis désavoué ; le fleuve Rouge nous était interdit au-dessus de Hanoï ; et, pour toute compensation, il nous était permis de conserver un consul à Hué. La situation de ce consul était si rebutante qu'il demandait bientôt son rappel. Il nous était permis de nous installer à Haïphong dans une concession, et d'y avoir un agent accrédité ; mais les pouvoirs de cet agent ne dépassaient pas les limites de la concession. Il ne nous appartient pas de voir si ces conventions mettaient les successeurs de Garnier dans une situation adéquate avec les récents succès des armes françaises, d'autant plus qu'elles furent immédiatement modifiées par le traité signé à Saïgon, le 15 mars 1874, entre l'amiral Dupré et les plénipotentiaires annamites (2). Par ce traité, la France entendait établir son protectorat sur l'Annam, et ce n'était que dans ce but que l'expédition de Francis Garnier avait été autorisée. (Lettre de l'amiral Dupré au

---

(1) Chap. v, Documents diplomatiques, n° xvii, page 235.
(2) Chap. v, Documents diplomatiques, n° xviii, page 235.

ministre de la marine : 19 mai 1873 ; — télégramme du 28 juillet 1873). Mais combien le texte des clauses est peu net, et combien il se ressent de l'indécision où se trouvait alors la métropole au sujet de sa politique asiatique, tiraillée entre le désir d'un établissement profitable, et la crainte de se lancer en des aventures et des dépenses lointaines, sous l'œil d'une opposition parlementaire puissante.

L'article 2 du traité semble ne conférer à la France que des devoirs envers l'Annam, tout en lui interdisant à *priori* toute ingérence dans les affaires extérieures de l'Annam avec l'Asie ; cet article reconnaît en propres termes « la souveraineté du roi d'Annam et son entière indépendance vis-à-vis de toute puissance étrangère. » C'était la reconnaissance absolue de tous les droits d'extranéité de l'Annam, et, par là même, la négation de tout protectorat. La France s'engageait « à donner à l'Annam, *sur sa demande*, l'appui nécessaire pour maintenir dans l'état l'ordre et la tranquillité, et pour détruire la piraterie. » C'eût été un moyen suffisant d'intervenir, si l'article n'eût pas contenu ces mots « sur sa demande ; » il était bien évident que l'Annam ne demanderait jamais que les « barbares » vinssent, sous un motif quelconque, installer leurs soldats dans le royaume.

En revanche, et en reconnaissance de cette protection, le roi d'Annam s'engageait à conformer sa politique extérieure à celle de la France, et à ne rien changer à ses relations diplomatiques actuelles. Cette clause, excessivement ambiguë, donnait à la France un motif éventuel et temporaire d'intervention ; elle ne lui donnait nullement la *direction* de la politique extérieure de l'Annam ;

d'ailleurs, et par surcroît, cet accord n'abolissait pas les accords précédents, conclus par l'Annam au cours de son histoire ; au contraire, il semblait les confirmer et les consacrer, pour ainsi dire, dans l'immobilité de leur état au 15 mars 1874. Vis-à-vis même de la France, l'Annam était donc en droit de se prévaloir de l'antique suzeraineté chinoise, connue de tous, publiée mille fois, que le traité de 1874 semble implicitement reconnaître, et que la France ne peut être censée ignorer. Ce traité est véritablement, suivant le mot de Jules Ferry, « le père d'inextricables difficultés (1). »

On ne saurait trop insister sur la fâcheuse imprécision des termes de ce traité ; les parties pouvaient en tirer mille interprétations diverses, et ne manquèrent pas de le faire. Cette imprécision contraignit la France à une attitude expectante pendant près de dix années, et livra ses nationaux aux caprices des mandarins de l'Annam, sans qu'il fût possible de déclarer le traité violé, tant les roués diplomates de l'Extrême-Orient savaient découvrir d'élasticité dans l'ambiguïté de ces déclarations.

Il faut aussi remarquer que, dans trois ports qu'ouvrit le traité de commerce français, des consuls ou agents devaient être installés, assistés d'une force de cent hommes, « pour veiller à leur sécurité, et faire respecter leur autorité » (art. 13). Mais ces consuls n'avaient qu'un seul droit : la protection de leurs nationaux et des intérêts de leur négoce ; et une convention commerciale ultérieure devait indiquer les conditions auxquelles le commerce pourrait être exercé. L'article 20 autorisait la France à

---

(1) Jules Ferry, *Le Tonkin et la mère patrie.*

installer à Hué un résident ayant rang de ministre, pour veiller à ce que la politique extérieure de l'Annam demeurât dans les limites que le pacte lui assignait. Mais le même article ajoutait que, en revanche, l'Annam pourrait installer des « résidents » à Saïgon et à Paris. Il faut donc entendre par le mot « résident » un « envoyé, » ou un « ministre plénipotentiaire. » Et cet article 20 n'était donc qu'une implicite et nouvelle reconnaissance de l'indépendance de la personnalité politique de l'Annam, sauf la vague restriction de l'article 3 (1).

* * *

Le roi Tuduc comprit rapidement la situation difficile et pleine d'embûches que créait à la France le traité de 1874 ; convaincu que la position qu'elle occupait sur les côtes n'était pas assez importante pour qu'elle pût en tirer parti en cas de violation des clauses du traité, sachant parfaitement que la Chine n'avait fait aucune réponse à la notification des articles intéressant implicitement son ancienne tutelle, le roi Tuduc ne cessa, en toutes occasions, de ne tenir aucun compte de ses engagements. En 1876, il envoya directement en Chine le tribut triennal ; en 1878, il invita les troupes chinoises à occuper une partie du Tonkin, pour étouffer l'insurrection de Lihungchoï ; le 27 janvier 1880, il signa un traité de commerce avec une mission espagnole venue à Hué. Ces infractions, et d'au-

---

(1) Les conventions du 31 août et du 23 novembre de la même année règlent les rapports commerciaux, les questions douanières, les facilités à donner aux explorateurs français, et le mode de paiement des indemnités dues.

tres encore, moins éclatantes, mais plus préjudiciables, conduisirent la France à renforcer les garnisons de Haïphong et de Hanoï, et à commencer pacifiquement une démonstration qui se termina par une lutte et la mort du commandant Rivière (1882). La suite des événements amena au Tonkin le général Bouët, puis l'amiral Courbet, puis M. Harmand, chargé des pouvoirs français. De rapides succès amenèrent ce dernier jusqu'à Hué, et c'est dans le palais des rois d'Annam qu'il imposa la volonté de son gouvernement au successeur du roi Tuduc.

Le traité qui fut signé le 25 août 1883 (1) ne fut pas seulement l'expression du fait accompli, c'est-à-dire la mise en tutelle de l'Annam, grâce aux droits antérieurs de la France, à ses avantages répétés, aux traités déjà passés et aux réparations dues ; ce traité fut surtout l'idéal instrument du protectorat, tel qu'aujourd'hui l'entendent les grandes puissances sur les nations moins civilisées, ou pourvues d'une autre civilisation. On peut s'étonner qu'un semblable travail soit sorti en trois jours du cerveau d'un homme, parmi des dangers de tout genre, au milieu d'une ville en révolution. Mais il faut savoir que, « the right man in the right place, » M. Harmand avait consacré une partie de sa vie à l'étude des questions multiples et compliquées, à la résolution desquelles il venait d'être appelé ; et le traité qu'il imposa alors à l'Annam, sous sa seule responsabilité, sans instructions spéciales de la métropole, est, dans ses lignes claires, simples, et cependant complètes, le résumé d'études poussées si loin et à l'aide de documentations si précises, que son auteur était alors et

---

(1) Chap. v, Pièces diplomatiques, n° xx, page 242.

est demeuré le meilleur appréciateur des choses de l'Indo-Chine.

A ce point de vue général, les stipulations de cet accord méritent une attention particulière ; elles valent d'ailleurs qu'on s'y arrête d'autant plus que, malgré quelques tempéraments qui y furent apportés par la suite, elles constituent, aujourd'hui encore, la base des institutions françaises en Annam, la raison de leur action extérieure, et le moyen de direction — et parfois de coërcition — de l'administration indigène. Ces stipulations comprennent des articles restreignant les droits d'extranéité de l'Annam, et des articles déterminant les rouages métropolitains qui exerceront désormais ces droits. Les détails en sont différents pour l'Annam et le Tonkin.

Au point de vue des relations extérieures de l'Annam, celles-ci passaient définitivement sous le contrôle direct et dans les immédiates attributions des autorités françaises, entièrement, et sans la moindre ambiguïté : « La France, disait l'article 1, présidera aux relations de toutes les puissances étrangères, *y compris la Chine*, avec le gouvernement annamite, » et, pour donner aux futurs représentants de la République en Annam toutes les latitudes voulues, il était ajouté expressément que « l'Annam reconnaissait et acceptait le protectorat de la France, avec les conséquences de ce mode de rapports au point de vue européen. » En quelques mots, la personnalité publique de l'Annam était rayée, et pour toujours, de la communauté internationale. Le plénipotentiaire avait eu soin même de faire dénoncer par l'Annam le lien de suzeraineté qui le rattachait encore à la Chine, et enlevait, par suite, aux anciens contrats leur caractère synallagmatique, et par conséquent une condition *sine quâ non* de leur existence. La suite de notre étude montrera combien M. Harmand avait vu juste en cette question, et combien cette simple phrase, si elle eût été maintenue, eût évité d'embarras et de complications.

Aux termes du traité de 1883 (art. 11), le commissaire (gouverneur) général et le résident de Hué (résident supérieur en Annam) devaient présider aux relations extérieures du royaume. Ce dernier, haut fonctionnaire, devait être en Annam le seul représentant du protectorat (à part les agents français établis dans les ports ouverts par l'article 9). Dans toute l'étendue du territoire de l'Annam proprement dit, le roi conservait la direction de sa politique intérieure et l'autonomie de son administration mandarinale. Il n'y était admis aucun contrôle européen, sauf en ce qui concernait les douanes, dont le revenu était affecté au paiement des indemnités, et les travaux publics, là où les conseils des ingénieurs et des techniciens paraîtraient nécessaires (art. 6).

Au Tonkin, le traité Harmand établissait, dans ce qu'il a de plus strict, le protectorat colonial, tel que l'entendent les puissances modernes. On comprendra facilement qu'une telle restriction de pouvoirs ne pouvait alors être imposée dans l'Annam central; mais on comprendra alors d'autant mieux que M. Harmand, dans son zèle patriotique, et profitant des meilleures circonstances où la France se fût jamais trouvée, ait songé, puisqu'il ne pouvait restreindre en Annam les pouvoirs du roi, à restreindre le plus possible le territoire où s'exerçaient encore ces pouvoirs. C'est dans ce but que, en échange des indemnités de guerre que les traités antérieurs exigeaient de l'Annam, il avait obtenu la cession du Binthuan à la Cochinchine, et la cession au Tonkin des trois provinces de Nghéân, Hatinh et Tanhoa. On a fait un grief à M. Harmand d'avoir ainsi dépassé ses instructions ; mais tous ceux qui ont l'expérience des choses de l'Extrême-Orient doivent approuver sans réserves l'idée qui consistait à diminuer progressivement l'Annam jusqu'à en faire un jour une virtualité, une entité théorique, et à supprimer peu à peu l'existence politique de régions où s'exerçaient des privilèges qu'on ne pouvait supprimer en eux-mêmes. Cette conception, abandonnée plus tard pour des motifs spécieux, est celle à laquelle il faudra revenir un jour, si l'on veut exercer sur l'Indo-Chine tout entière un protectorat réel et avantageux.

M. Billot, alors directeur au ministère des affaires étrangères, a fait du traité Harmand un éloge trop complet, pour que nous ayons rien à y ajouter ; mais nous appuierons de nouveau sur cette constatation : que là sont précisées les grandes lignes, sans qu'un détail y soit oublié, du protectorat moderne, dont on ne saurait, sans dommage, sensiblement s'écarter.

On pourrait se demander pourquoi, le traité du 25 août 1883 étant aussi rapproché de la perfection, le gouvernement français ne s'y est point arrêté, et n'en a pas exigé la stricte application. Les complications de cette époque troublée furent trop nombreuses et rapides pour pouvoir seulement être énumérées ici. Toutefois on ne saurait omettre que c'est par la suite de certains égards pour la Chine, ancienne suzeraine de l'Annam, que tout fut un instant remis en question. Le traité Harmand contenait explicitement le rejet que faisait l'Annam de l'antique tutelle du Céleste-Empire ; et comme la Chine, prévenue par le marquis Tseng, ambassadeur à Paris, n'avait pas immédiatement protesté, il semblait qu'il n'y eût qu'à laisser aller les choses, et à considérer l'Annam comme entièrement dégagé, par la force des événements et son récent consentement au protectorat français, de tous liens antérieurs. Le gouvernement français, qui n'avait certes pas vu si haut ni si grand que son plénipotentiaire, et qui se trouvait un peu surpris et embarrassé de l'étendue de ses avantages, formula sous la forme d'un mémorandum, présenté à la cour de Péking par M. Tricou (15 septembre 1883), des propositions tendant à l'établissement d'une zone neutre (sans occupation militaire, et sous le contrôle de fonctionnaires annamites soumis uniquement au roi d'Annam), sur le territoire même de ce Tonkin, où le traité Harmand nous reconnaissait un protectorat si étroit. Enhardie par cette condescendance de la France (vis-à-vis des puissances orientales, toute concession paraît une reculade inspirée par la crainte d'autrui ou la défiance de soi-même), par l'attitude de certaines puissances européennes, et par l'opposition parlementaire faite au ministère de M. Jules Ferry, la Chine émit d'inacceptables prétentions qu'elle soutint avec hauteur, et refusa d'évacuer le Tonkin qu'elle occupait indûment. On fut obligé de faire la guerre pour le lui prendre ; et la première partie de cette guerre se termina par la convention de Tientsin (11 mai 1884) (1), signée par le commandant Fournier et Lihungchang, et dont nous ne retiendrons pour le moment que cette promesse, que : « Le gouverne-

---

(1) Chap. v, Pièces diplomatiques, n° xxiii, page 243.

» ment français s'engage à n'employer aucune expression
» de nature à porter atteinte au prestige du Céleste-Em-
» pire, dans la rédaction du traité qu'il va contracter avec
» l'Annam (art. 4). » C'était, même après la victoire, la promesse de changer la clause du traité Harmand, qui supprimait la suzeraineté chinoise, clause dont la cour de Péking s'était montrée fort courroucée, attendu qu' « elle n'avait pas ainsi la face sauve. »

Toutefois ce nouvel accord — ceci d'autant plus qu'il fut presque aussitôt rompu par la sanglante aventure de Baclé (23 juin 1884) — n'eût pas suffi pour modifier profondément le traité Harmand. Il avait fallu, pour y déterminer le gouvernement français, la mort tragique et mystérieuse du roi d'Annam Hiep Hoa, et aussi cette fiction diplomatique asiatique, qui veut qu'un traité ne vaille point, lorsque son signataire périt presque immédiatement après. Or, la mort, peu naturelle, de Hiep Hoa avait suivi de très près son acceptation du traité Harmand (25 août-fin novembre 1883). M. Tricou, envoyé à Hanoï, puis à Hué, obtint de son successeur Kienphuoc un acte portant que « le roi et le gouvernement de l'Annam décla-
» rent solennellement donner leur adhésion pleine et
» entière au traité du 25 août 1883, s'en remettant au bon
» vouloir du gouvernement de la République, quant aux
» adoùcissements qui pourraient y être introduits. » (Déclaration du 1er janvier 1884). Ce sont ces adoucissements qui furent le but de la mission de M. Patenôtre, et la matière du traité du 6 juin 1884 (1).

De la longanimité avec laquelle le gouvernement fran-

---

(1) Chap. v, Documents diplomatiques, n° xxv, page 243.

çais avait laissé espérer à l'Annam un adoucissement du traité Harmand, nous ferons un reproche, non à son bon cœur, mais à sa logique. Il est exact que l'Annam avait été durement touché par ce traité, plus durement que par aucune des innombrables conventions qui modifièrent, dans le cours des siècles, son régime et sa personnalité ; mais cette rigueur, compréhensible en suite des ennuis dont la France avait patiemment supporté l'interminable succession, avait été imposée, et devait être maintenue ; et les réclamations que le traité soulevait à la cour de Hué chez les mandarins constituaient la meilleure preuve de son excellence au point de vue de la suprématie française.

Le gouvernement français crut voir, dans le traité du 25 août 1883, un protectorat partiel et une annexion partielle, et il répugnait à toute conquête et à la posture d'heureux vainqueur. Si nous rappelons la promesse contenue dans l'article 4 de la première convention de Tientsin, on voit sur quoi portent les concessions du traité de Hué, du 6 juin 1884, signé par M. Patenôtre et par Nguyèn van Tuong; c'est d'abord sur le retrait, dans l'article 1 du traité, des mots : « *y compris la Chine,* » laquelle, sans mention spéciale, se trouve comprise désormais dans l'ensemble des grandes puissances, dont les relations avec l'Annam sont présidées par la France ; ensuite sur la rétrocession à l'Annam des quatre provinces réunies à la Cochinchine et au Tonkin par le traité Harmand. A notre avis, cette rétrocession fut une grande faute ; elle fut acceptée sur les suggestions de gens de très bonne foi et d'excellentes intentions, mais qui n'avaient pas assez pénétré le sentiment extrême-oriental ; ce sentiment fut, en effet, que les Français, en consentant cette restitution, avaient obéi à une crainte vague et à une certaine appréhension de l'étranger. Notre gouvernement en jugea autrement, et nous estimons qu'il eut, depuis lors, maintes occasions de le regretter.

D'ailleurs la déchéance de la Chine, comme suzeraine de l'Annam, fut consacrée dans une entrevue mémorable et symbolique des plénipotentiaires, où l'on fondit au creuset le sceau d'argent doré qui était donné par l'empereur de Péking au roi de Hué, et représentait le droit d'investiture de l'un sur l'autre. Au surplus, le texte du traité définitif de Tientsin (9 juin 1885) est explicite à ce sujet. (Voir documents officiels et pièces diplomatiques, n° XXIX, page 244).

Quant à l'exercice du Protectorat en lui-même, le traité de 1884 précisait, sans les modifier, les stipulations du traité Harmand. L'exercice en était confié à un résident général à Hué, ayant droit d'audience personnelle auprès du souverain, et devenant ainsi le directeur de la politique extérieure du royaume. Mais, en dehors des prescriptions du traité et de l'observation d'une politique conforme aux intérêts français, l'administration intérieure de l'Annam demeurait indépendante, et le représentant du protectorat n'avait que son autorité morale à sa disposition.

Faut-il attribuer à cette condescendance et aux sentiments orgueilleux qu'elle provoqua chez les mandarins de Hué, l'esprit de révolte qui couva dès lors en Annam, et qui se traduisit par le mouvement de juillet 1885 ? Il est en tout cas certain que la latitude laissée, par certaines clauses, à des fonctionnaires puissants, qu'aucune sympathie n'attirait vers la France, devait les porter à user de ces facilités contre la nation protectrice, qui, hier encore, était l'ennemi.

* * *

Il ne nous appartient pas de faire l'historique et la critique des événements de 1885 ; le mécontentement de la cour de Hué, la divergence des vues des représentants français ajoutèrent de nouveaux éléments de trouble à une situation fort délicate en elle-même. Les uns désiraient la conquête de l'Annam, au détriment du Tonkin ; les autres, l'annexion du Tonkin et l'abandon de l'Annam; d'autres enfin, méconnaissant cette vérité historique, que le Tonkin et l'Annam, absolument différents l'un de l'autre, ont toujours subi des régimes politiques dissemblables, voulaient appliquer aux deux régions le même système de protectorat. La discussion de ces opinions serait ici oiseuse ; mais il est évident qu'elles apportèrent autant de trouble dans les déterminations du protecteur que d'ambition dans l'esprit des nouveaux protégés. Elles aboutirent en tout cas aux difficultés à peu près inextricables que le général de Courcy, successeur à la fois du résident général et du commandant en chef des troupes, rencontra dès son arrivée en Extrême-Orient.

Il crut leur donner une solution définitive par la prise de vive force de Hué, la dissolution de l'ancien état de choses, et la reconstitution d'un État nouveau sur les bases de l'accord du 30 juillet 1885, signé, sur son ordre, par MM. de Champeaux et Silvestre (1). On y retrouve l'esprit conquérant dans lequel le général de Courcy était venu, suivi

---

(1) Chap. v, Documents diplomatiques, n° xxxi, page 247.

d'une mission jeune et nombreuse ; on y retrouve aussi la trace de son jugement primesautier et clairvoyant, mais un peu vagabond, dans l'impossibilité où il se reconnait d'accomplir ses désirs, et le regret qu'il en manifeste dans les dispositions où il se résigne. « Toutes les provinces de » l'Annam et du Tonkin, dit l'accord, sont soumises » au même régime de protectorat. » Et il est bien entendu que c'est du protectorat le plus serré qu'il est ici question. La direction et les contrôles les plus absolus doivent être établis sur la perception et l'emploi des deniers publics. Enfin, les ministres des finances et de la guerre doivent être doublés chacun d'un contrôleur français qui siégera au conseil des ministres.

On voit que le général de Courcy, renonçant à annexer l'Annam, songeait à l'absorber par un étroit protectorat, ce qui était opposé à la vérité historique et à l'essence même de la race. C'était le contraire du système Harmand ; et l'on peut croire que les régents et la cour ne devaient pas mieux accueillir le second régime que le premier; d'ailleurs il ne paraît pas que le gouvernement français ait compris combien impopulaire devait être un tel régime, et quelles discordes soulèverait son application ; car la convention du 30 juillet 1885, à laquelle peut-être la cour se serait résignée avec désespoir, ne rencontra pas l'approbation de la métropole, où le ministre de la guerre aggrava une situation déjà bien dure par les termes impératifs de sa dépêche du 13 août 1885, laquelle dut, jusqu'à l'arrivée de Paul Bert, servir d'instrument de gouvernement(1). Le résident général pouvait se faire sup-

---

(1) Chap. v, Documents diplomatiques, n° xxxi bis, page 247.

pléer aux audiences royales (art. 1). Aucune nomination ou révocation de haut fonctionnaire ou agent ne pouvait avoir lieu sans son assentiment (art. 2). Le régime du protectorat du Tonkin, du 6 juin 1884, pouvait être appliqué à l'Annam, au gré du représentant de la France (art. 3). L'armée permanente indigène ne devait pas dépasser dix mille hommes, et devait être commandée par un officier français (art. 4). Le ministre militaire français, mis à la disposition du roi pour la réorganisation de son armée, était aux frais du trésor royal.

Il n'était plus question, comme on voit, d'un simple protectorat diplomatique ; aucun rouage de l'administration intérieure de l'Annam n'était désormais indemne de l'ingérence française ; les finances, jusqu'alors réservées en grande partie au trésor royal, tombaient sous le contrôle direct européen ; les fonctionnaires indigènes étaient à la merci du représentant français, et allaient devenir ses créatures ; le comat (conseil privé) devenait un conseil public ; et le roi, fantôme d'autorité, relégué au fond d'une inutile majesté, ne valait même plus par sa signature, puisqu'elle avait besoin, pour rendre ses actes valides, d'être appuyée du seing du résident général.

On comprend dans quel émoi de telles prétentions jetèrent la cour ; on lui avait fait espérer une modification des traités de 1883 et 1884, et on ne lui en présentait qu'une formidable aggravation. Pour forcer l'Annam à supporter un tel régime, il fallait le conquérir, donc l'annexer ; et dès lors il n'était plus besoin de pacte de protectorat.

*.

Le régime militaire, dont le gouvernement du général

de Courcy avait été l'expression, prit fin à la promulgation du décret du 27 janvier 1886, sur l'organisation et le fonctionnement du protectorat français en Indo-Chine (1). Ce décret, dans ses prescriptions générales, pouvait s'appliquer au régime le plus oppresseur, et laissait, par suite, la cour de Hué sous le coup de la dépêche ministérielle du 13 août 1885. En constituant, en regard de la métropole, un Protectorat autonome, spécial, ayant son organisation, son budget, ses moyens propres (art. 1), le décret du 27 janvier 1886 rendait le pouvoir du résident général d'autant plus redoutable qu'il était plus important. Sans préciser les attributions du représentant de la France, le décret admettait qu'elles étaient prévues dans tous les traités antérieurement conclus (art. 3), et par conséquent aussi dans la convention de Hué du 30 juillet 1885. Le résident général, par le même article, devait avoir main sur tous les services et en régler les juridictions : il devait contresigner les décrets. Cette phraséologie, coutumière à tous les arrêtés administratifs, cachait sous une énumération monotone, l'esclavage le plus étroit, et l'ingérence la plus directe du protecteur dans toutes les affaires intérieures du protégé.

Mais la cour ne craignait pas tant encore la lettre du décret que l'esprit de ceux qui étaient chargés de l'exécuter. Aussi, elle présenta ses réclamations à M. Paul Bert, dans un très habile rapport du comat, qui se référait aux termes du traité de 1884, seul valable, pour réclamer le maintien de la dignité royale, et la restitution des pouvoirs tangibles qui, aux yeux des plus sceptiques, pourraient

---

(1) Chap. v, Documents diplomatiques, n° xxxii, page 247.

relever la majesté fictive du souverain. M. Bert, par des mesures savamment graduées, sut revenir aux bases de l'état de 1884 (1). Il obtenait en revanche de sérieux avantages au Tonkin, concernant la délégation, dans ce pays, des pouvoirs royaux à un fonctionnaire indigène à la dévotion du protecteur. Grâce à ces concessions réciproques, la convention du 30 juillet, non plus que la dépêche du 13 août 1885, ne furent présentées au Parlement français; leurs dispositions ne furent jamais rendues exécutoires. Elles demeurèrent des théories et des curiosités diplomatiques. Ainsi l'Annam revint au protectorat défini dans le pacte de 1883, et spécialisé dans le pacte de 1884 ; et, sauf de légères restrictions, de part et d'autre consenties, et nécessitées par l'usage, c'est ce régime qui subsiste aujourd'hui, et dont l'application a valu au royaume la pacification complète, et le retour progressif à sa prospérité d'autrefois.

§ 2. — Le Protectorat du Tonkin.

En réduisant même le Tonkin aux régions qui en firent toujours intégralement partie, on reconnaît que, par rapport à la situation de l'Annam maritime, le Tonkin territorial forme une masse assez excentrique; si l'on ajoute à cette considération géographique la dissemblance des populations (le Tonkinois est ethnographiquement un métis), la quantité de peuplades autochtones des montagnes, la

---

(1) Le détail de ces mesures se trouve dans l'excellent livre de M. Chailley-Bert, *Paul Bert au Tonkin*, page 71, *passim*.

richesse du sol plus considérable, une certaine divergence dans les cultures et dans les habitudes, on comprendra que le lien politique unissant le Tonkin à l'Annam ait toujours été très lâche, se soit rompu même complètement parfois, et qu'il ait été soumis à un régime spécial d'administration ; on comprendra déjà par là même, et indépendamment d'autres considérations également appréciables, l'opinion des diplomates qui, à *priori*, déclarèrent qu'on ne pouvait établir sur le Tonkin et l'Annam un protectorat unique, sans contrevenir aux intérêts et aux aspirations de l'une des deux parties. De fait, et à aucun moment de leur histoire, le Tonkin et l'Annam ne furent soumis au même mode de gouvernement.

L'administration tyrannique et la dépendance étroite, auxquelles les rois Nguyèn assujettirent le Tonkin, firent naître dans les populations des sentiments de discorde et de haine, dont les puissances étrangères devaient un jour profiter. Pour la première fois depuis de longs siècles, le gouvernement direct de l'Annam s'exerçait sur le Tonkin, livré à des mandarins exclusivement annamites, sans scrupules et sans justice. Aussi le peuple cherchait-il, à défaut des Lê exilés, dont deux conspirations furent noyées dans le sang, un libérateur en dehors même de ses frontières et de sa race ; le traité de 1862, qui cédait la Cochinchine à Napoléon III, et qui autorisait aux seuls Français le libre commerce du fleuve Rouge, indiqua aux Tonkinois que la France pouvait leur fournir ce libérateur ; et c'est là qu'il faut faire remonter l'origine de la question française au Tonkin.

C'est, en effet, en vertu du texte général des articles 1 et 5 du traité de 1862, que Jean Dupuis, négociant et armateur français, transita par le fleuve Rouge des marchandises et des armes de guerre à destination de la Chine ; et les empêchements de toute sorte que lui opposèrent les autorités de Hanoï furent considérés comme une violation formelle de ce traité. Il n'entre pas dans les limites de cette étude diplomatique d'apprécier les torts réciproques des parties ; Jean Dupuis lui-même a donné, de ces négociations et de ces luttes un peu troubles, une narration des plus détaillées (1). A cette époque, le Tonkin était en feu ; et, sous prétexte de rétablir un ordre que les Annamites étaient impuissants à conserver, les troupes chinoises des deux Quangs étaient descendues jusque dans la région de Bacninh ; c'était d'ailleurs une force chinoise qui soutenait, à Hanoï, Jean Dupuis contre les mandarins. Qnand il n'y eut plus un tempérament à prendre ni une concession à faire, les Annamites portèrent leurs plaintes jusqu'au gouverneur français de la Cochinchine, l'amiral Dupré, et le prirent pour juge entre Dupuis et eux. L'amiral, qui partageait le rêve, commun à tous les marins de son époque, d'ouvrir pacifiquement à la France la voie commerciale du fleuve Rouge, délégua Francis Garnier au Tonkin, avec pleins pouvoirs, pour faire une enquête au sujet des plaintes contradictoires qui avaient été formulées. En réalité, Garnier devait obtenir l'ouverture du fleuve Rouge aux Français, en compensation de deux violations du traité de 1862, énoncées dans les lettres de service remises par l'amiral : démarche directe de la cour de Hué auprès du gouvernement anglais de Hong-Kong (infraction à l'article 4) ; vexations et mauvais trai-

---

(1) *Les origines de la question du Tonkin*, par J. Dupuis. (Challamel).

tements infligés aux chrétiens (infraction aux articles 1 et 7). Le maréchal annamite Nguyèn tri phuong, ancien défenseur de la Cochinchine en 1662, ne voulut même pas entamer de pourparlers, et force fut d'en venir aux mains. On connaît l'héroïque et légendaire campagne de la petite phalange qui conquit le delta du Tonkin, emportant les citadelles, occupant les villes, sillonnant les fleuves, et rééditant, au milieu des temps modernes, les fabuleux exploits de Cortez et de Pizarre. Le Tonkin était dompté déjà, quand son vainqueur succomba dans un guet-apens de Pavillons-Noirs, le 21 décembre 1873 ; mais la mort de Garnier, toute déplorable qu'elle fût, n'aurait rien dû changer aux conséquences diplomatiques des événements.

Il n'en fut malheureusement pas ainsi ; et, sous l'inspiration de M. Philastre, les traités de 1874 (conventions des 3 et 6 janvier, du 5 février, accord du 15 mars), qui contenaient quelques clauses favorables en ce qui concerne l'Annam, abandonnèrent tous les avantages récemment conquis au Tonkin.

Les conventions préalables, en date des 1er et 5 janvier et 6 février 1874 (1), stipulaient la rétrocession des places de Haïduong, Ninhbinh, Namdinh et Hanoï, l'établissement des Français à Haïphong d'abord, à Hanoï ensuite, sur une concession hors murs ; et l'expédition de M. Dupuis devait attendre les négociations à entamer pour l'ouverture du fleuve Rouge au commerce français. Le traité définitif du 15 mars (2) ouvrait aux Français les ports de Quinhon, de Tourane, de Haïninh, la ville de Hanoï, et le passage sur le Nhiha (fleuve Rouge), depuis la mer jus-

---
(1) Chap. v, Documents diplomatiques, n° xvii, page 235.
(2) Chap. v, Documents diplomatiques, n° xviii, page 235.

qu'au Yunnan (art. 10) ; il autorisait la France, dans chacun des ports ouverts, à nommer un consul ou agent assisté d'une force suffisante, dont le chiffre ne devra pas dépasser cent hommes, pour assurer sa sécurité et faire respecter son autorité (art. 13). Mais, dans ces villes et ports, les citadelles revenaient au pouvoir des Annamites, et l'autorité des résidents français ne pouvait s'exercer qu'en matière commerciale (art. 15) et juridique (art. 17) en cas de contestation entre Français et indigènes.

La mainmise par Garnier sur le delta tonkinois était donc non seulement levée, mais remplacée par la formelle reconnaissance de l'autorité de la dynastie de Hué ; la France n'avait plus barre sur le Tonkin que par l'intermédiaire de l'Annam, grâce à la clause par laquelle le roi d'Annam s'engageait à conformer sa politique à celle de la France (art. 3), et grâce à celle qui permettait aux forces françaises d'aider les forces annamites à détruire la piraterie maritime qui désolait les côtes chinoises (art. 2).

En compensation de cette renonciation, la France n'obtenait que l'ouverture théorique du fleuve Rouge, dont l'usage pratique lui fut dénié dès le lendemain par les Annamites et par les Chinois et Pavillons-Noirs, tout puissants en amont de Sontay.

Il faut donc retenir que, après les traités de 1874, la France ne jouissait au Tonkin que de droits purement commerciaux, qu'elle y avait abandonné, malgré les victoires de Garnier, sa situation prépondérante, et qu'elle ne pouvait plus en rien y prétendre à la moindre part de direction dans sa politique extérieure, sinon par le moyen et par l'intermédiaire de l'Annam. C'est en quoi M. Philastre encourut justement les reproches de l'histoire ; car il fallut dès lors attendre de flagrantes violations du traité du 15 mars 1874, pour pouvoir élever des prétentions nouvelles; et la France dut consentir à de longs atermoiements et à de lourds sacrifices en argent et en hommes, pour reconquérir une situation bénévolement abandonnée.

Il est juste, néanmoins, de faire porter une partie de ces responsabilités, encourues par M. Philastre, sur le gouvernement de M. le duc de Broglie, qui était résigné à faire bon marché des avantages obtenus depuis quinze ans en Extrême-Orient. « Il avait admis, chose à peine croyable, la restitution à l'Annam des trois provinces conquises en 1867 (1). »

*
* *

La situation délicate faite à la France par le traité de 1874 s'accentua de jour en jour, au point qu'on fut tenu de temporiser neuf ans pour trouver des raisons péremptoires de reprendre la marche interrompue, et que, une fois les arguments trouvés vis-à-vis de la cour de Hué, ce fut au Tonkin qu'on les fit pratiquement valoir. L'histoire détaillée de cette période constitue un véritable imbroglio diplomatique, que parvint seule à éclairer la direction ferme de Jules Ferry.

Pour tirer réparation des différentes infractions commises par le roi Tuduc aux traités de 1874 (envoi d'un ambassadeur annamite en Chine, en 1877, pour y offrir le

---

(1) Lehautcourt, *Les expéditions françaises au Tonkin*.

tribut ; — demande d'une intervention des troupes chinoises sur le territoire de Lang-Son, en 1878 ; — recherche de relations directes avec le Siam, en 1879 ; — traité commercial signé directement avec le gouvernement de Manille, en 1880 ; — envoi d'une lettre de vassalité du roi Tuduc à l'empereur de Chine, en 1880), le gouverneur de la Cochinchine fut autorisé à renforcer les garnisons de Hanoï et de Haïphong ; ici commence (25 mars 1882) la deuxième campagne du Tonkin avec le commandant Rivière : le 25 avril, il emportait de vive force la citadelle de Hanoï. Un an après (19 mai 1883), Rivière tombait, à cinq cents mètres du point où Garnier avait été tué, dans une surprise analogue. Mais, cette fois, au lieu de conclure un déplorable traité, la France envoya au Tonkin vingt mille hommes, le général Bouët, l'amiral Courbet, et M. Harmand, commissaire général chargé de la direction politique : « négociateur, administrateur et organisateur, représentant la pensée du gouvernement » (instructions officielles données à M. Harmand). A la suite de diverses opérations au Tonkin, du bombardement de Thuan-An, M. Harmand se rendit de sa personne à la cour de Hué, et lui imposa le traité du 25 août 1883, où étaient, sous la forme la plus expresse, définis les deux protectorats imposés à l'Annam et au Tonkin (1).

* *

Dans le Protectorat étroit assigné au Tonkin, triomphaient les idées personnelles de M. Harmand, les aspirations de la plupart des politiques coloniaux français, et, il

---

(1) Chap. v, Documents diplomatiques, n° xxi, page 242.

faut le dire, la logique des traditions séculaires. Et comme ici se noue toute la question tonkinoise, il nous sera permis de nous arrêter un instant sur les raisons politiques et ethnographiques qui paraissaient rendre nécessaire l'établissement d'un tel protectorat, et de les apprécier comme il convient.

1° Le caractère spécial qui distingue toujours l'administration de la cour de Hué au Tonkin nécessitait un Protectorat particulier : le peuple du Delta avait toujours impatiemment supporté le joug des Nguyên ; depuis que leur puissance et leur autorité décroissaient devant l'influence sans cesse grandissante de la France, la révolte était ouverte ; la cour de Hué ne pouvait donc plus répondre de l'obéissance du Tonkin comme de l'obéissance de l'Annam ; pour qu'un traité fût observé, et un protectorat effectif, il fallait que le Protecteur lui-même prît en main la garde du pacte, et en exigeât le respect. De l'inimitié, jadis latente, aujourd'hui ouverte, qui séparait les administrations tonkinoises des administrations annamites, la France devait souffrir sans remède par un protectorat trop large ; mais elle en devait profiter dans une gestion directe. En dehors d'ailleurs de toute question d'avantages à l'intérieur, cette substitution convenait mieux aux désirs du Tonkin que le maintien de l'ancien état de choses, aggravé encore par la tutelle du suzerain nouveau.

2° La situation géographique du Tonkin exigeait que le Protectorat prît lui-même ses sûretés contre l'inimitié et la mauvaise foi des voisins. Pour que la Chine consentît à reconnaître l'hégémonie française, il fallait que, aux frontières, elle se heurtât à la France elle-même (et encore ne fut-ce pas toujours suffisant). Pour tenir en respect les

Pavillons-Noirs, il fallait mieux que les contingents annamites; enfin, pour morigéner les pirates de terre et de mer, et pour pacifier un pays qui était en révolte depuis bientôt un siècle, il y fallait l'ingérence d'un pouvoir neuf, et des ressources à peu près inépuisables. La paix de l'Annam même réclamait donc au Tonkin la présence expresse du Protecteur.

3° Enfin, le but du Protectorat au Tonkin était surtout l'ouverture de nombreux transits et débouchés commerciaux, l'aménagement des voies terrestres et fluviales à l'intérieur vers la Chine, et le bénéfice financier résultant de toutes ces extensions. Comment procéder à ces extensions, comment créer, perfectionner, parcourir ces voies commerciales, sans avoir en main l'administration du pays? Comment retirer des avantages suffisants de ces créations nouvelles, sans avoir la direction, le contrôle et le profit des impôts? Et de quel droit exiger la rentrée de ces impôts dans les caisses du protectorat, si le protectorat ne fournissait pas directement les administrations chargées de présider à la répartition et à la récolte des richesses, et les troupes chargées de veiller à leur garde? Le résultat même que se proposait la France au Tonkin n'allait pas sans le protectorat direct, dont, en 1883, M. Harmand posa si heureusement les bases.

La caractéristique du Protectorat tonkinois consiste, dans toutes les branches de l'administration intérieure, politique, civile et financière, à un contrôle direct des autorités françaises sur les autorités annamites, maintenues, en façade, dans leurs fonctions antérieures.

A Hanoï, à Haïphong, dans les villes maritimes, dans les chefs-lieux de province et dans toutes les agglomérations importantes du Tonkin, des résidents investis de l'autorité protectrice étaient installés, comme contrôleurs de l'autorité et des actes des mandarins provinciaux et locaux (art. 12), et comme intermédiaires entre les autres fonctionnaires ou colons français, et les autorités indigènes (art. 15). Ils étaient environnés des collaborateurs civils et militaires qui leur étaient nécessaires (art. 13), et pouvaient provoquer le changement des mandarins qui auraient manifesté de mauvaises intentions (art. 14). Ce rôle de *contrôleurs* dévolu aux résidents garantissait les droits protecteurs de la France ; leur rôle d'*intermédiaires* garantissait les dernières immunités des hiérarchies indigènes. Le contrôle et la juridiction des résidents s'étendaient sur les quatre grandes administrations que possédaient les quatre hiérarchies mandarinales à surveiller. le gouvernement intérieur (Tong-doc), la justice (Quan-an), les finances (Quan-bo), la police (De-doc).

Au point de vue du gouvernement intérieur des provinces, le contrôle était large et ne s'exerçait que sur le mandarin chef du service dans la ville où résidait l'autorité française. Pour la justice, les résidents la rendaient dans toutes les affaires civiles, correctionnelles et commerciales, où les deux parties n'étaient pas indigènes de l'Indo-Chine (art. 16). Au point de vue des impôts, les résidents, avec le concours des mandarins, en centralisaient tous les services, et en surveillaient la perception et l'emploi (art. 18). Les impôts extérieurs et les douanes étaient exclusivement confiés à des administrateurs français (art. 19). Au point de vue de la sécurité et de la police, la France pouvait élever des postes fortifiés le long du fleuve Rouge et aux points où cela était jugé utile (art. 22), et les résidents contrôlaient la police dans les agglomérations urbaines (art. 17). Cette surveillance s'exerçait par le maintien au Tonkin d'un corps d'occupation militaire et par la création d'une gendarmerie locale.

Telles sont les bases du Protectorat *direct*, ainsi que fut appelé le protectorat du Tonkin, et c'est l'honneur de M. Harmand d'en avoir, le premier, formulé les éléments. Il n'eût pas été nécessaire de revenir sur le traité du 25 août 1883, si M. Harmand n'y avait introduit des clauses concernant des cessions de territoires : « La France ne vou-
» lait ni d'une conquête ni d'une annexion : le ministère
» avait fait à cet égard des déclarations réitérées et pris
» des engagements formels ; et le traité du 25 août pré-
» sentait un caractère mixte : c'était à la fois un traité de
» protectorat et un traité de conquête. La revision à la-
» quelle il fut soumis avait pour but d'en effacer le der-
» nier trait et d'en rétablir l'homogénéité (1). »

Cette thèse est excellente au point de vue juridique ; au point de vue pratique, il eût mieux valu conserver les avantages excessifs du traité Harmand ; le temps en eût fait disparaître l'embarras. Le traité du 6 juin 1884 rétrocéda donc à l'Annam et à son protectorat les provinces que le traité de 1883 en avait séparées ; mais il ne changea rien aux dispositions de M. Harmand, concernant l'établissement du protectorat tonkinois ; il y ajouta certaines stipulations de détail, complétant une organisation dont l'économie générale était déjà établie (2).

---

(1) *L'affaire du Tonkin*, pages 176 et 177.
(2) Chap. v, Documents diplomatiques, n° xxv, page 243.

*
* *

Les événements qui bouleversèrent l'Annam en 1885 (chute de Hamnghi, prise de Hué, convention du 30 juillet) eurent leur contre-coup inévitable sur les affaires du Tonkin. Mais cette répercussion fut heureuse, et la convention toute de « commandement » du 30 juillet 1885 ne reçut d'application qu'en une seule de ses clauses, celle qui envoyait au Tonkin, en qualité de vice-roi, et avec les pouvoirs royaux (Kinh luoc), le vice-grand censeur de la cour. Ce haut mandarin devait traiter directement, de tout ce qui concernait le Tonkin, avec les autorités françaises, qui désormais eurent auprès d'elles un représentant de la volonté royale plus malléable que le comat, et plus empressé et intéressé à l'organisation et à la pacification du pays. L'institution du Kinh luoc subsista, bien que la convention qui la créait n'ait jamais été ratifiée.

Le décret du 27 janvier 1886, qui organisait définitivement les rouages français du Protectorat, était une pratique application des clauses des traités de 1883 et 1884(1). Le Protectorat tonkinois constituait dès lors un service *spécial, autonome*, ayant son budget et ses moyens propres (art. 1). Le gouverneur général, président aux relations extérieures de l'Annam et aux rapports entre les autorités, contresignait les actes et les décrets, organisait les services et réglait leurs attributions (art. 3).

C'est en vertu de ces pouvoirs que le décret du 6 août 1886 institua le corps de la garde civile indigène, avec cadres européens, pour, dans les limites du traité de 1883

---

(1) Chap. v, Documents diplomatiques, n° xxxii, page 247.

(art. 17), veiller à la sécurité intérieure du pays ; que la justice fut rendue désormais par un tribunal mixte (présidé par le résident), même entre deux parties indigènes, lorsque le crime ou le délit pouvait toucher un intérêt européen, public ou privé ; que des monopoles furent créés ; que la diffusion des centres administratifs permit le contrôle direct de tous les mandarins dans les agglomérations un peu importantes ; que le régime des concessions territoriales superficielles et des concessions minières fut établi ; que l'assiette de l'impôt fut remaniée, et que furent prises une quantité de mesures ayant toutes pour but la prospérité et la mise en valeur du pays, mais qui n'étaient dans les droits des autorités françaises que grâce à l'établissement du protectorat direct.

Le décret de 1891 ne concerna que les rapports entre les autorités locales et le gouvernement métropolitain, et ne modifia en rien l'état de 1886. Si M. de Lanessan gouverna par et avec les mandarins, si M. Doumer gouverna à côté d'eux, et quelquefois contre eux, ce ne sont que des preuves de l'entière liberté que le pacte laissait au Protecteur, et des systèmes d'applications différentes d'un texte unique. La dernière clause de la convention de 1885 devint caduque par la suppression du vice-roi du Tonkin : signe des temps, et acheminement premier vers le gouvernement immédiat que jadis prônaient les amiraux, premiers gouverneurs de la Cochinchine.

Il est permis de penser, d'après les premiers résultats obtenus, et malgré des traverses imprévues et inévitables, que le système du Protectorat, consenti par l'Annam et exercé par la France sur le Tonkin, est, sinon le meilleur, du moins l'un de ceux qui conviennent le mieux à l'œuvre de civilisation et de progrès, que les puissances européennes tentent d'accomplir dans leurs possessions d'outre-mer.

§ 3. — Le Protectorat du Cambodge.

Ainsi que nous l'avons vu dans le rapide historique de l'ancien Cambodge, Angduong, dépouillé par les Annamites de toutes ses provinces maritimes, et par les Siamois de ses plus riches territoires, avait, dès 1853, envoyé à l'empereur Napoléon III, avec des cadeaux, une lettre lui portant « son humble hommage. » Son vœu le plus ardent était de s'appuyer sur la médiation de quelque puissance européenne. Le prestige de la France en Indo-Chine était alors exclusif, si exclusif que le Siam lui-même, à cette époque, renouvela à Napoléon III l'offre déjà faite à Louis XIV de se donner à la France (1). Angduong espérait s'appuyer à ce prestige, en face de ses dangereux protecteurs. Occupé par ses guerres d'Europe, Napoléon III ne répondit pas à Angduong ; et M. de Montigny, envoyé au Siam pour y conclure la convention commerciale de 1856, échoua complètement au Cambodge, par la crainte qu'avait le roi du suzerain siamois.

Ce ne fut qu'en 1861, lorsque la France eut pris à l'Annam cette Cochinchine, que l'Annam jadis avait prise au Cambodge, que le successeur d'Angduong, Norodom, sortit de la réserve de son prédécesseur, et répondit aux ouvertures de l'amiral Charner, vainqueur à Kihoa, par l'envoi d'une ambassade chargée de présents. La compétition

---

(1) Flourens, Préface du livre de M. Meyniard.

de Norodom et de Siwotha, qui mit le Cambodge en guerre intestine, empêcha l'amiral de pousser plus loin les choses. L'amiral de La Grandière, qui avait rendu à Norodom de personnels services, fut assez heureux et avisé pour traduire les désirs du roi et rétablir les anciennes relations entre la France et le Cambodge par un premier traité de protectorat, signé à Oudong le 11 août 1863. L'article 1 de ce traité stipulait, purement et simplement, que l'empereur des Français accordait sa protection au roi du Cambodge ; les préliminaires inféraient très habilement que le traité était fait pour régler les conditions auxquelles la France consentait à transformer ses droits de suzeraineté en protectorat. Les droits auxquels il était fait allusion étaient une suite des droits anciens que la Cochinchine avait exercés, et en succession desquels entrait la France, par suite de la cession des provinces maritimes cochinchinoises (1862) (1).

Le contrôle du protectorat nouveau devait être fait par un résident français nommé auprès du roi, qui serait chargé de « veiller à la stricte exécution des présentes lettres » (art. 2). Et le protectorat consistait à maintenir au Cambodge l'ordre et l'autorité, à protéger le pays contre toutes attaques extérieures, à l'aider dans la perception des impôts commerciaux, à faciliter une communication entre le Cambodge et la mer (art. 16). Il établissait la compétence juridique de la cour de Saïgon (art. 7), la libre entrée et le libre commerce des Français (art. 5 et 8), le libre exercice de la religion et de la propagande catholiques (art. 15), la remise à la France de l'exploitation des forêts cambod-

---

(1) Chap. v, Documents diplomatiques, n° xi, page 228.

giennes (art. 18). Ces avantages étaient exclusifs d'avantages analogues pour d'autres puissances (art. 4).

Un traité ainsi avantageux dans la forme avait pu être obtenu, non seulement par la situation de la France victorieuse en Cochinchine, mais surtout grâce au ressentiment que nourrissait le roi Norodom contre la cour de Siam, qui avait soutenu contre lui les prétentions de son compétiteur Siwotha. Mais ce traité ne prévoyait pas que le Cambodge, ayant subi souvent deux suzerainetés, pourrait demander ou accepter une autre protection concurrente, en réservant d'autres avantages au second protecteur. Il ne prévoyait point (et cela était plus grave) que le royaume de Siam, au moment même du traité de 1862 (qui concédait à la France sur le Cambodge la succession des droits de l'Annam), était co-protecteur, aux termes du traité toujours valable de 1845, et pouvait arguer de cette situation singulière pour créer des difficultés et imposer des sacrifices à notre nouveau protégé.

C'est ce qui ne manqua pas de se produire. A peine l'amiral français se fut-il éloigné, que les rois de Siam, au nom de leur ancienne suzeraineté, exigèrent de Norodom une nouvelle reconnaissance de sa validité, avec tous les avantages inhérents, laquelle fut signée par Norodom le 17 décembre 1863.

Cette reconnaissance annihilait presque entièrement les avantages du traité obtenu par l'amiral de La Grandière ; aussi l'action française au Cambodge demeura-t-elle nulle jusqu'en 1867, époque où, forte des nouveaux succès qu'elle venait de remporter en Extrême-Orient, la France amena le Siam à signer le traité de Paris (15 juillet 1867), par lequel cette dernière puissance s'interdisait désormais toute action et toute ingérence au Cambodge, renonçait à tout tribut et marque de vassalité, consentait à l'annulation du traité de 1863, reconnaissait le seul protectorat de la France sur le Cambodge, et *déclarait s'abstenir de tout empiétement sur son territoire* (1). En compensation de l'abandon de ses droits anciens, le Siam recevait encore un agrandissement aux dépens du Cambodge, avec les provinces de Battambang et d'Angkor. Cet article servit de texte à une proclamation officielle de Norodom, qui contestait à la France le droit de cession de ces provinces ; cette réclamation, qui n'a jamais été retirée, pouvait, dans l'avenir, servir de base à de nouvelles négociations.

Il faut préciser en effet que le traité de 1867 ne fait pas *cession* au Siam des régions de Battambang et d'Angkor ; il admet qu'*elles resteront au Siam,* voulant reconnaître par là que le Siam s'en était emparé à une époque antérieure au protectorat, et refusant d'entrer dans l'examen des droits juridiques que pouvait exciper le Siam à cette occupation ; il y a donc là un *postulatum* réservant tacitement l'acceptation et l'action du roi du Cambodge, lequel s'est d'ailleurs toujours hautement refusé à consacrer cette cession. Cet article, s'il eût explicitement contenu une renonciation, telle que le prétendent les ministres de Siam, eût été une violation de l'article 16 du traité de 1863. Enfin, et en prenant cet article dans le sens le plus défavorable, il faut remarquer que les Siamois, en enfreignant les premiers l'article 5 du traité de 1867, ont dégagé la France de l'observance de ce traité, dans toutes ses clau-

---

(1) Chap. v, Documents diplomatiques, n° xiii, page 228.

ses. Cette remarque est de la première importance, au point de vue de l'histoire des différends qui se sont élevés récemment entre les deux puissances, et dont il faut voir ici l'origine. La politique siamoise, sous le second empire, tendait à s'emparer du Cambodge et à offrir Siam et Cambodge réunis à la clientèle française. La cour de Bangkok ne pouvait qu'être froissée de voir rejeter bien loin ses désirs, et d'être laissée à une indépendance isolée et privée de tous ses rêves d'ambition. D'autre part, le roi Norodom n'a jamais admis que la France, pour premier exercice de son droit de protectorat, ait pu, sans même un avis, enlever au Cambodge ses deux plus belles provinces. Le traité de 1867 est donc doublement regrettable, au point de vue des mécontentements qu'il suscita immédiatement, et de la situation ambiguë qu'il créait pour l'avenir.

*
* *

Le traité de 1867, en établissant le Protectorat sur le Cambodge, n'en avait précisé aucun détail et déterminé aucun rouage. En 1876, l'amiral Duperré proposa à Norodom d'opérer, dans les lois cambodgiennes, les changements nécessaires à l'introduction de l'hégémonie française. Cette proposition fut le prétexte d'une longue et dernière rébellion de Siwotha, qui appelait les Cambodgiens à l'ancienne indépendance. Siwotha fut définitivement réduit ; mais cette tentative prouva qu'il était nécessaire de soumettre le Cambodge à une surveillance plus effective. Mais, par suite de circonstances politiques multiples, le Protectorat ne fut définitivement déterminé que par le gouverneur Thomson, qui passa avec Norodom le traité de Pnompenh (17 juin 1884) (1).

Le Protectorat sur le Cambodge est intermédiaire entre le protectorat sur l'Annam et le protectorat sur le Tonkin ; il se rapproche du premier au point de vue politique, tandis qu'il s'assimile au second au point de vue financier. Le Cambodge est, en effet, de riche valeur comme l'un et de pacifique humeur comme l'autre. Ainsi les fonctionnaires cambodgiens ne sont soumis qu'au même contrôle que par le passé. Les résidents, dont les fonctions sont créées et dont les hiérarchies sont établies, doivent assurer l'exercice régulier du protectorat aux termes de l'article 2 du traité de 1863 (art. 4). Toutefois le roi s'engageait à accepter toutes les réformes administratives et judiciaires que pourrait exiger l'avenir (art. 1).

Quant à l'établissement et à la perception des impôts, aux douanes, aux contributions indirectes et aux travaux publics, les agents européens en étaient uniquement chargés (art. 3). Des arrangements spéciaux attribuaient des listes civiles aux membres de la famille royale (art. 7); en dehors de ce prélèvement, les ressources du pays devaient subvenir aux dépenses du protectorat (art. 6). Enfin l'esclavage était aboli, et le sol cambodgien, jusqu'alors propriété exclusive de la couronne, cessait d'être inaliénable : la propriété cambodgienne se constituait (art. 9).

Ce traité, qui n'a subi jusqu'ici que des modifications peu importantes, laissait une latitude relative aux fonctionnaires indigènes dans l'intérieur de leurs fonctions administratives ; et, au point de vue des finances et de la

---

(1) Chap. v, Documents diplomatiques, n° xxvi, page 243.

propriété, le protégé était tenu dans une dépendance immédiate. L'application d'un tel régime paraît convenir ; car, depuis dix ans, le Cambodge est prospère et pacifique, sans qu'il y ait une autre force qu'une insignifiante garnison européenne à Pnompenh, pour veiller à la tranquillité publique (1).

*
* *

La conclusion de ce qui précède est bien facile à tirer, et bien nette à déterminer : de par la volonté même de la France, triomphante après de nombreux efforts, l'Annam, dépouillé de ses droits d'extranéité, a perdu tous les caractères de la personnalité publique. Il les a perdus vis-à-vis de toutes les nations de l'univers, pour lui-même comme pour ses feudataires du Cambodge et du Laos, lesquels relèvent désormais directement du protectorat, au même titre que l'Annam lui-même.

La perte de ces droits n'implique pas que la politique, à laquelle ces droits s'appliquaient, disparaît en même temps qu'eux ; cette politique subsiste, en changeant de moteurs et de leviers. Tout le mouvement extérieur de l'Annam se porte à l'avantage de sa métropole, mais aussi à sa responsabilité. Que dirait-on d'une métropole qui se soustrairait à cette responsabilité, qui aimerait mieux ignorer et laisser déprécier ces intérêts que d'apprendre à les gérer convenablement ? On dirait, avec juste raison, qu'elle oublie le premier devoir du protecteur, lequel n'est

---

(1) Le protectorat du Laos n'a pas d'instrument particulier ; il procède des protectorats des régions dont il est limitrophe, et s'établit par l'usage ainsi que nous le verrons plus loin.

devenu protecteur avec logique et honnêteté que s'il se considère engagé à conserver et à augmenter les avantages antérieurs du protégé.

Le texte des différents traités qui déterminent l'état de l'Annam, du Tonkin, du Cambodge et du Laos, confère donc à la France des droits, lesquels deviennent immédiatement des devoirs ; et il s'agit de prendre les moyens les meilleurs pour les remplir.

Mais il est une circonstance diplomatique qui rend l'obligation de la France plus étroite encore, s'il est possible : c'est que les accords, qui enlèvent à l'Annam la gestion de ses intérêts extérieurs, lui enlèvent en même temps les instruments de cette gestion. Ainsi non seulement l'Annam n'a plus le droit d'agir en dehors de ses frontières ; mais, en admettant qu'il veuille le faire, en admettant que la France s'en remette à lui de cette action, elle lui est devenue matériellement impossible ; car, à l'antique machine, les rouages furent arrachés en même temps que le principe moteur. Non seulement l'Annam n'a plus aucun résident officiel, mais il n'y pas un seul Annamite dans les diverses légations de France (Chine, Siam, Indes), auprès des États où s'agitent les intérêts de la presqu'île ; mais il n'y a en dehors des frontières, aucun agent commercial indigène ; mais les préfets des provinces de l'Annam, voisines des frontières, n'ont pas un seul des droits de police, de surveillance, de finances ou de douanes, qui pourraient les mettre en rapport avec des fonctionnaires étrangers ; mais ces préfets sont soumis, pour tout ce qui regarde l'administration extérieure, non seulement à l'autorité du protectorat, mais encore à des chefs militaires français, à qui le gouverneur général délègue expressément toute son autorité ; mais encore ces fonctionnaires n'ont pas, comme leurs collègues de l'intérieur, quelques forces de police et de milice à leur disposition pour faire respecter leur volonté. Si l'Annam existe encore à l'intérieur, sur ses frontières il a complètement disparu, et la France protectrice s'y présente seule, pourvue de tous les droits, armée de tous les moyens, mais aussi chargée de tous les devoirs et de toutes les responsabilités.

Par suite c'est à elle seule qu'incombent et qu'incomberont toujours — qu'elle le veuille ou non désormais — tous les soins de la politique extérieure, tant en dehors de l'Annam que sur le sol même du protectorat.

Et cette politique, pour être logique, raisonnable et avantageuse, doit s'inspirer à la fois de la politique passée de l'Annam souverain, telle que nous venons de la définir ; de la politique particulière de la métropole en Asie, telle que les siècles la lui ont faite ; et des changements importants, survenus depuis l'établissement du Protectorat français en Indo-Chine, parmi les empires de race jaune, et surtout parmi les possessions et les influences diverses des puissances européennes en Extrême-Orient.

C'est cette politique contemporaine que nous allons essayer de déterminer.

CHAPITRE IV

Les politiques étrangères en Chine et la politique nationale du Protectorat.

Nous avons démontré la nécessité de l'existence d'une telle politique; nous avons, dans la politique passée de l'Annam autonome, étudié son principal élément; nous avons, en passant en revue les traités franco-annamites, déterminé ses différents modes et ses rouages actuels.

Il nous reste à indiquer ce qu'elle doit être ; nous l'avons dite issue, à titres inégaux, de la conduite extérieure de l'ancien État et de la conduite antérieure de la métropole ; il nous reste à déterminer quelles sont les proportions dans lesquelles ces deux politiques — toutes deux fausses aujourd'hui — doivent concourir à former la politique vraiment nationale ; il nous reste à étudier dans quelles mesures la marche des autres puissances de l'Europe peut influer sur les actes de nos Protectorats ; il nous reste enfin, en mode de conclusion, à faire découler de là la conduite pratique que tous ces principes et tous ces événements imposeront aux agents chargés des intérêts de nos possessions. Et lorsque toutes ces questions seront bien élucidées, nous n'aurons plus qu'à émettre à l'endroit de l'État ce double vœu: choisir des fonctionnaires capables de connaitre et d'exercer cette politique ; créer une école où ils soient en situation de l'apprendre, et où ils trouvent des maitres en état de la leur enseigner.

§ I. — Influence de la politique métropolitaine.

De quelque pays qu'il soit question, la politique extérieure qui lui convient le mieux est celle qui favorise le plus grand nombre de ses intérêts ; dans les petites colonies, qui n'eurent jamais de vie individuelle, cette politique est la politique métropolitaine : dans les grandes possessions, formées d'États jadis souverains, c'est une politique véritablement indigène, et nationale pour chaque groupe de possessions.

Or, la politique métropolitaine est toujours fort dissemblable de la politique nationale des possessions ; tout l'indique, et tout l'exige, comme nous l'avons déjà fait remarquer : la différence des races, des traditions, des enseignements, les divergences profondes des esprits et des mœurs, les situations géographiques particulières, la spécialité des besoins locaux, etc. Et si une petite colonie, faisant abstraction de toutes ces choses qu'elle n'a jamais que médiocrement possédées, peut, sans grand dommage pour tous ces facteurs, s'absorber dans la métropole, il faut reconnaître que la grande possession ne peut mieux faire que de se juxtaposer à cette métropole, afin de rechercher des buts et de soutenir des intérêts parallèles, intérêts qui ne peuvent pas être les mêmes, et qui doivent demeurer différents tout en ne devenant pas divergents. C'est à l'application de telles mesures qu'on reconnaitra, non seulement une possession vraiment grande et soucieuse de son avenir, mais aussi et surtout une métropole avisée, colonisatrice et libérale. C'est précisément dans l'antagonisme qui existe presque toujours entre ces politiques, avant qu'elles ne soient dirigées par les mêmes moteurs, que gît la difficulté qu'il y a à les coordonner, à les fusionner, et à en remettre l'exercice en des mains uniques.

Dans le cas de l'Indo-Chine, devenue Protectorat français, cette constatation éclate et s'impose ; on a vu ce que fut la politique de l'Annam autonome : elle fut le contraire précisément de la politique de la France en Extrême-Orient, avant la constitution de son empire indo-chinois.

On n'attend pas de nous que nous fassions ici l'histoire de la politique française en Asie ; d'excellents esprits l'ont faite avant nous, sur des documents et avec des moyens que nous n'avons pas recherchés ; pour tous les détails de cette politique, nous renvoyons le lecteur à ces œuvres spéciales, qui sont assez complètes et suffisamment bien conçues pour qu'on n'ait rien à y ajouter ; c'est dans ce but, en grande partie, que nous avons ouvert ce livre par une bibliographie très détaillée, où les ouvrages en question ressortent avec leur valeur historique. Pendant la royauté française, l'intérêt de la France se confond en Chine avec celui des missionnaires ; et ceux-ci, dominicains et jésuites, ont laissé de nombreux témoignages de leurs affaires, et malheureusement aussi de leurs disputes.

Depuis 1787, époque où la France prend un intérêt matériel aux choses de l'Extrême-Orient, nous avons dit tout ce qu'il y avait à dire, concernant l'Annam et le Cambodge ; en ce qui concerne le Siam, on lira avec fruit l'étude de M. Mayniard, « Le second empire en Indo-Chine, » et « L'affaire de Siam », étude sur documents officiels de nos récents démêlés (1). On trouvera dans l'une les mobiles de la conduite de la France jusqu'en 1870 ; et dans l'autre notre action présente jusqu'à ces époques récentes, 1893 et 1896, où nous n'avons pas su obéir au bon sens et à la logique.

Vis-à-vis de la race jaune, deux principes sentimentaux, et partant funestes, ont orienté et orientent parfois encore la politique française : inimitié naturelle envers les grandes puissances de l'Asie, même indifférentes ; générosité et longanimité spontanées envers les petits États, même hostiles ; et par dessus ces deux principes, aggravant encore leur pernicieuse influence, cette coutume nationale que nous avons de rester inertes dans la défense de nos propres intérêts, métropolitains ou coloniaux, et de prendre cause pour des principes abstraits, des idées générales, ou de simples particuliers lésés, sans que jamais le moindre avantage vienne compenser les sacrifices consentis dans ces généreuses mais inutiles interventions.

Les principes de 1789, qui firent du peuple français une nation libre, ne doivent pas servir de directrices à notre politique étrangère, surtout quand elle s'exerce vis-à-vis d'États autocratiques, incapables de les recevoir, de les apprécier, et de s'en servir autrement que contre ceux-là mêmes qui les leur apportent. Ces principes, qui sont des sources d'indépendance et de liberté chez de grands peuples, vigoureux et mûrs, ne sont que des foyers de discordes et de révoltes chez des nations dont le corps et l'âme sont faits à un joug puissant, et qui ne compren-

---

(1) *Le second Empire en Indo-Chine*, à la Société d'éditions scientifiques; *L'affaire de Siam*, chez Chamuel, 5, rue de Savoie.

nent l'absence de ce joug que par la disparition de tout gouvernement. Leur apporter ces principes avec notre domination, ou diriger sur ces principes nos actes politiques, c'est ébranler notre situation de protecteurs, c'est diminuer notre prestige d'alliés puissants. Ce n'est plus agir en amis, en conseils, en maîtres ; c'est faire de la politique de don Quichotte, avantageuse seulement à nos adversaires.

Ce fut cependant, vis-à-vis des petites puissances asiatiques, la politique personnelle de la France jusqu'en des temps très proches, si proches en effet qu'il est peut-être téméraire de dire que, aujourd'hui même, nous en soyons entièrement revenus. Appuyés sur les preuves qui en ont été données, et sur l'histoire qui, maintes fois, en a été faite, nous résumons cette politique en ses deux traits principaux :

Animosité secrète, réclamations diplomatiques ou lutte ouverte même contre la Chine, dans le seul but de permettre à des missionnaires d'y propager leur foi religieuse ; plus tard, guerre et invasion même pour permettre aux Anglais d'ouvrir des ports du littoral chinois au commerce du monde et spécialement au leur, et cela, après constatation que la Chine ne formait aucun projet ambitieux ou vindicatif, et n'avait d'autres désirs que celui d'honorer ses dieux comme elle l'entendait, et celui de ne pas laisser intoxiquer ses nationaux par l'opium de Bénarès et par les bibles des piétistes.

Au contraire, sympathie aveugle pour les petits États, pour la Birmanie qu'on jette aux bras de l'Angleterre, pour le Siam, à qui on donne une idée fort exagérée de son importance ; refus, par une générosité mal comprise et vraiment ridicule, de prendre possession de ce Siam, qui s'offrait à nous, et qui servit, depuis lors, les intérêts anglais; constitution (comme l'on fit en Italie en 1859) d'une idée nationale siamoise, et abandon à ces rivaux nouveaux de provinces auxquelles ils n'avaient nul droit, et qu'ils n'eussent jamais osé réclamer.

Avant le Protectorat, la conduite extérieure, en Asie, de la France et de l'Annam, différait donc du tout au tout, ainsi qu'il était facile de le prévoir. C'est en vertu des deux principes énoncés plus haut que la France prend parti pour l'Annam en 1787; plus tard, elle agit pour elle-même, et traite la Chine en adversaire directe, bien que la fiction historique officielle n'ait pas de déclaration de guerre à enregistrer.

Mais une fois l'Annam enlevé à la tutelle chinoise, et après l'établissement du Protectorat, quand il s'agit de coordonner et de fusionner les deux politiques, laquelle donc prendra le pas sur l'autre? C'est ici que la théorie diplomatique, renforcée de tout l'amour-propre national, doit s'effacer devant la réalité pratique. Au Français, peuple d'esprit conquérant, il est délicat de faire comprendre qu'il s'est battu et qu'il a été vainqueur dans le but de soutenir d'autres intérêts que les siens, et que les intérêts à adopter sont précisément ceux du peuple vaincu. Le Français préférerait ce raisonnement simpliste, que les idées du dominateur doivent, comme lui, être prédominantes, et que la métropole doit imposer sa politique, en même temps et parce qu'elle impose ses agents. C'est là une erreur bien profonde et dangereuse, propagée par l'idée que l'on se fait de soi-même, tandis qu'il faut prendre principalement garde à l'idée qu'on produit dans l'esprit des autres.

Car il faut se comporter non seulement par ce que l'on croit être, mais encore — et surtout peut-être — par ce que l'on représente aux yeux du monde. Or, depuis le jour où la France préside aux destinées de l'Indo-Chine par un protectorat assez étroit, elle ne compte plus, aux yeux des puissances asiatiques, comme une nation occidentale à quatre-vingt-six départements, mais uniquement comme la propriétaire — ou à peu près — de la presqu'île indo-chinoise. C'est à ce titre que les puissances de race jaune l'honorent, l'interrogent, scrutent ses vues, pèsent ses conseils, reçoivent ses agents ; c'est sous ce point de vue qu'on la craint, qu'on attend et qu'on estime ses actes et ses interventions. C'est donc comme telle qu'elle doit agir si elle ne veut pas ruiner son protégé, et si elle désire tenir une place honorable dans le continent. Or, quel était l'intérêt asiatique assez puissant pour mériter la ruine de l'Indo-Chine, et la compenser ? Il n'y en a pas. La France est donc tenue à adopter une politique favorable à la colonie, et c'est là la politique nationale de la grande possession. Voilà la vérité ; le reste n'est que vanité et verbiage.

*
* *

Les questions politiques spéciales à la métropole (par exemple le soutien des missions chrétiennes en Chine) sont ici hors du débat ; il est certain qu'aucun élément, soit de la politique indigène, soit de la politique métropolitaine, ne saurait disparaître de la politique nationale de la possession. C'est ainsi que la politique de l'Indo-Chine en Asie comprendra un appendice sentimental bien imprévu. Mais vis-à-vis des autres peuples, l'agent français représente les intérêts de la France qui est en Indo-Chine et non pas de la France qui est à Paris ; il fera donc de la politique indo-chinoise, et non de la politique uniquement française ; et tout avantage qu'il obtiendrait pour la métropole, sans que cet avantage soit réclamé par la possession, serait certainement considéré comme un échec, à cause des conséquences immédiates et rapprochées que l'Asie apprécierait seules ; l'obtention d'un tel avantage équivaudrait donc à une perte pour les intérêts matériels de la possession, et à une atteinte à la dignité de la métropole ; c'est dire combien il faut se garder d'en réclamer de semblables.

L'établissement de cette politique nationale de la colonie, substituée à la politique métropolitaine, parait assez logique encore et normale dans l'étendue de la possession; mais la substitution semble plus délicate dans le reste du continent, si des intérêts généraux s'agitent entre la métropole et une tierce puissance, en dehors des territoires que gère cette métropole. Ici il faut se rappeler que, dans les continents extra-européens, une puissance quelconque agit toujours comme puissance coloniale, et non pas comme une puissance européenne : qu'elle est amenée à agir à cause de la présence de ses protectorats ou de ses colonies sur ces continents, et que par suite les intérêts de ces établissements se trouvent au premier rang.

La France en Asie rentre dans cette règle générale ; c'est en Indo-Chine jadis que s'exerçait son action sur la Chine; c'est grâce à sa présence en Indo-Chine qu'elle peut et doit prendre une si grande part à la question chinoise, et c'est en Indo-Chine qu'ont lieu les premières et les plus fortes répercussions de sa conduite en Asie, tant sur terre que sur mer ; ce sont donc les intérêts de l'Indo-Chine qui se trouvent, ici, primer tous les autres intérêts, et la politique que la France doit suivre, pour ménager et faire fructifier ces intérêts, est donc véritablement la politique nationale indo-chinoise. Il n'y a pas là d'hésitation, d'exception, ou de dualité possible.

Il n'en est pas toujours ainsi pour toutes les autres puissances ; ainsi, en tant que personne publique en Europe, l'Angleterre a eu une politique nationale vis-à-vis de la Chine ; elle a une autre politique en tant que propriétaire de la vice-royauté des Indes et limitrophe du Thibet ; elle a une autre politique en tant que suzeraine de la Birmanie et limitrophe du Yun-Nan. Et il n'est pas à dire que ces trois politiques soient parallèles ; elles peuvent être, à un moment donné, parfaitement opposées : à tel moment, par exemple, il sera utile aux Indes d'être en parfaite intelligence avec la Chine, tandis qu'il sera utile aux États Shans ou au gouvernement de Hong-Kong de présenter des réclamations, tandis qu'il paraîtra nécessaire à la métropole de bloquer ou de bombarder tel port de la Corée ou de la Chine septentrionale. La continuelle différence, la divergence toujours possible de ces trois politiques nécessite un sens diplomatique très délié ; et il est évident que les représentants de l'Angleterre le possèdent, et y joignent une grande hardiesse de conception et une grande promptitude d'exécution ; mais ces différences et ces divergences ont exigé surtout la constitution immédiate, vis-à-vis de la Chine, à côté de la politique métropolitaine anglaise, d'une politique indienne et d'une politique birmane, et l'établissement de rouages spéciaux capables de faire marcher ces politiques sans l'intervention continuelle du Board of central.

Si impersonnels qu'on puisse supposer les titulaires des portefeuilles en Angleterre, il serait inhumain vraiment de supposer que tel secrétaire d'État de la Reine prendra une décision en un sens pour la politique métropolitaine, et avertira son représentant à Calcutta de prendre la décision en sens contraire pour la politique de la vice-royauté. Il faut même aller plus loin : tout en reconnaissant l'intérêt de la possession à agir de la sorte, et tout en approuvant sa conduite générale, il lui serait impossible de sanctionner et de promulguer individuellement chacun des actes d'une politique nécessairement contraire à la sienne propre ; il serait amené inévitablement à influencer l'une au détriment de l'autre.

C'est dire qu'il faut, en des cas semblables, une gestion particulière des intérêts extérieurs dans chaque grande possession, et que les gérants de ces intérêts doivent être indépendants et demeurer maîtres de leur conduite politique, à l'exclusion bien entendu des grands actes de la vie publique, comme la paix, la guerre, les alliances et la ratification des actes diplomatiques. C'est ce qui se passe aux Indes, en Australie, au Canada.

En France, ce serait moins difficile, puisque la France, pour le moment du moins, n'a pas d'autres intérêts en Extrême-Orient que ses intérêts indo-chinois, et que ces intérêts sont réunis, grâce à la constitution de l'unité indo-chinoise ; il faudrait donc seulement, à notre politique extérieure nationale, des agents spéciaux à l'Indo-Chine, agents de fonctions et d'esprit indépendants, soumis bien plus à la juridiction qu'aux tendances du quai d'Orsay. Leur situation serait bien délimitée, en ce sens que, maîtres de leurs actes en ce qui concerne la politique spéciale de l'Indo-Chine, ils seraient des conseils prépondérants dans la politique générale de la France en Extrême-Orient ; ils n'auraient aucune qualité pour engager par eux-mêmes les grands actes diplomatiques ; mais au moins ils auraient voix consultative quand il s'agirait de les accomplir, et ils seraient les premiers instruments, les plus conscients et les meilleurs, de cet accomplissement. C'est ce rôle qu'ils devraient remplir, et auquel ils auraient à se restreindre, tant que la France n'aurait pas d'autre grande possession en Asie que l'Indo-Chine. Sans vouloir encore appuyer sur la création d'un tel corps de fonctionnaires, nous voyons qu'elle reposerait sur deux principes, assurant à la fois les justes intérêts de l'Indo-Chine et la dignité et l'hégémonie de la métropole : indépendance absolue, sauf les restrictions connues, dans les actes extérieurs ; dépendance étroite dans les personnes : c'est-à-dire liberté bien entendue et féconde de la politique, et rattachement strict de la hiérarchie qui l'exerce.

§ 2. — Progrès des puissances coloniales européennes en Asie.

Les devoirs du protecteur, en tant que gérant de la politique extérieure du pays protégé, peuvent sembler déjà délicats et considérables. Et notamment, en ce qui concerne l'Indo-Chine, les obligations logiques de la France paraissent déjà bien plus importantes que celles auxquelles elle se résigne présentement à faire face. Cependant elles ne sont encore ni complètement énumérées, ni suffisamment déterminées. En effet, le mouvement expansif et actif des autres métropoles en Asie est un élément qu'on ne saurait négliger, sous peine de n'avoir, de la situation qui nous est faite, qu'une idée insuffisante et sans ampleur. La politique nationale indo-chinoise, telle que nous venons de la déduire de l'ancienne politique de l'Annam autonome et de la politique de la France non-métropole, est la politique qu'il eût fallu appliquer exactement au moment où les dissensions intestines et les guerres du dehors empêchèrent l'Annam de veiller à ses intérêts extérieurs, c'est-à-dire à une époque qui s'étend de 1780 à 1860. Mais à partir du commencement de la conquête, à partir surtout de la réduction de l'Annam en protectorat effectif ou nominal (1874), les visées de cette politique et les devoirs de ceux qui la gèrent changent en même temps que les situations respectives des puissances européennes qui sont coloniales ou qui veulent le devenir, et des puissances asiatiques au détriment desquelles ces développements sont pris.

Il faut donc savoir exactement dans quel sens ont changé les équilibres inter-continentaux, sous les efforts de la politique moderne d'expansion à outrance, et sous les applications perpétuelles et imprévues de ce principe discutable de la suzeraineté des plus civilisés sur les moins civilisés, lequel n'est qu'une forme mitigée du droit du plus fort.

On conclut bien que ce sont les nations européennes qui s'augmentent, et les asiatiques qui décroissent, et que, par suite, le labeur devient plus difficile pour les représentants européens d'une possession asiatique, lesquels doivent faire profiter de leur expansivité naturelle de nation plus civilisée un empire indigène, prédestiné, d'après le principe en question, à une infériorité de jour en jour plus irrémédiable.

Il est impossible, et tout-à-fait en dehors des limites de cette étude, de suivre en détail les conquêtes et les extensions des puissances européennes en Asie dans le dernier quart du xixe siècle. Chaque pays a, à ce sujet, des études et des publications spéciales, auxquelles notre bibliographie renvoie les lecteurs. Il suffira d'étudier les grandes lignes et les principaux résultats de ces mouvements, et de déterminer l'état actuel de l'extrême continent asiatique, non seulement en ce qui concerne les possessions territoriales, mais surtout en ce qui concerne les sphères d'influence, les prépondérances diplomatiques, les avantages commerciaux et les infiltrations même des personnes; on aura ainsi une idée exacte des leviers que les nations possèdent en Asie, et de la valeur des forces qu'elles y pourraient appliquer. Et c'est de cette estimation qu'il nous faudra conclure le sens, l'énergie et la ténacité de notre politique extérieure.

⁂

Les nations de l'Europe obéissent, dans leurs expansions, à différents mobiles, qui sont tous du domaine pratique ; car il ne faut pas croire qu'il soit d'un usage général d'avoir des possessions et des colonies comme objet de luxe, mais bien au contraire comme moyens de rapports et d'intérêts. Quelques nations, possédant des capitaux nombreux et des capitalistes hardis, tendent à faire fructifier l'épargne nationale hors d'Europe, par des procédés plus audacieux et aussi plus lucratifs ; d'autres, poussées par l'esprit entreprenant de leurs producteurs, tendent à acquérir des débouchés nouveaux à leur commerce sans cesse grandissant, et à leurs marchandises amoncelées ; d'autres, poursuivant une hégémonie universelle, reconnaissent la nécessité d'avoir, en tous les pays et sur toutes les mers du monde, des arsenaux, des ports, des points de ravitaillement, des lieux de stationnement et des bases d'opérations navales.

On s'est souvent étonné que l'expansion française, en Asie comme dans le reste du monde, se soit produite subitement, sans esprit de suite, sans plan mûri d'avance, et qu'elle ait souffert de ce manque de méthode et de continuité ; c'est que précisément notre expansion n'était provoquée par aucun des motifs impérieux que nous venons d'indiquer. Les capitaux français sont aux mains de très nombreux et très petits possesseurs, dont la prudence est en raison directe de la modicité de leurs ressources. Les négociants français, peu soucieux des aventures lointaines et des débouchés mal connus, préfèrent voir leurs stocks stationner devant la lente consommation nationale, et ralentir ou arrêter leur fabrication, plutôt que d'exposer leurs produits en des comptoirs récents, ou de se résigner à tels changements superficiels réclamés par une classe hétérogène de consommateurs.

Enfin, blessée au plus profond d'elle-même en Europe, la France ne s'est pas sentie attirée vers des conquêtes extra-européennes, avec le sentiment qu'elle eût éprouvé si elle avait joui, sur le vieux continent, d'une situation prépondérante et invincible. Là aussi elle est restée stationnaire, groupant ses forces et ses enfants vers une action aléatoire, dont chaque jour vient encore diminuer les chances de réalisation.

Les hommes d'État français n'avaient donc rien avec eux pour pousser les forces de la nation vers une expansion coloniale réfléchie et continue. Dans leur conscience et leur expérience de diplomates et d'économistes, ils sentaient sourdement la nécessité de cette expansion ; parfois ils en voyaient clairement les raisons ; mais ils ne pouvaient pas communiquer cette clairvoyance à longue échéance au peuple, qui ne voit son intérêt que sous un angle restreint et immédiatement. Ils durent dès lors profiter de circonstances secondaires et vulgaires pour pousser la nation dans cette voie qu'ils devinaient confusément être la bonne ; chaque pas qu'ils y firent était déterminé par la marche en avant des puissances rivales ; et l'on peut dire que, si la France se résigna à la politique coloniale — laquelle n'est pas aujourd'hui encore populaire — c'est par une curiosité innée d'aventures, par une satisfaction de se connaître encore victorieuse, et surtout pour ne pas abandonner les régions qui lui revenaient de par l'histoire, et que d'autres auraient conquises, si elle ne s'y fût installée.

Tels furent les mobiles de notre politique coloniale. Les résultats n'en furent pas meilleurs que les motifs ; et ils furent d'autant plus médiocres et d'autant plus difficilement acquis, que l'expansion des puissances, qui étaient et devinrent nos voisines et nos rivales, obéissait à des principes plus nets, plus avantageux, mieux compris des masses, et, par suite, plus inflexiblement appliqués par les chefs d'État.

Suivant que les nations sont conduites à leurs expansions coloniales par l'extension de leur commerce, de leur argent ou de leur puissance, elles ont, à leurs visées, des buts désignés par les conditions auxquelles ils doivent satisfaire ; et c'est un principe à peu près général, que l'on peut reconnaître les motifs d'une colonisation d'après l'emplacement de la colonie. Ainsi le mobile lucratif nécessite l'acquisition de terres excessivement riches, dont on drainera facilement à soi toute la valeur, sans souci des autres considérations économiques et sociales : c'est la colonie de rapport. Le mobile commercial sera indiqué par l'accession d'une côte maritime à l'embouchure d'une grande artère fluviale, avec un port sûr et facile, à l'entrée d'un pays peuplé et sans industries individuelles, par l'ouverture de ces artères à la navigation intérieure, par l'élaboration des tarifs douaniers et l'établissement de libertés commerciales : c'est la colonie de négoce et de transit. Une puissance, soucieuse de posséder un territoire où se déversera le trop-plein de sa population, se trahira par le soin d'acquérir une région dans un climat tempéré, de nombreux et commodes moyens d'approche, d'une population aborigène peu dense, et d'une richesse native facile à mettre en valeur : c'est la colonie de peuplement. La puissance désireuse d'établir solidement sa prépondérance choisira, pour ses établissements, des points maritimes ou terrestres ayant le commandement des routes et des issues, des rades naturellement fermées et défendues par le nivellement propice des rivages : c'est la station militaire ou navale. Enfin, la nation qui voudra étendre, pour une raison ou pour une autre, le champ de sa domination, acquerra des royaumes, des entités politiques parfaitement établies, de population stable, se suffisant à elles mêmes, et pourvues de tous les rouages nécessaires à l'existence politique ; ce sont là les possessions, vastes territoires qui savent se régir eux-mêmes, et dont changent seulement, par la conquête, la forme du gouvernement et la couleur du pavillon.

*
* *

Avec la France — et avant la France — l'Angleterre, la Russie et l'Allemagne sont les trois puissances européennes qui tendent à un accroissement continu de leurs territoires et de leur influence en Asie. Si l'Allemagne n'a comme moyens que des bases matérielles insuffisantes, et des moyens de transport peu nombreux — mais excellents — il faut reconnaître que l'immense empire des Indes, avec la perfection de ses rouages, ses richesses considérables et son avantageuse autonomie, constitue pour ainsi dire une métropole asiatique vis-à-vis des autres colonies extrême-orientales de l'Angleterre, et qu'elle a des réserves considérables d'hommes, d'argent et de vaisseaux, où les expéditions peuvent se garnir et se renouveler absolument comme dans la mère patrie. Il faut déclarer que la Russie surtout, par son territoire sibérien, par ses établissements sur les mers de Chine, peut agir directement sur les peuples jaunes. A présent surtout que la Russie commande l'un des bords du « Toit du monde, » et que ses chemins de fer sibériens et transcaspiens sont terminés, on peut dire que ses frontières extrêmes sont étroitement et rapidement reliées au cœur de l'empire, et que c'est la métropole russe elle-même qui enserre la Chine à l'ouest et au nord. Cette situation exceptionnelle, qui diminue les longueurs et les dépenses de toutes les expéditions lointaines, double la valeur de l'influence russe en Asie, et lui donne des avantages que rien d'autre part ne peut contre-balancer. Et c'est là un facteur qu'il ne faudra jamais négliger d'apprécier, chaque fois qu'il sera question d'une action de la Russie en Extrême-Orient.

Les bases d'opérations — ou, pour s'exprimer plus pratiquement — les points de départ des actions futures donnent lieu à la classification suivante des nations rivales : la Russie, qui agit directement de sa métropole ; l'Angleterre, qui part d'une possession immense, organisée comme une métropole et aussi riche ; la France, qui part d'une possession bien située, mais d'organisation défectueuse et de ressources insuffisantes ; et l'Allemagne enfin, qui part d'une simple station navale toute récente, à une distance énorme de la mère patrie.

C'est intentionnellement que dans ce concours pacifique, mais peu amical, nous omettons deux puissances que les événements d'hier ont mises en lumière : le Japon et les États-Unis. Le Japon, quels que soient ses appétits et quelque rapides qu'aient pu être ses progrès, ne possède pas les rouages aptes à faire valoir sa prompte assimilation aux moyens et aux convoitises de l'Europe ; de plus, il est hors de doute que l'effort, depuis vingt ans produit par ce pays, est au-dessus de ses ressources vitales et matérielles, et est destiné à l'épuiser, après un temps de prospérité brillante et superficielle. Enfin, en consentant même au Japon de longues années de bonheur, il ne faut point oublier que les Japonais sont un peuple jaune, reliés à la race par les liens étroits de la tradition, de l'écriture et des religions, et que cette puissance extrême-orientale verra un jour — si elle ne le voit pas aujourd'hui déjà — un garant de sa propre sécurité dans le maintien de l'intégrité chinoise, à laquelle elle se consacrera par la force même des choses.

Quant aux États-Unis, la perte des Philippines subie par les Espagnols leur donne une situation nouvelle en Extrême-Orient, et leur permet, dans les îles, des ambitions et des rêves. Mais vinssent-ils à les réaliser, ils ne joueraient sur le continent asiatique que le personnage très secondaire qu'y jouaient jadis les Espagnols, ou qu'y jouent aujourd'hui les Hollandais, possesseurs des îles de la Sonde ; et il paraît fort improbable que l'Europe leur permette d'ici longtemps d'y assumer un rôle plus considérable.

Depuis le traité de Simonosaki, et surtout depuis la fin de 1897, le jeu des puissances d'Europe vis-à-vis du Céleste-Empire s'est subitement révélé.

Jusqu'alors les nations avaient acquis, sur le continent asiatique, des avantages directs, territoriaux ou commerciaux, des colonies, des possessions, des ports à traité, des monopoles. Ces avantages qui retiraient à la Chine tout espoir, même fictif, d'une rétrocession future, lui enlevaient aussi ce à quoi elle tenait le plus au monde, sa FACE, c'est-à-dire sa respectabilité et l'illusion de son intangibilité ; ils étaient difficiles par conséquent à obtenir d'un gouvernement qui ne s'y résignait qu'après une lutte malheureuse, ou après avoir épuisé toutes les rouéries de la diplomatie la plus retorse. Ils ne pouvaient suffire longtemps à la précipitation des puissances européennes, avides de s'emparer, avant telles autres, de ce qu'elles considéraient comme le but justifié de leurs ambitions. Étendre son influence est bien ; l'étendre d'une manière exclusive est mieux ; empêcher un pays quelconque de prendre ce dont on n'a pu s'emparer soi-même est l'idéal : tel est le triple principe dont l'application a donné naissance aux fictions diplomatiques qui s'épanouissent aujourd'hui en Extrême-Orient. Donnons-en tout de suite la bizarre nomenclature : cession à bail, état-tampon, zones neutralisées, condominiums, sphères d'influence politique, conventions restrictives et négatives, zones de pénétration, sphères d'influence commerciale, puis les conventions pour objets particuliers, qui s'adaptent aux circonstances de la vie internationale, et qu'on ne peut classer sous une dénomination spécifique.

Dans tout ce fatras, il faut distinguer les fictions qui changent ou modifient immédiatement les conditions de souveraineté des territoires qu'elles visent, c'est-à-dire la cession à bail (convention directe), les conventions restrictives, les sphères d'influence politique, et, en seconde ligne, les états-tampons et les zones neutralisées.

La cession à bail est certainement le plus merveilleux de ces instruments nouveaux ; il date d'ailleurs d'une soixantaine d'années et a subi divers perfectionnements. Il consiste essentiellement en une convention bilatérale, d'apparence parfaitement libre et normale, par laquelle un propriétaire d'un sol loue l'habitation de ce sol à un pays, qui devient son locataire. La cession à bail comprend l'usage du sol, la récolte de ses produits, le droit d'y bâtir, de le fortifier ; elle donne au locataire le droit de s'y conduire en propriétaire véritable, et ne conserve au cessionnaire que la nue propriété. Ainsi la souveraineté demeure au propriétaire ; mais ses droits et son exercice lui sont ravis. Le bail est consenti généralement pour une longue durée, un siècle environ. Et l'acte ne fait aucune mention des conditions dans lesquelles le sol loué pourra revenir au propriétaire, ni de la façon dont on évaluera les dépenses faites sur le sol loué, la plus-value en résultant, et l'indemnité que le locataire pourra réclamer. C'est là qu'on voit la duplicité d'une partie et la complaisance de l'autre. L'une a trop conscience de sa force, et l'autre de sa faiblesse, pour que, au moment même de la cession à bail, l'un des signataires ait l'idée que cette cession puisse être temporaire en fait, comme elle l'est de droit. En louant, l'un sait bien qu'il prend, l'autre sait bien qu'il donne. Et personne, non plus que les spectateurs, n'est dupe de la comédie. Au bout du temps fixé, le propriétaire peut avoir perdu la mémoire de son droit, et le locataire, celle de son engagement; ce dernier est dans la merveilleuse situation d'un homme qui occupe une maison contre le gré du propriétaire, mais s'y est barricadé fortement, et attend que la force publique l'en déloge. Mais, en politique, la force publique internationale, qui serait représentée à peu près par un arbitrage, ne se dérange point pour expulser un locataire tout puissant, qui, au bout de longues années, déclare prendre l'usage d'un droit pour le droit lui-même, et s'approprie, sous le regard complaisant de l'univers, la nue propriété avec l'usufruit. Rappellerons-nous que l'île de Hong-Kong fut primitivement cédée à bail aux Anglais? Et qui donc aujourd'hui en oserait parler, autrement que pour la présenter comme un exemple heureux? En résumé, le locataire, par les agrandissements, les dépenses et les embellissements qu'il a faits, a plus d'intérêts, sur le sol, que le propriétaire; et comme les cessions à bail se font toujours au détriment d'une nation moins forte, la justice, en fin de bail, est réduite au silence par la force de l'intérêt. Seulement, et malgré la duplicité et l'hypocrisie évidentes d'un tel instrument, il demeurera toujours parmi les plus agréables à ceux qui sont contraints de recourir à l'un quelconque des moyens diplomatiques modernes, parce qu'il ménage l'amour-propre des deux contractants : l'amour-propre de celui qu'on dépouille, qui n'a pas l'air de céder, et qui, *en droit*, ne cède pas sa souveraineté ; et l'amour-propre et la respectabilité de celui qui s'approprie, parce que son larcin se parfait à longue échéance, et parce que ceux qui le commettent peuvent se dire forcés par l'acte « insuffisant » que d'autres ont signé.

***

Les conventions restrictives sont surtout symptomatiques de l'état d'avidité et d'impatience des nations européennes. Après s'être acquis, à l'aide de tous les autres moyens, une série d'avantages et une étendue de territoires dont l'assimilation nécessitera le travail assidu de plusieurs générations, après avoir épuisé la complaisance de la Chine, après avoir atteint les limites extrêmes des concessions consenties par la jalousie des puissances voisines, il est encore des proies que les nations sentent hors de leur portée actuelle, mais dont elles voudraient se réserver le bénéfice et l'acquisition pour l'avenir. Et l'une des conditions de ces habiles réserves est d'interdire, sur ces territoires convoités, l'expansion de nations rivales, plus avides encore ou mieux préparées.

Ces conventions restrictives ont reçu le nom générique

de « pactes de non-aliénation », pactes particuliers essentiellement négatifs, qui ne concèdent aucuns avantages aux signataires, et qui stipulent ou semblent stipuler des désavantages pour les non-signataires. On parut jusqu'à présent faire grand état de ces accords négatifs ; mais le texte, récemment publié dans les Livres bleu et jaune, de tels accords obtenus par la France et visant Haïnan et les trois vice-royautés chinoises limitrophes du Tonkin, ou obtenus par l'Angleterre et visant le bassin du Yang-Tse-Kiang, ne semble pas justifier tant de satisfaction. En effet, le Tsong-li-Yamen, qui n'a d'habiletés ni de duplicité à apprendre de qui que ce soit, n'affirme absolument rien de ce qu'on lui demande ; il s'indigne interrogativement qu'on lui ait demandé quelque chose : « Comment, s'écrie le diplomate mandchou, comment peut-on penser que telle province, qui fait partie intégrante de l'Empire, puisse jamais être aliénée par lui ? » Et après avoir rejeté loin de lui la fatale pensée d'un tel démembrement, le texte officiel prend brusquement fin.

On ne voit pas bien quel avantage peut ressortir d'une telle exclamation pour la nation qui l'a provoquée. Je sais bien que, en pressant le texte à l'excès, la puissance à qui il a été adressé peut se déclarer garante de l'intégrité du territoire qui fait le sujet de l'exclamation, s'intéresser par conséquent à l'indépendance de ce territoire, et, dans le cas où cette indépendance ne pourrait absolument pas être maintenue, prétendre exercer un droit de préemption (c'est ce que prétend la France en cas de cessation de l'indépendance de l'État libre du Congo). Mais on aperçoit bien vaguement un si faible droit, et il n'a guère de chances d'être respecté d'autrui.

Le droit qui avait été reconnu ainsi à la France sur les vices-royautés de Quang-Tong, de Quang-Si et de Yunnan, a d'ailleurs été méconnu aussi facilement qu'il avait été accordé. Un mois après le pacte de non-aliénation concernant ces territoires, le gouvernement chinois cédait ouvertement et naïvement à l'Angleterre les îles avoisinant Hong-Kong et la presqu'ile de Kownlown, qui font partie intégrante de Quang-Tong. Et la France ne réclame pas, comme si déjà elle avait reconnu l'insuffisance morale et juridique du pacte.

C'est pourquoi la presse anglaise aujourd'hui reproche amèrement à lord Salisbury de n'avoir pas autrement protégé les intérêts britanniques sur le Yang-Tse-Kiang, que par un pacte de non-aliénation anglo-chinois; et elle déclare bien haut que ce pacte ne donne aucun avantage à la Grande-Bretagne. Aussi les diplomates proposent-ils de corriger un acte aussi insuffisant par l'adoption du raisonnement suivant, qui sent d'une lieue son impérialisme : Par le pacte de non-aliénation, la Chine s'engage à ne céder *de plein gré* à personne les territoires mentionnés dans l'acte; mais si on les lui prend de vive force, ou si on les exige comme compensation, elle sera bien obligée de les abandonner, et le pacte n'en subsistera pas moins; le *plein gré* n'ayant pas été invoqué, la promesse demeure intacte, bien que l'objet de la promesse ait été ravi.

Ce raisonnement n'est pas inattaquable, mais il n'est pas plus mauvais que le pacte lui-même; il démontre, en tout cas, que le pacte de non-aliénation n'est rien, si la nation qui l'a provoqué n'en fait pas sortir, de force, un droit d'accès et comme un monopole de possession future; cela démontre surtout que, en matière diplomatique, quand on sort de la voie droite et des normalités, il faut se préparer à subir toutes fantaisies et à s'accommoder avec toutes les invraisemblances.

*
* *

La sphère d'influence politique, autre mode d'action atteignant les droits de souveraineté des puissances indigènes, est d'une essence tellement vague, d'éléments tellement incoordonnés, qu'elle n'a encore été définie par personne.

En admettant que la principauté laotienne de Xieng-Kheng rentre dans la catégorie des états-tampons, il n'existe jusqu'à présent, en Asie, qu'un seul exemple de la constitution d'un tel état politique. Et, malgré ses allures louches et changeantes, il offre toujours le caractère d'un arrangement entre deux puissances au détriment immédiat d'une troisième, laquelle n'est en rien pressentie ou consultée. En Afrique, de tels accords existent, mais ils ont été passés au sujet de contrées à peu près désertes, ou vis-à-vis de tribus si ignorantes, si désunies, si incivilisées, qu'elles ne comprennent point et ne comprendront jamais peut-être ce qu'on a voulu tirer d'elles. L'exemple asiatique est plus scandaleux : il n'a pas été suivi par d'autres, les conditions d'un tel accord étant à la fois trop vagues et trop scabreuses. Qu'on en juge. Le royaume de Siam, antique propriétaire de la plus grande partie de la presqu'île de Malacca, d'une part, et de la vallée (rive droite) du Mékhong, d'autre part, n'a jamais subi de revers qui le contraignent à les abandonner, n'a jamais signé de contrat amical et de plein gré, par lequel il résignerait un seul de ses droits souverains sur ces régions. Cependant l'accord franco-anglais de 1896, auquel le Siam n'a été en aucune façon appelé à prendre part, détermine que les premières régions citées plus haut sont du domaine de l'influence politique de l'Angleterre, que les autres sont du domaine de l'influence politique de la France ; mais nulle part on ne voit quels droits politiques donnent aux nations avantagées l'établissement de ces domaines d'influence ; et il paraît étonnant que la diplomatie, qui connaît les hommes et comment ils savent profiter des moindres circonstances, ait laissé au tact et à la discrétion de chaque nation la détermination d'un exercice si nouveau et si délicat.

Disons franchement le mot, puisque la chose existe : un tel accord est un blanc-seing que deux nations rivales et puissantes s'accordent réciproquement, pour violer impunément, vis-à-vis d'une troisième puissance sans ressources, la justice et la bienséance internationales. Une nation ambitieuse, de qui les visées excitent la jalousie et les réclamations d'une rivale, ne voit pas d'autre terme à mettre — temporairement — à cette rivalité, qu'en autorisant, on ne sait à quel titre, cette rivale à commettre, dans des territoires déterminés, les mêmes erreurs et les mêmes injustices qu'elle-même désire commettre dans d'autres régions. Mais, par pudeur publique, on se garde bien de laisser entendre, dans la confection de l'acte, de quelle nature peuvent être ces injustices ; les deux nations se les accordent mutuellement et tacitement, sur tous les chapitres et jusqu'aux limites dernières.

De tels accords peuvent être immédiatement avantageux ; mais un contrat basé sur des propositions indélicates, et même criminelles, ne saurait durer longtemps, sans que les deux contractants prennent ombrage de leurs propres excès, et ne s'en tiennent une rigueur bien propre à relâcher et à détruire une si scandaleuse entente.

* * *

Les trois instruments qui précèdent, en changeant, en altérant le droit de souveraineté des régions auxquelles ils s'appliquent, supposent une grande prépondérance de la part du principal contractant; quand cette prépondérance n'est pas suffisante, ou quand le principal contractant est empêché par la rivalité de puissances voisines, il a recours à d'autres moyens ; les droits du premier propriétaire sont toujours altérés, mais au profit d'une tierce personne publique, qui ne s'attendait pas à de tels avantages, mais à qui plus tard on pourra les ravir facilement. L'état-tampon et la zone neutralisée répondent assez bien à cette situation.

L'état-tampon est un petit État, incapable de se maintenir par lui-même, manquant de ressources et de vitalité, trop important pour être absorbé par de trop puissants voisins. Ceux-ci sont bien intéressés à sa disparition, mais ils sont plus intéressés encore à ce que cette disparition n'ait pas lieu au profit d'un seul d'entre eux ; ils se portent donc garants, l'un vis-à-vis de l'autre, l'un contre l'autre même, de l'intégrité de ce petit État, pour un laps de temps qui n'est jamais déterminé, et qui est censé perpétuel. La souveraineté et l'administration d'un tel État sont confiées à une troisième puissance, qui considère cette possession comme indifférente à sa gloire et à son développement, et qui la restituera demain du même air qu'elle l'accepte aujourd'hui ; elles peuvent être confiées même à des autochtones, auxquels on fait, pour la circonstance, don d'une liberté imprévue, et qui, souvent, les gêne fort.

Les deux voisins espèrent, en reculant la solution d'un problème difficile, arriver, avec le temps, à un *modus vivendi* acceptable ; ce sont, à vrai dire, des héritiers, gardant jalousement la chambre d'un moribond, et comptant sur le hasard ou sur les menées sourdes de leur politique, pour évincer le rival auquel ils font chacun bon visage. Et l'état-tampon vit ainsi ses derniers jours, tant qu'un de ses garants ne se trouve pas assez prépondérant pour se l'adjuger tout entier à lui seul.

La zone neutre est un territoire formé de parcelles sans vie propre, sans population, sans organisation, sans lois spéciales, et qui reçoit une autonomie fictive et temporaire, pour assurer la sécurité d'un continent, et pour séparer, plus complètement que par une simple démarcation linéaire, les appétits de deux nations expansives. Dans cette définition, la zone neutre peut être imposée par un pays à un autre, comme garantie de la bonne volonté et de l'esprit de paix du pays le moins fort, qui fait alors à lui seul le sacrifice de toute la zone neutralisée. Et comme alors la constitution de cette zone est une condition d'un traité général, il arrive fréquemment qu'aucune nation n'ayant plus là de *droits* de souveraineté, l'*exercice* de cette souveraineté et le droit de police appartiennent à la nation qui a imposé la zone et qui en profite, sans avoir abandonné quoi que ce soit en vue de son installation.

De toutes façons, la zone neutre ne répond à aucun besoin ethnographique ou géographique ; elle surgit avec les nécessités politiques de l'heure, et elle disparaît avec elles ; sous la jalouse surveillance de la nation à qui cette barrière sanitaire rend service, la zone neutre est le sujet de contestations perpétuelles, et constitue tout à la fois la compensation naturelle de tout dommage subi ailleurs par la nation avantagée, et l'occasion toujours prête, pour cette nation, de soulever un litige, d'intervenir dans les affaires de sa voisine inférieure, et de continuer ainsi, au moment qu'elle juge le mieux lui convenir, son œuvre de conquête et d'assimilation.

* * *

Les traités concernant les zones de pénétration et d'influence commerciale semblent porter un préjudice moins direct à l'une des nations, mais fournir plus d'avantages immédiats à l'autre. Ce sont vraiment là les instruments qui conviennent aux nations fortes, commerciales et expansives. Ils ne portent ombrage ni à la puissance qui y consent, ni aux puissances qui y assistent, puisqu'ils ne confèrent aucun avantage politique, et ne changent rien au gouvernement et à l'administration du sol où ils s'établissent. Concessions de mines ou de travaux publics, abandons de monopoles ou de douanes, facilités de trafic et de transit, faculté d'acquérir le sol, construction de voies de communication : tels sont généralement les points sur lesquels portent de pareils accords. L'ouverture d'une région au commerce peut, a *priori*, servir à toutes les nations, d'autant mieux que les traités ne comportent généralement aucune restriction de personnes, publiques ou privées, concernant les libertés accordées. Mais l'ingérence de la nation avantagée, dans toutes les branches de l'industrie, amène forcément un jour une suzeraineté financière et morale, puis une suzeraineté administrative plus ou moins déguisée; c'est du moins ce que la nation avantagée escompte en concluant l'accord. De tels traités comportent parfois certaines concessions spéciales (constructions pour le compte du gouvernement autochtone, instruction de son armée, amélioration de sa flotte, perfectionnement de ses engins, nomination de nationaux étrangers à tels postes importants de l'administration, etc., etc.). C'est un pas rapide vers l'état de protectorat diplomatique. De plus, toutes ces concessions mettent en rapports fréquents — et par suite en occasion continue de litiges — les autochtones et les Européens, et chaque discussion est, pour ces derniers, un moyen de contrôler, de surveiller, de dominer et bientôt de supplanter l'administration indigène, sous prétexte de veiller à l'indépendance des nationaux établis.

Ces zones de pénétration et d'influence commerciale sont, avec leur apparence pacifique et légale, les moyens d'invasion les plus irrésistibles pour un peuple riche, commerçant, prolifique et colonisateur, qui estime à leur juste valeur les avantages pratiques obtenus tout d'abord, et sait y ajouter ensuite, à force de patience et de tact, des résultats diplomatiques et territoriaux.

*
* *

Tels sont les moyens récents dont les nations de l'Europe se servent aujourd'hui pour agrandir leurs domaines en Asie d'une manière très rapide et tout à fait hors de proportion avec leurs forces assimilatrices.

Jusqu'à ces derniers temps, l'Angleterre semble avoir, parmi les nations, le mieux compris le parti à tirer des applications de ces nouvelles théories diplomatiques(1). Les établissements commerciaux du centre de la Chine, créés sous le bénéfice de conventions successives, ont envahi peu à peu le riche bassin du Yang-Tse-Kiang, sur lequel un arrangement récent consacre définitivement sa supériorité. L'Angleterre ici ne recherche point de domination directe : elle veut des débouchés commerciaux, des stations industrielles, de négoce et de transit ; elle a, sur les artères fluviales du centre chinois, une flottille qui possède le monopole de la navigation intérieure ; sous l'appareil de l'administration chinoise, les Anglais sont les maîtres réels du pays, dont ils détiennent toutes les branches de commerce, et dont ils drainent à leur profit la richesse excessive. Outre que le fleuve Bleu forme le plus grand bassin de tout l'empire, la forme en arc de cercle du cours d'eau principal permet aux Anglais de pénétrer au cœur du continent, et de commander les communications et les échanges avec les provinces qui n'appartiennent pas à la région. Ils occupent là la meilleure place pour étendre peu à peu, sur la plus riche partie du Céleste-Empire, une prépondérance — pacifique il est vrai — qu'on songera d'autant moins à leur disputer que, avec un rare tact politique, ils ne portent aucun ombrage à la domination territoriale des susceptibles empereurs de Péking.

Les autres établissements de l'Angleterre en Chine sont des stations surtout militaires. Weihaïweï, si agilement

---

(1) Voir Chap. v, Documents diplomatiques, n°s LXVI-LXVIII, p. 265-267.

conquis, est à la fois un havre de guerre et un poste d'observation à l'entrée du golfe de Péking. Hong-Kong est un port d'attache et un arsenal, et aussi une station intermédiaire entre Singapore et le nord des mers de Chine. Mais Hong-Kong est surtout un entrepôt et un dépôt pour le commerce et le transit avec l'énorme ville de Canton, et ce caractère mi-guerrier mi-commercial s'est affirmé depuis que l'Angleterre est entrée en possession d'une bande de terre sur la terre cantonaise. La basse vallée du Sikiang est destinée aussi à tomber sous l'influence commerciale de la Grande-Bretagne.

Au sud, par l'extension à peu près indéfinie de ses frontières, la vice-royauté des Indes est devenue, pour le Céleste-Empire, une voisine presque agressive. Il est vrai que la délimitation commune entre le Thibet et l'ancien royaume de Delhi est, avec les glaces et les altitudes de l'Himalaya, une barrière plus infranchissable qu'un désert. Mais, par la vallée du Yarodzangbo, et surtout par la Birmanie, les Indes côtoient la Chine d'une façon bien envahissante. A la Birmanie du roi Thibau, devenue tout entière anglaise, les théories actuelles des hinterlands commerciaux et coloniaux donnent d'énormes prétentions, puisque cet hinterland va, à travers tout l'empire, retrouver le domaine commercial anglais de l'Yang-Tse-Kiang. Les États Shans, faisant partie intégrante de l'ancien Laos, et récemment tombés dans la sphère d'action anglaise, conduisent ses troupes des Indes sur le Mékhong lui-même, pressant les derniers « Xieng » chinois et menaçant les pays de domination française. Mais surtout, les clauses de la convention anglo-française de 1896, en laissant à la Grande-Bretagne une situation imprévue dans la presqu'île indo-chinoise, ont compromis l'indépendance et l'existence même du royaume de Siam. Ce dernier, privé de tous ses éléments de vitalité propre, rejeté, par la nécessité et par ses propres tendances, dans l'orbite de ses puissants voisins, tend inéluctablement vers un protectorat anglais ou français. La situation très supérieure de la Grande-Bretagne en ces parages, malgré les échanges de courtoises visites entre le roi de Siam et le gouverneur général de l'Indo-Chine française, dicte sa conduite et fait prévoir l'avenir. Et pendant que le roi de Siam cherche à éluder les conditions des traités, cependant assez nets, qui l'engagent envers le protectorat de l'Indo-Chine française, ce sont des soldats de la vice-royauté des Indes qui font la police dans les rues de Bangkok, et toutes les administrations du royaume sont aux mains de nationaux ou de protégés anglais.

La situation actuelle de la Grande-Bretagne en Chine peut donc se résumer ainsi : au nord, poste d'observation militaire et attitude expectante ; au centre, vaste région de prépondérance commerciale, et considérable extension de tous les négoces britanniques ; au sud, possessions territoriales importantes, rattachées à la vice-royauté des Indes, et travail d'assimilation et d'englobement des peuples et des principautés établies entre les limites de zones immenses et peu déterminées.

Le but auquel tendent ces trois sortes d'établissements est triple, et il est poursuivi avec une ténacité et une patience incroyables : au nord, maintien du *statu quo*, par l'arrêt des progrès de la Russie ; au centre de l'empire, main mise sur le bassin du Yangtze, établissement des communications entre la Birmanie et le haut Yangtze, et suprématie côtière continue ; au sud, protectorat ou annexion du royaume de Siam.

*
* *

La Russie étreint l'Extrême-Orient depuis la mer sibérienne jusqu'au Pamir. L'influence qu'elle exerce le long de cette immense frontière commune est une influence directe de puissance européenne ; elle ne perd rien de sa force et de sa valeur initiales, n'ayant à passer par aucun rouage de transmission ; c'est pour obtenir cette unité et cette rigidité de direction (bien plus que dans un but vague de colonisation commerciale ou ethnique) que le gouvernement russe a poussé, avec un merveilleux entêtement, ses lignes ferrées à travers la masse du continent asiatique. Par le transcaspien et le transsibérien, Saint-Pétersbourg est relié immédiatement aux postes russes dans la Mandchourie et dans le Turkestan chinois, et l'armée russe est une depuis les avant-postes dzoungares jusqu'aux dernières réserves métropolitaines. Là gît le secret de l'efficacité de l'action russe en Asie, qui possède les quatre caractères de l'action destinée au définitif triomphe : elle est définie, lente, progressive et continue.

Elle est définie par la situation géographique de l'empire ; l'établissement en Sibérie d'abord, dans le Turkestan ensuite, a imposé à la Russie sa politique en Extrême-Orient : il est « physiquement » impossible qu'elle ait d'autres vues que celles dont le Tsar poursuit aujourd'hui l'accomplissement. La nature et les expansions de races ont mis en présence la Russie et la Chine de la même façon que jadis l'art militaire des *imperatores* mettait les armées romaines en présence des hordes barbares : la Russie présente à la Chine la célèbre disposition du « front cornu, » c'est-à-dire que, pressant de tous points la ligne chinoise, la ligne russe déborde à droite et à gauche par des centres d'expansion et d'activité, l'un explorateur, conquérant et territorial (Pamir), l'autre, commercial et maritime (côte sibérienne du Pacifique). C'est à ces deux points d'expansion qu'aboutissent les deux grandes voies ferrées de la Caspienne et de la Sibérie ; et ils demeurent ainsi dans une activité continuelle et une vitalité grandissante. Il n'y a pas de bouleversement intérieur qui puisse changer les bases et les moyens d'une politique coloniale ainsi déterminée ; et la constance de vues nécessaire des souverains et des hommes d'État russes double la valeur des efforts appliqués toujours aux mêmes buts et dans un même sens.

L'action russe est lente, parce qu'elle s'applique en des points divers et sur des surfaces excessivement étendues ; elle n'a pas de rivale possible aux lieux de son application ; elle n'a donc pas à se préoccuper des mouvements expansifs d'un antagoniste plus ou moins déguisé : rien ne la presse que la volonté propre de son moteur initial ; elle peut donc prendre son temps et réaliser tous les avantages économiques, politiques et commerciaux d'une situation acquise, avant d'en conquérir une nouvelle. La domination et les lois de l'empire sont donc parfaitement établies et respectées dans les territoires nouveaux, au fur et à mesure de leur acquisition ; et, pour employer un néologisme significatif, on peut dire que toutes les bases d'opérations ayant en vue l'agrandissement du domaine impérial se prennent sur des pays « métropolisés, » et parfaitement et étroitement adhérents à l'empire. L'assimilation économique marche avec la conquête politique. Et c'est ainsi que cette lenteur dans l'action lui donne l'assurance d'une marche en avant sans déboires et sans surprises.

L'action russe est progressive, et c'est là une heureuse conséquence de ses qualités de stabilité et de lenteur ; elle ne peut pas subir de recul, précisément à cause de la patience et de la ténacité avec laquelle elle prépare, accomplit et perfectionne les incorporations successives qu'elle procure à l'empire ; sa sagesse lui interdit les conquêtes hâtives ; sa constance lui interdit les acquisitions aléatoires et temporaires ; l'entrée immédiate des nouveaux territoires dans l'ensemble impérial empêche tout recul, tout échec, tout mouvement rétrograde, lequel serait une atteinte directe à cet ensemble et à la métropole. La Russie jouit donc vis-à-vis des peuples qu'elle a soumis, et de ceux qu'elle soumettra, d'une réputation d'infaillibilité et d'invincibilité, que justifient les événements successifs, et qui rend faciles les tâches les plus audacieuses et les plus délicates. Les développements de cette politique découlent normalement et logiquement les uns des autres ; bien mieux, le précédent engendre infailliblement le suivant, à tel point que chaque expansion nouvelle est attendue et exploitée à l'avance, tant par ceux qui s'y résignent que par ceux qui en profitent. Et chaque jour ne fait que rendre plus inévitable et plus naturelle aux yeux de tout l'univers la succession de ces agrandissements, aussitôt légitimés qu'effectués.

Enfin, l'action russe est continue, et c'est, pour la Russie elle-même et vis-à-vis des autres puissances, le plus précieux des avantages. Tandis que les autres nations colonisatrices sont contraintes d'attendre une bonne occasion, ou d'en provoquer une spécieuse, tandis que la valeur et la durée de leur action sont subordonnées à la naissance et à la prolongation de véritables hasards politiques, la Russie tient en main, par le fait de sa position, le prétexte toujours prêt et éternel de son action et de son intervention; elle en use quand elle veut, aussi longtemps qu'elle le veut, seule juge de l'opportunité de sa marche en avant ou de son arrêt. Aussi son expansion n'a pas lieu par secousses successives et éclatantes, avec l'envieuse neutralité de tout l'univers prévenu : l'effort commencé depuis bientôt un siècle se poursuit perpétuellement et silencieusement, sans témoins, sans publicité, sans expéditions militaires ; et c'est la continuité de ces efforts muets, mais acharnés, auxquels rien ni personne ne saurait s'opposer, qui constitue ces grands avantages de prépondérance et de suprématie, travail fécond dont s'étonnent les peuples bruyants et hâtifs.

*
* *

L'expansion de l'Allemagne en Chine — qui a tout à la fois un but commercial et territorial — est bien moins un besoin de la politique et de la nation allemandes qu'une idée personnelle de l'empereur Guillaume II. La réalisation de cette idée a été poussée avec la rapidité, l'imprévu et le dédain des usages conventionnels, qui marquent, à l'intérieur comme à l'extérieur, les manifestations particulières de ce souverain. L'Allemagne est un pays assez puissant en Europe pour qu'aucune extension extra-européenne augmente en quelque chose sa force et sa réputation ; elle possède moralement, dans les Amériques, de très suffisants exutoires pour l'émigration de sa surabondance de population. Ses négociants, très avisés, très audacieux et en même temps très capables d'assimiler leurs productions aux désirs des consommateurs les plus variés, n'ont pas du tout besoin, pour réussir, de l'ombre de l'étendard allemand. L'ambition de faire monter l'Empire au rang d'une puissance coloniale de premier ordre vient d'une initiative auguste, à laquelle rien ne peut résister, mais que rien n'a conduite que le souci de la gloire nationale.

L'établissement violent de l'Allemagne en Chine, à la suite d'événements secondaires qui ne rendaient en rien nécessaire une telle solution, ajoute un nouveau facteur à tous ceux qui influent déjà sur la politique internationale en Extrême-Orient. Mais la position de cet établissement, à un angle désolé du Shantung, la puissance insuffisante de la flotte impériale, l'inutilité flagrante de ces efforts politiques pour la réussite des projets commerciaux des sujets de l'Empereur, font que ce n'est pas sur la valeur matérielle de la colonie, ni sur les intérêts, même exagérés à dessein, de l'Allemagne en Chine, qu'il faut évaluer l'influence que cette puissance possède déjà et doit acquérir encore dans les affaires des Jaunes ; cette influence ne doit s'évaluer que sur la force de volonté du souverain et sur la puissance intrinsèque de la métropole allemande dans l'univers.

Mais l'ingérence inattendue de l'Allemagne, couvrant ses ambitieux projets sous la réclamation de simples immunités commerciales, a réveillé les autres puissances, qui, pourvues d'avantages politiques, étaient endormies dans une expectative satisfaite. Pour ne pas être taxées de visées trop ambitieuses, les puissances, ayant fait mauvais accueil au coup de force de Kiaotcheou, s'en tinrent à des conventions commerciales, et ne réclamèrent de territoires et de juridictions politiques qu'à titre de compensations d'avantages analogues concédés à d'autres gouvernements. Le prétexte commercial étant mis en avant, l'Europe avait alors tout droit à s'inquiéter des voies de communications du Céleste-Empire, réduites en 1890, comme aux temps antiques, aux rivières canalisées et à la traction sur route par bêtes de somme. On s'ingénia à prouver à la Chine tout l'intérêt qu'elle aurait à adopter des moyens plus rapides. Et celle-ci dut se laisser convaincre, et signer des traités pour l'étude et l'ouverture des voies ferrées à l'intérieur de l'Empire. Personne, ni les signataires, ni les spectateurs, ne se laisse duper par de si beaux dehors ; c'est par les ingénieurs qu'on commence, c'est par les administrateurs qu'on finit. Et toute la région, commercialement acquise, est une région dont l'indépendance est en péril. Quoi qu'il en soit, l'intervention de l'Allemagne a inauguré en Chine ce qu'on est convenu d'appeler « l'âge des chemins de fer, » et son action future en sera toute caractérisée. L'évidente insuffisance, vu ses desseins, de sa station de Kiaotcheou l'engagera certainement à occuper des points plus habilement déterminés. Mais, et en tout cas, tant dans le Shang-tung même que dans toute la région comprise entre le Yantsekiang et la Chine du nord, c'est bien plutôt le négociant que le soldat allemand que l'on cherche à introduire, et qui finira par prédominer.

*
* *

On ne peut penser que, pour le moment du moins, d'autres puissances aient le moyen d'élever utilement la voix en Extrême-Orient.

Le Japon, vainqueur, n'est pas encore guéri de sa victoire. Évincé peu à peu de tous ses avantages, il n'a gardé de ses frivoles conquêtes que les Pescadores, qu'il ne peut parvenir à fortifier, et que Formose, dont il n'arrive pas à réduire les triomphantes révoltes. Grâce aux récentes réformes et augmentations de son armée et de sa marine, le Japon fait actuellement quelque figure, et la Grande-Bretagne songe parfois à l'opposer à la Russie dans le nord du continent. Mais, si fort qu'il se croie, le Japon ne peut guère triompher que de ses congénères, et sa situation actuelle est tout à fait disproportionnée avec ses forces et avec son mérite. S'il ne faut pas le déprécier, il faut moins encore exagérer sa valeur, et il faut surtout se rappeler que, si le Japon, contre toutes prévisions, parvient à maintenir son appareil de puissance, il l'emploiera tout entière, non pas au services de telles ou telles ambitions européennes, mais au relèvement — et à la prépondérance en Extrême-Orient — de la race jaune, à la tête de laquelle son activité l'aura placé.

Les États-Unis, ainsi que nous l'avons déjà indiqué, ont trouvé, dans les Philippines, un labeur absorbant pour un quart de siècle, et n'auront pas trop de tous leurs soins en Extrême-Orient pour faire passer cette conquête militaire et diplomatique à l'état de possession réelle. Les citoyens de l'Union n'ont pas, d'ailleurs, de grands intérêts engagés chez les peuples de race jaune ; évidemment on peut prévoir que la position que prendra plus tard le gouvernement de Washington sera hostile au développement de la race et de la puissance chinoises ; car les embarras que l'émigration jaune a causés et cause encore en Californie et dans les États de l'ouest seront longtemps présents à l'esprit des Américains. Mais l'heure n'est pas venue pour eux de soutenir efficacement leurs sympathies et leurs antipathies, et ils n'ont pas encore voix au concert ni droit au partage. Il semble probable que, malgré la bienveillance évidente de la Grande-Bretagne pour les Anglo-Saxons de l'autre côté de l'Atlantique, les prétentions que les États-Unis pourraient avoir d'exercer une action sur les affaires de Chine seraient mal accueillies par les puissances de ce concert européen, qui a déjà tant de peine à se mettre d'accord.

Quant à l'Italie, la dernière puissance européenne qui eut, en ces temps derniers, des velléités d'expansion coloniale, il ne paraît pas que sa tentative d'annexion de la baie de San-mun soit de nature à l'engager en de nouvelles expéditions en Extrême-Orient.

§ 3. — Notre politique nationale en Chine.

La politique intérieure et extérieure de la dynastie mandchoue est une politique de conservation et d'inertie outrancières. Comme tous les peuples de civilisations très vieilles, la Chine en est aujourd'hui à ce point qu'elle doit changer les rouages qui donnent de la vitalité à sa personnalité publique, si elle veut que cette personnalité résiste à la fois aux troubles internes et aux ambitions extérieures.

Non pas seulement la dynastie, mais la race chinoise sentent parfaitement les dangers actuels de cette majestueuse immobilité qui fut, durant des siècles, la seule règle de conduite des Fils du Ciel. Pour vivre, la Chine doit changer ; elle doit progresser, si elle ne veut point disparaître. Telle est la fatalité qui s'attache à son avenir, et le bornera peut-être de la façon la plus imprévue.

Or, ces changements profonds, ces révolutions de traditions et de lois, que les dynasties les mieux assises n'entreprennent jamais sans frémir, la dynastie mandchoue se refuse à seulement y songer. Elle n'a pas de racines dans le peuple, elle n'est pas entourée d'affections, elle n'est pas « nationale » ni « ethnique. » Ce sont des étrangers, au fond, qui ne se tiennent en équilibre que par l'habitude. Vienne un changement, ils sont à bas, et la première réforme sera de leur enlever leur puissance et leur trône. Donc, la dynastie mandchoue est opposée, par intérêt et par naissance, à toute amélioration en Chine. Elle est toute prête à chercher, chez les puissances, l'appui qui lui fait défaut au dedans, pour consolider une situation ébranlée. Elle consent, en échange de cet appui, à tous les sacrifices, matériels ou moraux, qui ne diminueront pas sa « face, » et qui ne porteront pas atteinte à ce « statu quo, » qui est son dernier palladium. Les Chinois du Nord suivent la dynastie dans ses vues et dans ses complaisances.

La race chinoise du sud — qui est la race pure et sans mélange — n'a pas si patiemment supporté cette domination mandchoue, que, aujourd'hui encore, elle appelle une usurpation. Depuis quatre-vingts ans, presque sans interruption, au nom des anciennes dynasties déchues et peut-être éteintes, le Sud fomente contre Péking des révolutions auxquelles il manque bien peu de chose pour triompher.

La race chinoise du Sud est entourée d'ennemis dangereux, ou de faux amis plus dangereux encore. C'est sur elle, et autour des territoires qu'elle occupe, que porte tout l'effort des puissances européennes, et toutes les ingérences blanches, diplomatiques, violentes ou commerciales. Elle connaît l'étranger et le hait ; elle connaît ses desseins et les repousse. Et, pour se trouver un jour à même d'arrêter les progrès des Européens, et même pour se débarrasser d'eux, la race chinoise prône les réformes, suscite et soutient les réformateurs. Et, à l'encontre du souverain, les Européens ne peuvent attendre d'elle que les avantages de négoce ou de pénétration, ou d'entreprises, compatibles avec ces réformes et ces progrès qu'elle veut à tout prix réaliser.

L'histoire de ces dernières années corrobore ce qui précède. Pendant que le Japon entamait contre Péking une guerre dynastique, la race chinoise voyait en lui, non seulement le vainqueur d'une race usurpatrice, mais aussi l'initiateur aux progrès si longtemps attendus. Et la conduite du sud de l'Empire, dans la guerre sino-japonaise, démontra bien la sympathie qu'on portait aux envahisseurs.

Une autre preuve surabondante est dans la dernière révolution de palais qui secoua si fortement la cour de Péking. Le réformateur Kang-Yu était un Cantonais, descendant de ces fameux Taïping qui créèrent jadis l'empire du Dragon-Rouge à Nanking, et mirent les Mandchoux à deux pas de leur ruine. Le jeune empereur Quang-dzu, qui l'appela près de lui, était certes partisan des réformes ;

mais il s'aperçut que le programme comportait, entre les lignes, la perte de son trône; et c'est pour cela qu'il hésita à faire appuyer Kang-Yu par les contingents mongols et mandchoux du Petchili.

L'impératrice douairière, qui reprit les rênes du gouvernement, et exila son neveu en de somptueux palais, parmi des oiseaux et des femmes, reprit la politique mandchoue, avec le conseil de Li-hung-Chang, vieux diplomate rusé et immobile, chinois du nord créé par la dynastie et voué à elle, et partisan d'un éternel *statu quo*.

Les Chinois du nord ont pour eux la Russie, qui ne vise rien moins qu'à leur faire accepter sa protection tutélaire, et qui, limitrophe de la région et de la race mandchoues, a tout intérêt à conserver à cette dernière le trône de Péking.

La Grande-Bretagne, au contraire, dont les intérêts principaux et les points d'appui sont au sud, soutient le parti des réformateurs, par antagonisme avec la Russie d'abord, et ensuite parce que le *parti jeune Chinois* n'admet pas ces sacrifices territoriaux que toutes les puissances pourraient obtenir, mais consent ces arrangements commerciaux et d'influence, dont la Grande-Bretagne est seule à savoir et à pouvoir profiter.

Les États-Unis et le Japon semblent devoir participer aux vues de la Grande-Bretagne ; l'Allemagne paraît devoir être indifférente et trouver son intérêt tantôt d'un côté, tantôt de l'autre, malgré que, à l'occasion du voyage de Guillaume II en Angleterre, le bruit ait couru, persistant, d'une entente anglo-germano-américaine dans les affaires d'Extrême-Orient.

Le parti le plus avantageux à suivre pour la France ne

semble pas bien difficile à déterminer, et la pratique paraît devoir être infiniment plus délicate que la théorie.

* * *

Le premier intérêt, très net et très évident, de la France est de conserver d'excellentes relations avec les Chinois limitrophes de son empire asiatique ; nos frontières tonkinoises sont en effet déterminées de telle sorte qu'elles ne seront pacifiques qu'avec l'agrément et l'aide amicale des gens qui sont de l'autre côté, c'est-à-dire des vice-rois et des mandarins des deux Quangs. Ce n'est pas de Péking, c'est d'eux-mêmes que nous pouvons obtenir cette aide amicale. Car il y a longtemps que la cour de Péking évite de peser sur les décisions locales des vice-rois du sud. C'est pour avoir ignoré cette vérité que le haut Tonkin fut si longtemps un repaire de pirates et un champ de discordes. Le général Galliéni, quand il commanda le 1er territoire militaire tonkinois, s'aperçut de nos erreurs passées, les rectifia, obtint sans effusion de sang une pacification réputée impossible, et donna ainsi la mesure de ce qu'on était en droit d'attendre de lui et de son génie colonisateur et administratif (1).

Il faut donc nous garder soigneusement de contrecarrer directement les aspirations du jeune parti chinois et des mandarins des provinces méridionales de l'Empire.

Toutefois il importe, davantage encore peut-être, de ne pas les encourager et les suivre dans leur enthousiasme un peu subversif pour des réformes totales et révolution-

---

(1) *En territoire militaire*, par M. de Grandmaison, chez Plon, éditeur.

naires. En effet, nous avons encore droit à espérer quelques agrandissements de territoires (plateau de Tulong, districts d'Ibang, région des Mantzé, île d'Haïnan, etc.). Nous ne les obtiendrions pas du jeune parti chinois, qui tient à l'intégrité de son sol, surtout dans le sud ; nous pourrons les obtenir des Mandchoux, à qui ces enclaves méridionales ne tiennent pas directement au cœur, et qui sentent avoir besoin de nos services et de notre bienveillance. De plus, qui sait de quel cataclysme pourrait être accompagnée l'accession au pouvoir du parti national chinois ? Qui sait quelles ambitions ferait naître, quelles violences pourrait provoquer la chute de la dynastie impériale actuelle ? En l'état présent des choses, tout est à prévoir et à redouter. Or, nous n'avons pas, au démembrement, même partiel, de la Chine, le même intérêt que l'Angleterre, le Japon, ou occasionnellement l'Allemagne. La France est capable aujourd'hui de profiter des concessions et des embarras de l'Empereur ; elle n'est pas prête à partager l'empire. Le Protectorat de l'Indo-Chine se suffit à peine à lui-même : le Tonkin et l'Annam sont seulement à leur naissance industrielle et commerciale ; le Laos est encore à l'état de nature ; nous n'avons pas le temps de répondre aux risibles provocations de cet exigu royaume de Siam ; nous n'avons ni les bonnes volontés, ni les capitaux nécessaires pour faire fructifier, dans les deux Quangs et au Yun-Nan, les avantages reconnus à nous par les plus récents traités. C'est à peine si nous parvenons à « étaler. » Il nous serait donc impossible de nous agrandir ; et, conscientes de notre situation, les autres nations ne nous laisseraient pas nous agrandir. Nous serions évincés d'un partage de la Chine ; nous ne devons donc pas permettre actuellement que la Chine soit partagée. Nous devons donc soutenir la dynastie des Tshing et le parti des Chinois du nord. Mais nous devons nous faire payer cet appui, en faisant connaître au Tsong-li-Yamen que peut-être, en soutenant les Chinois du sud, nous gagnerions la tranquillité immédiate et définitive de nos frontières tonkinoises. Le paiement est facilement exécutable par la cession successive des territoires mentionnés plus haut.

Cependant, tout en soutenant la dynastie Tshing, nous devons nous souvenir qu'elle n'est pas éternelle, et que l'État chinois est précaire. Quand la Russie aura étendu sa protection sur la Chine mandchoue, la Chine du sud, la Chine chinoise deviendra le cœur de l'Empire, et décidera de sa politique et de ses destinées. Ce jour, nous aurons un voisin déterminé, conscient de lui-même, et nous n'aurons plus l'appoint de la Russie, satisfaite et dès lors indifférente. En soutenant les Tshing, nous devons mettre à notre appui la réserve nécessaire pour ne pas nous créer, dans l'avenir, des embarras après leur chute. Nous avons donc à louvoyer entre deux écueils dangereux : nous aliéner aujourd'hui l'Empereur, nous aliéner demain la race ; nous ne devons perdre la bienveillance ni de la dynastie, ni des Chinois. Nous devons, en deux mots, profiter du *statu quo*, et ne rien faire qui puisse le troubler ; mais nous ne devons pas nous compromettre pour le maintenir.

***

Forts de l'alliance russe, sur ce nouveau terrain, et cela d'autant que nous y serons entrés dans ses vues ; forts de l'assentiment silencieux de l'Allemagne ; forts de la bienveillante sympathie de la dynastie chinoise, et des sentiments pacifiques de la Chine sur notre immense frontière ; forts (ajouterons-nous aujourd'hui) de la neutralité que le Japon réservera à tous les alliés de la Chine, son amie secrète depuis le mariage morganatique de 1899, nous pouvons, sans crainte et sans réserve, lâcher bride à l'expansivité des peuples indo-chinois que nous protégeons, et la favoriser par tous les moyens politiques, commerciaux et financiers. Nous avons, jusqu'à présent, manqué complètement à ce devoir; nous avons gaspillé cette force, nous avons laissé rouiller, nous avons peut-être brisé ce merveilleux outil naturel, que l'esprit et les traditions de la race avaient mis entre nos mains ; nous avons craint de recevoir ainsi des avantages sans notre permission, et en dehors des formes administratives, si chères aux bureaux métropolitains ; et, pour nous éviter la peine de diriger ce mouvement, nous l'avons brusquement supprimé. Qu'on écoute la voix autorisée d'un esprit libéral, M. Blanchy, président du conseil colonial de Cochinchine :

« Au lieu de faciliter l'infiltration de la race annamite,
« suivant ses traditions séculaires, nos ordonnances
« dénotent la ferme volonté d'enrayer ce mouvement paci-
« fique qui, sans luttes, sans efforts, aurait étendu l'in
« fluence de la France... Etrange politique que la nôtre,
« en vérité! Notre Cambodge est enserré entre deux
« peuples : l'un, le Siamois, notre ennemi, s'est agrandi
« par la violence, a démembré notre protégé de ses deux
« plus belles provinces, et accapare sous nos yeux les ter-
« ritoires qui appartiennent à notre sphère d'influence;

« l'autre, l'Annamite, a essaimé sa race au-delà de ses
« frontières, et ne demande qu'à suivre, sous notre con-
« trôle bienveillant, la loi de ses origines. Indifférente aux
« empiétements du premier, la France ne se rappelle son
« rôle de protecteur que contre le second, qui est cepen-
« dant l'instrument le plus admirable de notre expansion
« en Indo-Chine. »

Jamais réquisitoire plus éloquent, plus juste, plus autorisé n'a été prononcé contre les préjugés traditionnels du quai d'Orsay et du pavillon de Flore. Par le traité, si incomplet, boiteux et insuffisant soit-il, du 3 octobre 1893, le Gouvernement français avait donné à ces demandes un commencement de satisfaction. En accordant notre protection aux nationaux annamites et cambodgiens hors des frontières du protectorat, en leur assurant l'exercice de notre justice consulaire sur le territoire de Siam, nous formions de véritables colonies françaises sur un sol encore étranger, mais dont la nationalité eût été facilement changée dans l'avenir. Nous avons rapidement abandonné ces avantages, et nous avons de nouveau livré, à la tyrannie fantasque et acrimonieuse des souverains siamois, ceux qui, sur la foi des textes les plus clairs, attendaient de nous, d'abord la justice, et ensuite la délivrance. On prétend que nous avons ainsi cédé aux représentations du tsar Nicolas, personnel ami du roi de Siam. Alors même que cela serait, et je ne le crois pas, nous n'en aurions pas moins commis une lourde faute.

Notre politique doit donc ici changer intégralement de front, pour obéir aux tendances nationales de l'Indo-Chine, et pour remplir les obligations de nos contrats.

Nous devons, tout d'abord, entrer en immédiate possession des territoires habités exclusivement par nos protégés, et sur lesquels d'anciens traités — que la brutale force des choses n'a pu annihiler — nous donnent d'incontestables droits. Nous voulons parler des régions d'Angkor et de Battambang. Nous devons rendre définitif notre établissement à Chantaboun, d'après le texte même qui nous le concède sous certaines conditions qui n'ont pas été observées. Nous devons prendre notre entière liberté d'action sur tout le bassin du Mékhong, que l'accord du 15 janvier 1896 réserve à notre unique influence ; nous devons enfin reprendre nos droits de protection et de justice sur tous nos nationaux, en quelque point de la presqu'île indo-chinoise qu'ils soient établis. Nous ne ferions ainsi que profiter d'avantages qui nous ont été régulièrement et publiquement concédés.

Ceci fait, nous avons à favoriser de toutes façons l'expansion de la race, et l'installation, hors de nos frontières, de colonies émigrantes indigènes. Et pour la même raison par laquelle, tout à l'heure, j'établissais qu'il eût été bon que nos frontières politiques demeurassent vagues, j'estime qu'il faut que nos frontières commerciales soient nulles, sinon pour tous les peuples, au moins pour nos nationaux et protégés, trafiquant de l'intérieur à l'extérieur de l'Empire, et *vice versa ;* il nous faut, à l'entrée comme à la sortie, abaisser les barrières fiscales et jeter à bas le tarif général douanier. Il nous faut surtout protéger efficacement nos colonies à l'étranger ; il faut, suivant la coutume asiatique, que ces centres annamites et cambodgiens, établis au Siam et au Laos, au lieu d'être victimes de vexations continuelles, soient à l'abri sous nos lois, justiciables de nos juges et par notre justice ;

qu'ils forment, sous notre contrôle bienveillant, des congrégations où se perpétueront et s'éterniseront les traditions et les mœurs de la mère patrie ; il faut que ces congrégations aient des écoles, où soit enseignée la langue maternelle, dans les livres sacrés des Sages et des philosophes nationaux. Et un jour, sans effort, sans secousse, chez ces indigènes convenablement préparés, devenus nôtres par tant d'attaches, devenus les véritables habitants, propriétaires et cultivateurs de la terre, se créerait le mouvement instinctif et irrésistible, grâce auquel s'introduiraient les rouages administratifs de l'Annam, et se produirait le rattachement du sol au Protectorat.

Dès aujourd'hui, si l'on consulte les statistiques ethnographiques, un tel mouvement nous conduirait jusqu'à Korat, en plein cœur du Siam, et ne s'arrêterait que lorsque nous nous serions assimilé la presqu'île tout entière, que Francis Garnier nous souhaitait, et qui nous est due.

*
* *

Voici donc aujourd'hui posée, avec les plus redoutables inconnues, cette question d'Extrême-Orient, pour la solution de laquelle nos cerveaux sont plus mal préparés que nos cœurs et nos bras. On vient de voir combien une neutralité bienveillante, combien même une alliance plus effective avec la Chine pourrait nous procurer d'avantages. Mais cette alliance n'a tout son effet que si elle entraine d'autres alliances entre diverses puissances européennes, si elle parvient à constituer définitivement, entre l'Allemagne, la France et la Russie, cette Triplice extrême-orientale, qui exista une fois temporairement déjà, et qui éclaircit, à notre avantage, une situation déjà bien obscure.

Nous savons bien quelles répugnances sentimentales une telle combinaison soulève en notre pays. Nous savons aussi quel discrédit s'attachera tout d'abord aux avocats, désintéressés pourtant, d'une cause si ingrate. Il n'est cependant pas possible ni raisonnable de la rejeter sans examen.

Dût cet accord si désirable devenir général, c'est-à-dire s'étendre hors de l'Extrême-Orient, que pourrait-il changer, hélas! à nos espoirs ou à nos résignations? quel est aujourd'hui le Français assez abusé pour croire pouvoir reprendre de force, avec la neutralité complice de l'Europe, les provinces annexées en 1870? et l'idée de cette revanche future, qui fit battre le cœur d'une génération tout entière, est-elle à présent autre chose que l'expression d'un regret toujours entêté et cuisant, mais idéal? Certes, le peuple français, quoique diminué dans sa masse, en regard des autres nations, est toujours une mine inépuisable de courages et de soldats. Mais on ne peut demander à ce parlementarisme, qui n'a pas su conserver Fachoda, de reconquérir l'Alsace-Lorraine. Et la vieille formule de Gambetta est retournée à notre détriment : jadis personne n'en parlait, tout le monde y croyait. Aujourd'hui tout le monde en parle, personne n'y croit plus.

Je ne veux pas dire qu'un jour l'Alsace-Lorraine ne redeviendra pas française ; mais ce sera en vertu d'un pacte amical et d'un consensus réciproque. Qu'on ne dise point la chose impossible. L'ouverture de la succession de l'empereur d'Autriche et les visées du pangermanisme à cette occasion feront changer de maître d'assez immenses territoires pour que l'Alsace-Lorraine puisse sembler à Guillaume II la récompense naturelle de notre silence en un tel moment. Mais, dans cette hypothèse, la seule plausible qui nous reste, les bonnes dispositions de l'empereur allemand à notre endroit ne seraient pas choses négligeables. Et une entente, conclue depuis quelque temps déjà en Extrême-Orient, et ayant produit quelques résultats, pourrait devenir un garant important d'une autre entente, plus importante, sur des questions plus délicates et vitales.

Mais il n'est pas du tout nécessaire — et l'histoire des puissances colonisatrices le démontre surabondamment — que les accords diplomatiques s'étendent au-delà des objets spéciaux en vue desquels ils ont été conclus. Et l'entente avec l'Allemagne dans la question d'Extrême-Orient peut et doit demeurer locale, et laisser à notre politique métropolitaine son indépendance et les espoirs qui lui sont chers.

L'Angleterre, sur mer et dans les colonies, et spécialement en Chine, nous est une rivale autrement tenace et dangereuse que l'Allemagne sur le Rhin et dans les Vosges. Et l'alliance russe, qui nous protège immédiatement en Europe, nous est d'un secours insuffisant, quoique évident, en Asie. Il importe de la renforcer, et on n'y voit pas d'autre moyen que celui plus haut proposé. Ne serons-nous donc pas assez raisonnables un jour pour reconnaître que, avec les tempéraments qu'on y mettra, cette entente servira tous nos intérêts, et ne blessera même pas notre amour-propre ? En tout cas, il faut habituer la France à ce projet, et à l'espoir qu'elle arrivera à le réaliser de plein gré et en toute liberté, avant que les circonstances ne l'y contraignent, avec, bien entendu, moins de dignité et moins d'avantages.

Cette Triplice — je l'ai indiqué plus haut et n'y reviendrai plus — est sûre, non pas de l'alliance, mais de la neutralité du Japon, tant qu'elle garantira, comme elle l'a fait par le passé, l'*intégrité apparente* du Céleste-Empire. Le Japon ne travaille que pour lui-même et pour la race à laquelle il appartient ; et les nations européennes, l'Angleterre elle-même, ont trouvé là leur maitre en ruses et en égoïsme. Or, après les efforts gigantesques des dernières années, le Japon possède une flotte et une armée d'une valeur appréciable. La Russie ne jugera pas indifférent de savoir les côtes sibériennes et chinoises à l'abri d'une diversion navale japonaise ; et la France se réjouira de sentir le Tonkin et l'Annam préservés d'un débarquement subit de troupes mikadonales, qu'y amèneraient vite et si volontiers les bateaux anglais.

*
* *

Sur ce lointain théâtre d'une action diplomatique ou militaire, nous retrouvons, toujours acharnée, l'ennemie irréconciliable et héréditaire, qui n'a abandonné sa haine et ses projets hostiles à aucune époque de notre histoire. Aujourd'hui plus que jamais, et en Extrême-Orient plus peut-être qu'ailleurs — et tout autant au moins qu'en Afrique — l'Angleterre poursuit notre éviction avec cette ténacité qui est sa plus grande vertu et sa force principale. Nous gênons le développement normal de la vice-royauté des Indes ; car, bien que cette vice-royauté nous ait, au mépris de la lettre et de l'esprit des traités, ravi la

Birmanie et les États Shans, elle ne peut se consoler de n'être pas arrivée avant nous sur le Mékhong et sur le fleuve Rouge. Nous gênons l'extension de Hong-Kong sur les côtes cantonaises ; nous gênons l'accaparement rêvé de tout le bassin du Yang-tse-Kiang ; nous gênons la tache d'huile que l'hinterland birman devait faire dans le Yun-Nan ; nous gênons le négoce et l'industrie des Anglais en ce que nous avons obtenu des concessions de chemins de fer dans l'intérieur ; enfin, nous gênons la politique anglaise à Péking à cause de notre entente étroite avec la Russie.

Voilà ce que maintes fois la Grande-Bretagne nous a donné brutalement à entendre, sans que nous ayons osé hasarder la moindre observation. Mais il faut retenir cette longue liste de griefs, parce que nous serons dès lors convaincus que jamais nous ne pourrons nous entendre avec l'Angleterre en Extrême-Orient, à moins de lui abandonner intégralement tous nos droits, et peut-être même tous les territoires acquis, ce qui n'est le rêve que d'un très petit nombre de Français faisant partie de l'Entente Cordiale avec l'Angleterre (M. de Lanessan, président). — Il nous faut donc être prêts, soit à déjouer ses calculs, soit à mettre à jour ses duplicités, soit à repousser ses intrigues et ses coups de force, soit même à lui résister dans une guerre, à la fois maritime et continentale.

Cette perspective qui, depuis soixante ans, a épouvanté les gouvernements de la France, au point qu'ils s'inclinèrent toujours devant les pires exigences de notre rivale, cette perspective n'est plus faite pour effrayer les Français du commencement du xxe siècle, non plus qu'aucune autre grande puissance du monde. Certes, la puissance maritime anglaise est la première encore de l'univers, mais elle n'est pas d'une supériorité aussi écrasante qu'on se l'imagine; avec leur science du *bluff*, les Anglais ont berné l'Europe d'une crainte exagérée et d'une croyance absolue en leur toute puissance, et ils en sont venus à se prendre eux-mêmes à leur *bluff*.

Nous n'avons pas ici le moyen de remettre à leur chiffre exact le nombre des unités de combat de la flotte anglaise, ni d'estimer, par la détermination de leurs bouches à feu, leur valeur destructive. On trouvera ces calculs dans les livres spéciaux, et notamment, par la plume autorisée d'un inspecteur général d'artillerie de marine, dans la *Nouvelle Revue* du 15 janvier 1898. — Mais si la puissance maritime anglaise est si forte, ce n'est qu'un motif de plus d'armer nos colonies en soldats, en artillerie et en points de défense, de telle sorte qu'elles puissent supporter, chacune et séparément, l'effort d'une attaque navale et d'une diversion par terre.

Mais, si la puissance maritime anglaise est à redouter, sa puissance militaire est au-dessous de toutes les estimations, même les moindres, qu'on en a pu faire. Victorieuse des Égyptiens (peuple barbare au point de vue stratégique), quatorze années seulement après un désastre primordial, battue en 1881, dans l'Afrique australe, conquérante médiocre de la Birmanie — où l'hégémonie anglaise est chaque jour encore discutée — dominatrice insuffisante des Indes, où bout toujours quelque ferment de révolte, vaincue en Afghanistan de la façon la plus éclatante, l'armée anglaise vient de donner, en combattant, pour la première fois depuis 1815, un peuple de race blanche (1), des preuves irréfutables de son insuffisance et de son impéritie. Avec un effectif supérieur, des généraux renommés, les meilleurs soldats du Royaume-Uni, une artillerie de tout premier ordre, une poudre nouvelle, avec les derniers raffinements et perfectionnements dans l'armement, les transports, les services d'électricité et d'aérostation, l'armée anglaise a couru de revers en revers vis-à-vis un peuple sans armée, sans éducation technique, levé pour l'indépendance, depuis l'adolescent jusqu'au vieillard. Et, à l'heure où ces lignes s'écrivent, un grand souffle d'indépendance court l'Afrique australe, comme il courait, il y a cent ans, dans l'Amérique du nord ; et il semble qu'aux frontières des deux Républiques du Sud se creuse le tombeau où va s'engloutir, avec la gloire du plus long règne du xixe siècle, la légende, détruite enfin, de l'hégémonie anglaise universelle.

Telle est aujourd'hui la façade pompeuse, mais vacillante, de ce colosse énorme, mais sans structure intérieure et sans solidité ; voilà ces pieds d'argile, que tant de nos hommes politiques étreignent de leurs bras suppliants. Que si nous ne profitons pas de l'occasion boër, nous sachions du moins, au cas d'un Fachoda nouveau, apprécier mieux nos adversaires et nous-mêmes ; et que sur la réalité des choses, et non pas sur des légendes trompeuses et terrifiantes, nous établissions désormais notre conduite, nos revendications, et la juste défense de nos droits, lésés longtemps et impunément par le plus hautain et le moins qualifié de nos adversaires.

---

(1) Nous omettons volontairement la guerre de Crimée, où les Anglais regardaient les Français vaincre.

On l'a vu : si notre diplomatie retourné à ses anciennes et énergiques traditions, l'Angleterre n'aurait à compter que sur les États-Unis d'Amérique. Mais cet appui serait un leurre pour quiconque y étaierait ses résolutions. La froideur du président Mac-Kinley, la réponse non dilatoire du peuple américain aux avances récentes de M. Chamberlain sont un sûr garant que les politiques américains se rappelleraient, en temps opportun, ce principe héréditaire : qu'il ne faut pas s'embarrasser d'alliances, et qu'ils sauraient y conformer leur conduite au mieux de leurs intérêts matériels.

CONCLUSION

Résumons-nous en deux mots rapides.

L'étude de l'histoire — qui toujours se recommence — et de la diplomatie — qui est une série logique de raisonnements pratiques sur les faits de l'histoire — nous a seule amenés, en dehors de tout autre point de vue ou de sentimentalité, à la détermination de notre politique active en Extrême-Orient. Elle comporte une entente complète avec la Russie, une bienveillante sympathie pour la Chine, un soutien raisonné pour la dynastie des Tshing, des ménagements pour la race chinoise, une conduite très ferme, amicale ou rigide, suivant les circonstances, avec les petits royaumes asiatiques limitrophes, une neutralité absolue, avec aide réciproque en des points spéciaux, vis-à-vis de l'Allemagne ; une conduite nette, sans faiblesse et compromission aucune, vis-à-vis de l'Angleterre. Nous avons démontré que cette politique satisfaisait à la fois notre système actuel d'alliances européennes, le sentiment français, la dignité et les espérances de notre domination en Extrême-Orient, et les aspirations héréditaires des peuples que nous protégeons.

Nous croyons donc avoir indiqué là la voie véritable, la plus profitable à suivre dans l'avenir. Mais — on l'a vu aussi — tout cela n'est possible qu'à la condition de consentir à notre Protectorat asiatique une voix prépondérante dans notre politique extérieure en Asie, et une grande initiative dans la détermination des mesures locales à prendre pour assurer le succès de cette politique. M. le gouverneur général Doumer a déjà très heureusement inauguré cette manière d'agir dans un voyage à Bangkok, et dans les conversations qu'il eut avec S. M. le roi de Siam. Il ne nous appartient pas de dire comment la conclusion ne répondit pas à de si heureuses prémisses. Mais nous devons nous féliciter que cet essai ait été tenté par un esprit aussi large, aussi fécond et aussi généreux que celui de l'ancien député d'Auxerre. C'est d'un heureux présage dans l'avenir pour notre prépondérance en Asie.

Il suffira dès lors, pour passer de la théorie à la pratique, qu'un ministre des colonies et un ministre des affaires étrangères s'aperçoivent simultanément qu'une telle *délégation* de leurs pouvoirs est une augmentation du prestige du pays, et non pas une diminution de leurs attributions ou de leur personnalité. Il faudra aussi qu'un Parlement, vraiment colonial, comprenne l'urgence des créations, métropolitaines et locales, que nécessitera cette délégation, et consente à mettre, dans cette œuvre très utile et très féconde, une minime partie des capitaux qu'un autre Parlement laisse tomber, sans profit réel aucun, dans le gouffre de l'Exposition universelle de 1900.

De tels ministres, un tel Parlement ne se rencontrent pas tous les jours. Mais il est un jour où ils pourront se rencontrer. Et il faut que ce jour luise, si les Frances d'Asie et d'Afrique doivent survivre aux fils de ceux qui les ont créées.

CHAPITRE V

DOCUMENTS DIPLOMATIQUES ET SOURCES OFFICIELLES.

TRAITÉS, CONVENTIONS, ACCORDS ADDITIONNELS,
CORRESPONDANCES, DÉCRETS, ETC., PAR ORDRE CHRONOLOGIQUE.

I. — Traité entre S. M. Louis XVI, roi de France, et le roi de Cochinchine Gialong, 28 novembre 1787.

(*L'Indo-Chine contemporaine*, par Bouinais et Paulus, tome II. Annexes: p. 745 et suiv.)

II. — Traité de paix conclu entre l'honorable Compagnie des Indes et le roi d'Ava. Ratifié à Yandaboo le 24 février 1826.

(De Martens, *Nouveau recueil* : tome VI, p. 874 et suiv.)

III. — Traité entre S. M. Britannique et S. M. le roi de Siam, conclu à Bangkok le 20 juin 1826.

(*Journal officiel* de la République française : D. C., 1ᵉʳ février 1896).

IV. — Treaty between H. M. and the Emperor of China sign. at Nanking, August 29, 1842.

(*House of Parliament* : VIII. Folio 295 : F. O.)

H. M. the Queen of the U. K. of G. Britain and Ireland, and H. M. the Emperor of China... have heerefored named as their plenipotentiaries : H. M. the Queen, sir H. Pottinger, major general in the service of East India Company : and H. I. M. the Emperor of China, the H. Commissioner Keying, a member of the I. house, a Guardian of the C. Prince ; and Elepoo, of the I. Kindred... who have agreed upon and concluded the foll. Articles :

Art. 1^{rs}. — There shall henceforward be peace and friendship between H. M. the Queen of U. K. of G. Britain and Ireland, and H. M. the Emperor of China.

Art. 2. — H. M. the Emperor of China agrees, that British subjects, with families and establishments, shall be allowed to reside, for the purpose of carrying on their mercantiles pursuits, without molestations or restraint, at the cities and towns of Canton, Amoy, Foochow, Ningpo, and Shangbaï : and H. M. the Queen will appoint surintendents, or consular officers, to reside at each of the above-named cities and towns, to be the medium of communication between the Chinese authorities and the said merchants.

Art. 3. — It being obviously necessary and desirable that British subjects should have some port whereat they may careen and refit their ships when required, H. M. the Emperor of China cedes to H. M. the Queen, the island of Hongkong, to be possessed in perpetuity by H. B. M., her heirs and successors, and to be governed by such laws and regulations as H. M. the Queen shall see fit to direct.

Art. 4. — The Emperor of China agrees to pay the sum of six millions of dollars, as the value of the opium which was delivered up at Canton in the month of march 1839, as a ransom for the lives of H. M. superintendents and subjects, who had been emprisoned and threatened whith death by the chinese high officers.

Art. 5. — Concerning the chinese merchants, called hong-merchants, or co-hong ; and H. I. M. agrees to pay to the B. government the sum of three millions of dollars.

Art. 6. — Concerning the expedition : the Emperor of China agrees to pay the sum of twelwe millions of dollars, on account of the expences incurred.

Art. 7. — It is agreed, that the total account of twenty-one millions of dollars, shall be paid as follows.....

Art. 8. — The Emperor of China agrees to release, unconditionally, all subjects of H. B. M., who may be in confinement at this moment in any part of the Chinese E.

Art. 9, 10, 11, 12, 13. — Regular tariffs, communications and statements, helding, ratifications.

Signed : Henry Pottinger,   Seal
H. M. Plenipotentiary.   of the four Chinese plenipotentiaries.

V. — Traité d'amitié, de commerce et de navigation conclu entre la France et la Chine, à Whampoa, le 24 octobre 1844.

(De Clercq, tome v, p. 230 et suiv.)

VI. — Treaty between H. Majesty and the kings of Siam signed at Bangkok, april 18, 1855.

H. M. the Queen of. U. K. of G. Britain and Ireland, and their majesties Phra B. S. P. P. Maha Mongkut P. C. K. H., the first king of Siam, and Phra B. S. P. P. Ramen Mahiswaren P. P. C. K. H., the second king of Siam..., have named as their plenipotentiaries : H. M. the Queen, sir John Bowring, Knight, doctor of Laws, and their M., the first and second kings of Siam, H. R. H. Wongsa Djirah Sindh; H. S. Maha Puyurawongse : H. S. Sri Suriwongse.

Art. 1. — All British subjects coming to Siam shall receive from the Siamese government full protection and assistance.....

Art. 2. — The interest of all Bristish subjects coming to Siam shall be placed under the regulation and control of a consul, who will be appointed to reside at Bangkok.

Art. 3. — British subjects are permitted to trade freely in the seaports of Siam, but may reside permanently only at Bangkok, or within the limite assigned by the treaty... a circuit of 200 sen (four miles English) from the city walls. But with the exception of this limitation, British residents in Siam may at any time buy or rent houses, lands or plantations, situated anywhere within a distance of twenty four hours' journey from the city of Bangkok, to be computed by the rate at which boats of the country can travel.

Art. 4. — All British subjects intending to reside in Siam shall be registered at the British consulate.....

Art. 5. — All British subjects visiting or residing in Siam shall be allowed the free exercise of the Christian religion, and liberties to build churches in such localities as shall be consentend by the Siamese authorities.

Art. 6. — British ships of war may enter the river and anchor at Paknam, but they shall not proceed above Paknam, unless with the consent of the Siamese authorities, which shall be given where it is necessary that a ship shall go into docks for repair.

Art. 7, 8, 9, 10, 11, 12. — Concerning the operation of this Treaty, articles of export, fines and penalties, participation in any privileges, and the ratification.

Six general-regulations, tariff of export, and agreement supplementary, signed at Bangkok (may 13, 1856) concerning the old treaty concluded in 1826, on the exclusive juridiction of the consul over British subjects, on the taxes, duties and other charges, on passes and port clearences, on the prohibition of any exportation, on permission to import goldleaf, on the establishment of a custom house, on the boundaries of the four miles circuit, and of the twenty-four hours' journey; a schedule of taxes: a custom house regulation.

Signed : John Bowring ; Harry S. Parkes.
Seals of the five Siamese Plenip.

VII. — Traité entre l'Empereur des Français et le Roi de Siam (dit traité Montigny), signé à Bangkok le 15 août 1856.

(*Le second Empire en Indo-Chine*, par Ch. Mayniard, p. 249 et suiv.)

VIII. — Traité entre S. M. la Reine d'Angleterre et l'Empereur de la Chine, signé à Tientsin le 26 juin 1858.

(*La Chine*, par L. Oliphant, trad. par M. Guizot, p. 371 et suiv.)

IX. — Traité d'amitié, de commerce et de navigation,

conclu entre la France et la Chine, signé à Tientsin le 27 juin 1858 (dit traité du baron Gros).

(*L'Empire du Milieu*, par le marquis de Courcy, p. 636 et suiv.)

X. — Convention additionnelle au traité de Tientsin conclu le 25 octobre 1860 à Tientsin.

(*L'Empire du Milieu*, par le marquis de Courcy, p. 656 et suiv.)

XI. — Traité entre la France et l'Annam, signé à Saïgon le 5 juin 1862 (conquête de la Cochinchine).

(De Clercq, tome VIII, p. 414 et suiv.)

XII. — Traité entre la France et le Cambodge, signé à Houdong le 11 août 1863 (protectorat du Cambodge).

(*L'Indo-Chine française contemporaine*, par Bouinais et Paulus, tome II. Annexes, p. 775 et suiv.)

XIII. — Traité entre la France et le Siam, pour régler la position politique du Cambodge, signé à Paris le 15 juillet 1867.

(*L'Indo-Chine française contemporaine*, par Bouinais et Paulus, tome II. Annexes, p. 729).

XIV. — Traité entre la France et la Birmanie, signé à Paris le 24 janvier 1873 : (Convention commerciale).

(*L'Indo-Chine contemporaine*, par Bouinais et Paulus, tome II. Annexes, p. 730).

XV. — Convention entre la France et l'Annam, signée à Hanoï le 5 janvier 1874 (première convention Philastre : évacuation du Tonkin).

(*L'Extrême-Orient*, par Paul Bonnetain, p. 168).

XVI. — Treaty between the Government of India and

Siam signed at Calcutta, January 14, 1874 (relative à la Birmanie et au Xiengmaï).

(Hertslet, tome xv, p. 349).

Treaty between the government of India and Siam, for promoting Commercial Intercourse between Bristish Burmah and the adjoining territories of Chiangmai, Lakon, and Lampoonchi, belonging to Siam (Prevention of crimes), signed ad Calcutta, january 14, 1874.

Whereas the government of India and the Siamese government desire to conclude a Treaty for the purpose of promoting commercial intercourse between British Burmah and adjoining territories of Chiangmai, Lakon, and Lampoonchi, belonging to Siam, and of preventing dacoity and other heinous crimes in the territories aforesaid : The High contracting parties have for this purpose named and appointed their plenipotentiaries, that is to say :

His Excellency the Right honorable Thomas George Baring, baron Northbroock of Stratton, and a Baronet, member of the privy council of her Most gracious Majesty the Queen of Great Britain and Ireland, grand master of the most exalted order of the Star of India, viceroy and governor-general of India in council, has on his part named and appointed Charles Umpherston Aitchison, esquire, companion of the most exalted order of the Star of India : and his Majesty Somdetch Pramindr maha Chulalong Korn B. D. M. M. P. R. V. P. W. R. N. C. P. M. C. S. P. M. M. D. P. P. P. C. C. K. C. Y, supreme King of Siam, fifth of the present royal dynasty, who founded the great city of Bangkok A. K. M. Ayuthia, has on his part named and appointed P. C. Raja Maitri, chief judge of the foreign court, first minister plenipotentiary, Ph. S. Puranurax, governor of the district of Samudr prakar, second minister plenipotentiary, and P. M. M. S. Samuha, chief of the departement of the royal body Guard of the right adviser : and Edward Fowle, esquire, Luang Siamanukroh, consul for Siam at Rangoon, adviser, and the aforesaid plenipotentiaries having communicated to each other their respective full powers, and found them to be in good and due form, have agreed upon and concluded the following articles :

I. — His Majesty the King of Siam will cause the prince of Chiangmai to establish and maintain guard stations, under proper officers, on the Siamese bank of the Lalween river, which forms the boundary of Chiangmai, belonging to Siam, and to maintain a sufficient police force for the prevention of murder, robbery, dacoity, and other heinous crimes.

II. — If any persons, having committed dacoity in any of the territories of Chiangmai, Lakon, and Lampoonchi, cross the frontier into British territory, the British authorities and police shall use their best endeavours to apprehend them. Such dacoits, when apprehended, shall, if Siamese subjects, be delivered over to the Siamese authorities at Chiangmaï; if British subjects, they shall be dealt with by the British officer in the Yoonzaleen district.

If any persons, having committed dacoity in British territory, cross the frontier into Chiangmai, Lakon, or Lamproonchi, the Siamese authorities and police shall use their best endeavours to apprehend them. Such dacoits, when apprehended, shall, if British subjects, be delivered over to the British officer in the Yoonzaleen district : if Siamese subjects, they shall be dealt with by the Siamese authorities at Chiangmai.

If any persons, whether provided with passports under article IV of this treaty or not, commit dacoity in British or Siamese territory and are apprehended in the territory in which the dacoity was committed, they may be tried and punished by the local Courts without question to their nationality.

Property plundered by dacoits, when recovered by the authorities on either side of the frontier, shall be delivered to its proper owners.

III. — The Siamese authorities in Chiangmai, Lakon, and Lampoonchi will afford due assistance and protection to British subjects carrying on trade or business in any of those territories, and the British government in India will afford similar assistance and protection to Siamese subjects from Chiangmai, Lakon, and Lampoonchi carrying on trade or business in British territory.

IV. — British subjects entering Chiangmai, Lakon, and Lampoonchi from British Burmah must provide themselves with passports from the chief commissioner of British Burmah, or such officer as he appoints in this behalf, stating their names, calling, and description. Such passports must be renewed for each journey, and must be shown to the Siamese officers at the frontier stations, or in the interior of Chiangmai, Lakon, and Lampoonchi on demand. Persons provided with passports and not carrying any articles prohibited under the treaty concluded between Her Majesty the Queen of England and His Majesty the King of Siam on the 18th April, 1855, and the supplementary agreement concluded between certain Royal commissioners on the part of the Siamese government and a Commissioner on the part of the British government on the 13th May, 1856, shall be allowed to proceed on their journey without interference : persons unprovided with passports may be turned back to the frontier, but shall not be subjected to further interference.

V. — For the purpose of settling future disputes of a civil nature between British and Siamese subjects in Chiangmai, Lakon, and Lampoonchi, belonging to Siam, the following provisions are agreed to :

a) His Majesty the King of Siam shall appoint proper persons to be judges in Chiangmai with jurisdiction to investigate and decide claims of British subjects against Siamese subjects in Chiangmai, Lakon, and Lampoonchi to investigate and determine claims of Siamese subjects against British subjects entering Chiangmai, Lakon, and Lampoonchi from Bristish Burmah, and having passports under article IV, provided such British subjects consent to the jurisdiction of the court ;

b). Claims of Siamese subjects against British subjects entering Chiangmai, Lakon, and Lampoonchi from British Burmah, and holding passports under article IV, but not consenting to the jurisdiction of the Judges at Chiangmai appointed as aforesaid, shall be investigated and decided by the British consul at Bangkok, or by the British officer of the Yoonzabeen district ;

c) Claims of Siamese subjects against British subjects entering Chiangmai, Lakon, and Lampoonchi from British Burmah, but not holding passports under article IV, shall be investigated and decided by the ordinary local courts.

VI. — Siamese subjects in British Burmah having claims against each other may apply to the Deputy commissioner of the district in which they may happen to be to arbitrate between them. Such Deputy commissioner shall use his good offices to effect an amicable settlement of the dispute, and if both parties have agreed to his arbitration his award shall be final and binding on them. Similarly British subjects in Chiangmai, Lakon, and Lampoonchi having claims against each other may apply to any of the judges at Chiangmai appointed under article V, who shall use his good offices to effect an amicable settlement of the dispute, and if both parties have agreed to his arbitration his award shall be final and binding on them.

VII. — Native Indian subjects of Her Britannic Majesty entering Chiangmai, Lakon, and Lampoonchi from British Burmah, who are not provided with passports under article IV, shall be liable to the local Courts and the local law for offences committed by them in Siamese territories. Native Indian subjects as aforesaid, who are provided with passports under article IV, shall be dealt with for such offences by the British consul at Bangkok, or by the British officer in the Yoonzaleen district, according to British law.

VIII. — The Siamese authorities in Chiangmai, Lakon, and Lampoonchi, and the British authorities in the Yoonzaleen district, will at all time use their best endeavours to procure and furnish to the courts in the Yoonzaleen district and the Consular Court at Bangkok and to the Court at Chiangmai respectively such evidence and witnesses as may be required for the determination of civil and criminal cases pending in these courts.

IX. — In cases tried by the British officer of the Yoonzaleen district, or by the judges at Chiangmai appointed under article V, in which Siamese or British subjects may respectively be interested, the Siamese or British authorities may respectively depute an officer to attend and listen to the investigation of the case, and copies of the proceedings will be furnished gratis to the Siamese or British authorities respectively, if required.

X. — British subjects provided with passports under article IV who desire to purchase, cut, or girdle timber in the forests of Chiangmai, Lakon, and Lampoonchi, must enter into a written agreement for a definite period with the owner of the forest. Such agreement must be executed in duplicate, each party retaining a copy, and each copy must be sealed by one of the Siamese judges at Chiangmai appointed under article V, and by the Prince of Chiangmai. A copy of every such agreement shall be furnished by the judge at Chiangmai to the British officer in the Yoonzaleen district. Any British subjects cutting or girdling trees in any forest without the consent of the owner of the forest obtained as aforesaid, or after the expiry of the agreement relating thereto, shall, if provided with a passport, be liable to pay such compensation to the owner of the forest as the British consul at Bangkok or the officer of the Yoonzaleen district may deem reasonable : if unprovided with a passport, he may be dealt with by the local courts according to the law of the country.

XI. — The judges at Chiangmai appointed under article V, and the Prince of Chiangmai, shall endeavour to prevent owners of forests from executing agreements with more than one party for the same timber or forest, and to prevent any person from improperly marking or effacing the marks on timber which has been lawfully cut or marked by another person, and shall give such facilities as are in their power to purchasers and fellers of timber to identify their property. If the owners of forest prohibit the cutting, girdling, or removing of timber under agreements duly executed in accordance with article X, the judges at Chiangmai appointed under article V, and the Prince of Chiangmai, shall enforce the agreements, and the owners of such forests acting as aforesaid shall be liable to pay such compensation to the persons with whom they have entered into such agreements as the judges at Chiangmai appointed as aforesaid may deem reasonable.

XII. — British subjects entering Siamese territory from British Burmah must, according to custom and the regulations of the country, pay the duties lawfully prescribed on goods liable to such duty. Siamese subject entering British territory must, according to the regulations of the British government, pay the duties lawfully prescribed on goods liable to such duty.

XIII. — The Bristish officer of the Yoonzaleen district may, subject to the conditions of this treaty exercise all or any of the powers that may be exercised by a Bristish consul under the treaty concluded between Her Majesty the Queen of England and His Majesty the King of Siam on the 18th April 1855, and the supplementary agreement concluded between certain Royal commissioners on the part of the Siamese Government and a commissioner on the part of the British Government on the 13th May 1856.

XIV. — Except as and to the extent herein specially provided, nothing in this treaty shall be taken to affect the provisions of any treaty or other agreement now in force between the British and Siamese Governments.

XV. — After the lapse of 7 years from the date on which this treaty shall come into force, and on 12 months' notice given by either party, this treaty shall be subject to revision by commissioners appointed on both sides for this purpose, who shall be empowered to decide on and adopt such amendments as experience shall prove to be desirable.

XVI. — This treaty has been executed in English and Siamese, both versions having the same meaning, but as the British Plenipotentiary has no knowledge of the Siamese language, it is hereby agreed that in the event of any question of construction arising on this treaty, the English text shall be accepted as conveying in every respect its true meaning and intention.

XVII. — The ratification of this treaty by his Excellency the Viceroy and Governor general of India having been communicated to the Siamese Plenipotentiaries, this treaty shall be ratified by His Majesty the King of Siam, and such ratification shall be transmitted to the Secretary to the Government of India in the Foreign Department at Calcutta within 4 months, or sooner if possible.

The treaty having been so ratified shall come into force on

the 1st january, a. D. 1875, corresponding with the first day of the third Siamese moon in the year of Choh 1236 of the Siamese era, or on such earlier date as may be separately agreed upon.

In witness whereof the respective Plenipotentiaries have signed in duplicate in English and Siamese the present treaty and have affixed thereto their respective seals.

Done at Calcutta this 14th day of January, in the year 1874 of the Christian era, corresponding to the twelfth day of the Second month of the twelfth waning moon of the year of Raka 1235 of the Siamese era.

(L. S.) C. U. Aitchison plenipotentiary on behalf of the Viceroy and Governor general of India. (L. S) Signature of first Siamese envoy. — (L. S.) Signature of Second Siamese envoy).

XVII. — Convention entre la France et l'Annam, signée à Hanoï, le 6 février 1874 (deuxième convention Philastre).

(*L'Extrême-Orient*, par P. Bonnetain, p. 168).

XVIII. — Traité entre la France et l'Annam, signé à Paris le 15 mars 1874 (dit : traité Dupré).

(De Clercq, tome xi, p. 144 et suiv.)

XIX. — Agreement between the Government of G. Britain and China, signed at Tchefoo, September 13, 1876 (Settlement of the Yun-Nan Case).

Agreement negotiated between Sir Thomas Wade, K. C. B., Her Britannic Majesty's Envoy extraordinary and Minister plenipotentiary at the Court of China, and Li, Minister plenipotentiary of His Majesty the Emperor of China, Senior Grand Secretary, Governor general of the Province of Chih-li, of the First class of the Third order of Nobility.

The negotiation between the Ministers above named has its origin in a despatch received by Sir Thomas Wade, in the Spring of the present year, from the Earl of Derby, Principal Secretary of state for Foreign affairs, dated the 1st january, 1876. This contained instructions regarding the disposal of three questions : first, a satisfactory settlement of the Yünnan affair : secondly, a faithful fulfilment of engagements of last year respecting intercourse between the high officers of the two Governments : thirdly, the adoption of a uniform system in satisfaction of the understanding arrived at in the month of September 1875 (8th moon of the Ist year of the reign this despatch that Sir Thomas Wade has referred himself in discussions on omitted as superfluous. The conditions now agreed to between Sir Thomas Wade and the Grand Secretary are as follows).

SECTION I. — *Settlement of the Yünnan Case.*

1. A memorial is to be presented to the Throne, whether by the Tsung-li Yamen or by the Grand Secretary Li is immaterial, in the sense of the memorandum prepared by Sir Thomas Wade. Before presentation the Chinese text of the memorial is to be shown to Sir Thomas Wade.

2. The memorial having been presented to the Throne, and the Imperial decree in reply received, the Tsung-li-Yamen will communicate copies of the memorial and Imperial Decree to Sir Thomas Wade, together with a copy of a letter from the Tsung-li-Yamen to the provincial Governments, instructing them to issue a proclamation that shall embody at length the above memorial and decree. Sir Thomas Wade will thereupon reply to the effect that for two years to come officers will be sent, by the British Minister, to different places in the provinces, to see that the proclamation is posted. On application from the British Minister, or the consul of any port instructed by him to make application, the high officers of the provinces will depute competent officers to accompany those so sent to the places which they go to observe.

3. In order to the framing of such regulations as will be needed for the conduct of the frontier trade between Burmah and Yünnan, the memorial, submitting the proposed settlement of the Yûnnan affair, will contain a request that an Imperial Decree be issued, directing the Governor general and Governor, whenever the British Government shall send officer to Yünnan, to select a competent officer of rank to confer with them and to conclude a satisfactory arrangement.

4. The British Government will be free for five years, from the 1st January next, being the 17th day of the 11th moon of the 2nd year of the reign of Kwang-Sü, to station officers at Tali Fu, or at some other suitable place in Yünnan, to observe the conditions of trade ; to the end that they may have information upon which to base the regulations of trade when these have to be discussed. For the consideration and adjustment of any matter affecting British officers or subjects, these officers will be free to address themselves to the authorities of the province. The opening of the trade may be proposed by the British Government, as it may find best, at any time within the term of five years, or upon expiry of the term of five years.

Passports having been obtained last year from a mission from India into Yünnan, it is open to the Viceroy of India to send Such mission at any time he may see fit.

5. The amount of indemnity to be paid on account of the families of the officers and others killed in Yünnan : on account of the expenses which the Yünnan case has occasioned; and on account of claims of British merchants arising out of the action of officers of the Chinese Government upto the commencement of the present year. Sir Thomas Wade takes upon himself to fix at 200.000 taels, payable on demand.

6. When the case is closed an imperial letter will be written, expressing regret for what has occured in Yünnan. The mission bearing the Imperial letter will proceed to England immediately. Sir Thomas Wade is to be informed of the constitution of this mission, for the information of his Government. The text of the Imperial letter is also to be communicated to Sir Thomas Wade by the Tsung-li-Yamen.

Section II. — *Official Intercourse.*

Under this heading are included the conditions of intercourse between high officers in the capital and the provinces, and between consular officers and Chinese officials at the ports; also the conduct of judicial proceedings in mixed cases.

1. In the Tsung-li-Yamen's memorial of the 28th september 1875,

the Prince of Kung and the Ministers stated that their object in presenting it had not been simply the transaction of business in which chinese and foreigners might be concerned; missions abroad and the question of diplomatic intercourse lay equally within their prayer.

To the prevention of further misunderstanding upon the subject of intercourse and correspondence, the present conditions of both having caused complaint in the capital and in the provinces, it is agreed that the Tsung-li-Yamen shall address a circular to the Legations, inviting foreign Representatives to consider with them a code of etiquette, to the end that foreign officials in China, whether at the ports or elsewhere, may be treated with the same regard as is shown them when serving abroad in other countries, and as would be shown to Chinese Agents so serving abroad.

The fact that China is about to establish Missions and consulates abroad renders an understanding on these point essential.

2. The British treaty of 1858, article xvi, lays down that Chinese subjects who may be guilty of any criminal act towards British subjects shall be arrested and punished by Chinese authorities according to the laws of China.

« British subjects who may commit any crime in China shall be tried and punished by the consul, or any other public functionary anthorised thereto according to the laws of Great Britain.

« Justice sahall be equitably and impartially administered on both sides. »

The words « functionary authorised thereto » are translated in the Chinese text, « British Government ».

In order to the fulfilment of its treaty obligations, the British Government has established a Supreme Court at Shanghae, with a special code of rules, which it is now about to revise. The Chinese Government has established at Shanghae a Mixed Court, but the officer presiding over it, either from lack of power or dread of unpopularity, constantly fails to enforce his judgments.

It is now understood that the Tsung-li-Yamen will write a circular to the Legations, inviting foreign representatives at once to consider with the Tsung-li-Yamen the measures needed for the more effective administration of justice at the ports open to trade.

3. It is agreed that, whenever a crime is committed affecting the person or property of a British subject, whether in the interior or at the open ports, the British Minister shall be free to send officers to the spot to be present at the investigation.

To the prevention of misunderstanding on this point, Sir Thomas Wade will write a note to the above effect, to which the Tsung-li-Yamen will reply, affirming that this is the course of proceeding to be adhered to for the time to come.

It is further understood that so long as the laws of the two countries differ from each other, there can be but one principle to guide judicial proceedings in mixed cases in China, namely, that the case is tried by the official of the defendant's nationality, the official of the plaintiff's nationality merely attending to watch the proceedings in the interests of justice. If the officer so attending be dissatisfied with the proceedings, it will be in his power to protest against them in detail. The law administered will be the law of the nationality of the officer trying the case. This is the meaning of the words « hui t'ung » indicating combined action in judicial proceedings in article xvi of the Treaty of Tien-Tsin, and this is the course to be respectively followed by the officers of either nationality.

Section III. — *Trade*.

1. With reference to the area within which, according to the Treaties in force, li-Kin ought not to be collected on foreign goods at the open ports, Sir Thomas Wade agrees to move his Government to allow the ground rented by foreigners (the so-called concessions) at the different ports to be regarded as the area of exemption from li-Kin; and the Government of China will thereupon allow I-ch'ang in the Province of Hu-Pei, Wu-hu in An-Hui, Wen-Chow in Che-Kiang¡ and Pai-hai (Pak-hoi) in Kwang-Tung, to be added to the number of ports open to trade, and to become consular stations. The British Government will, farther, be free to send officers to reside at Ch'ung K'ing, to watch the conditions

of british trade in Ssu-Ch'uen. British merchants will not be allowed to reside at Ch'ung K'ing, or to open establishments or warehouses there so long as no steamers have access to the port. When steamers have succeeded in ascending the river so far, further arrangements can be taken into consideration.

It is farther proposed as a measure of compromise that at certain points on the shore of the Great River, namely, Ta-t'ung, and Ngan-Ching, in the province of An'Hui ; Hu-K'on, in Kiang-Si : Wu-Suêch, Lu-chi-K'ou, and Sha–Shih, in Hu-Kuang : these being all places of trade in the interior, at which, as they are not open ports, foreign merchants are not legally authorised to land or ship goods : steamers shall be allowed to touch for the purpose of landing or shipping passengers or goods, but in all instances by means of native boats only, and subject to the regulations in force affecting native trade.

Produce accompanied by a half-duty certificate may be shipped at such points by the steamers, but may not be landed by them for sale. And at all such points, except in the case of imports accompanied by a transit duty certificate, or exports similarly certificated, which will be severally passed free of li-Kin on exhibition of such certificates, li-Kin will be duly collected on all goods whatever by the native authorities. Foreign merchants will not be authorised to reside or open houses of business or warehouses at the places enumerated as ports of call.

2. At all ports opened to trade, whether by earlier or later agreement, at which no settlement area has been previously defined, it will be the duty of the British consul, acting in concert with his colleagues, the consuls of other Powers, to come to an understanding with the local authorities regarding the definition of the foreign settlement area.

3. On opium, Sir Thomas Wade will move his Government to sanction an arrangement different from that affecting other imports. British merchants, when opium is brought into port, will be obliged to have it taken cognizance of by the Customs, and deposited in bond, either in a warehouse or a receiving hulk, until such time as there is a sale for it. The importer will then

pay the tariff duty upon it, and the purchasers the li-Kin, in order to the prevention of the evasion of the duty. The amount of li-Kin to be collected will be decided by the different Provincial Governments, according to the circumstances of each.

4. The Chinese Government agrees that transit duty certificates shall be framed under one rule at all ports, no difference being made in the conditions set forth therein: and that, so far as imports are concerned, the nationality of the person possessing and carrying these is immaterial. Native produce carried from an inland centre to a port of shipment, if *bona fide* intended for shipment to a foreign port, may be, by treaty, certificated by the British subject interested, and exempted by payment of the half-duty from all charges demanded upon it *en route*. If produce be not the property of a British subject, or is being carried to a port not for exportation, it is not entitled to the exemption that would be secured it by the exhibition of a transit duty certificate. The British Minister is prepared to agree with the Tsung-li-Yamen upon rules that will secure the Chinese Government against abuse of the privilege as affecting produce.

The words « ne ti », inland in the clause of article VII of the Rules appended to the tariff, regarding carriage of imports inland, and of native produce purchased inland, apply as much to places on the sea coasts and river shores, as to places in the interior not open to foreign trade; the Chinese Government having the right to make arrangements for the prevention of abuses thereat.

5. Article XLV of the treaty of 1858 prescribes no limit to the term within which a drawback may be claimed upon duty-paid imports. The British Minister agrees to a term of three years, after expiry of which no drawback shall be claimed.

6. The foregoing stipulation, that certain ports are to be opened to foreign trade, and that landing and shipping of goods at six places on the Great River is to be sanctioned, shall be given effect to within six months after receipt of the Imperial decree approving the memorial of the Grand Secretary Li. The date for giving the effect to the stipulations affecting exemption of imports from li-Kin taxation within the foreign settlements and the collec-

tion of li-Kin upon opium by the Customs Inspectorate at the same time as the tariff due upon it, will be fixed as soon as the British Government has arrived at an understanding on the subject with other foreign Governments.

7. The Governor of Hong-Kong having long complained of the interference of the Canton Customs Revenue cruisers with the Junk trade of that Colony, the Chinese Government agrees to the appointment of a Commission, to consist of a British consul, an officer of the Hong-Kong Government, and a Chinese official of equal rank, in order to the establishment of some system that shall enable the Chinese Government to protect its revenue without prejudice to the interests of the Colony.

Separate Article.

Her Majesty's Government having it in contemplation to send a mission of exploration next year by way of Peking through Kan-Su and Koko-Nor, or by way of Ssu-Ch'uen to Thibet, and thence to India, the Tsung-li-Yamên having due regard to the circumstances will, when the time arrives, issue the necessary passports, and will address letters to the high provincial authorities and to the Resident in Thibet. If the mission should not be sent by these routes, but should be proceeding across the Indian frontier to Thibet, the Tsung-li-Yamên, on receipt of a communication to the above effect from the British Minister, will write to the Chinese Resident in Thibet, and the Resident, with due regard to the circumstances, will send officers to take due care of the mission ; and passports for the mission will be issued by the Tsung-li-Yamên, that its passage be not obstructed.

Done at Chefoo, in the Province of Shan-tung, this 13th day of September, in the year of our Lord 1876.

(L. S.) Thomas Francis Wade.   (L. S.) Li Hung-Chang.

XX. — Traité entre la France et l'Annam, conclu à Hué le 25 août 1883 (Traité Harmand).

(L'*Affaire du Tonkin*, par un Diplomate, p. 411 et suiv.).

XXI. — Traité entre la Grande-Bretagne et le Siam,

signé à Bangkok le 3 septembre 1883 (dit : deuxième convention de Xiengmai).

(Traduit au *Journal officiel* de la République française : D. C., 1er février 1896, p. 137).

XXII. — Correspondances des lords Lyons, Granville, Salisbury, concernant les affaires franco-birmanes, du 8 juillet 1884 au 12 octobre 1885.

(*Foreign-office* : 1885, *Blue Book* : nos 67, 68, 69, 75, 77, 79, 107, 116, 118, 121, 129).

XXIII. — Traité entre la France et la Chine, signé à Tientsin le 11 mai 1884 (traité Fournier).

(*L'Affaire du Tonkin*, par un Diplomate, p. 416 et suiv.).

XXIV. — Déclaration unilatérale du roi de Birmanie, faite à Bhamo le 24 mai 1884, remise à Paris le 4 août 1884.

(*Journal officiel* de la République française : D. C., 1er février 1896, p. 138).

XXV. — Traité entre la France et l'Annam, signé à Hué le 6 juin 1884 (traité Patenôtre).

(*L'Affaire du Tonkin*, par un Diplomate, p. 418 et suiv.).

XXVI. — Convention entre la France et le Cambodge, signée à Pnompen le 17 juin 1884 (convention Thomson).

(*L'Indo-Chine contemporaine*, par Bouinais et Paulus. Tome II. Annexes, p. 786).

XXVII. — Convention entre la France et la Birmanie, signée à Paris le 15 janvier 1885.

(*L'Indo-Chine contemporaine*, par Bouinais et Paulus. Tome II. Annexes, p. 804).

XXVIII. — Protocole entre la France et la Chine, signé à Tientsin le 4 avril 1885.

(L'*Affaire du Tonkin*, par un Diplomate, p. 421 et suiv.).

XXIX. — Traité entre la France et la Chine, signé à Tientsin le 9 juin 1885.

(L'*Indo-Chine contemporaine*, par Bouinais et Paulus. Tome II. Annexes, p. 798 et suiv).

XXX. — Additional article to the agreement between G. Britain and China (Tchefoo), signed at London, July, 18, 1885.

The Governments of Great Britain and of China, considering that the arrangements proposed in clauses 1 and 2 of Section III of the agreement between Great Britain and China, signed at Chefoo on the 13th September 1876 (hereinafter referred to as the « Chefoo agreement »), in relation to the area within which li-Kin ought not to be collected on foreign goods at the open ports, and to the definition of the foreign settlement area, require further consideration; also that the terms of clause 3 of the same section are not sufficienty explicit to serve as an efficient regulation for the traffic in opium, and recognizing the desirability of placing restrictions on the consumption of opium, have agreed to the present additional article.

1º As regards the arrangements above referred to and proposed in clauses 1 and 2 of Section III of the Chefoo agreement, it is agreed that they shall be reserved for further consideration between the two Governments.

2º In lieu of the arrangement respecting opium proposed in clause 3 of Section III of the Chefoo agreement, it is agreed that foreign opium, when imported into China, shall be taken cognizance of by the Imperial maritime Customs, and shall be deposited in bond, either in warehouses or receivinghulks which have been approved of by the Customs, and that it shall not be removed thence until there shall have been paid to the Customs the tariff duty of 30 taels per chest of 100 catties, and also a sum not exceeding 80 taels per like chest as *li-Kin*.

3° It is agreed that the aforesaid import and *li-Kin* duties having been paid, the owner shall be allowed to have the opium repacked in bond under the supervision of the Customs, and put into packages of such assorted sizes as the may select from such sizes as shall have been agreed upon by the Customs authorities and British consul at the port of entry.

The Customs shall then, if required, issue gratuitously to the owner a transit certificate for each such package, or one for any number of packages, at the option of the owner.

Such certificate shall free the opium to which it applies from the imposition of any further tax or duty whilst in transport in the interior, provided that the package has not been opened, and that the Customs seals, marks, and numbers on the packages have not been effaced or tampered with.

Such certificate shall have validity only in the hands of Chinese subjects and shall not entitle foreigners to convey or accompany any opium in which they may be interested into the interior.

4° It is agreed that the regulations under which the said certificates are to be issued shall be the same for all the ports, and that the form shall be as follows.

« Opium Transit Certificate. »

This is to certify that tariff and *li-Kin* duties at the rate of ... taels per chest of 100 catties have been paid on the opium marked and numbered as under ; and that, in conformity with the additional article signed at London the 18th July 1885, and appended to the Agreement between China and Great Britain signed at Cheffo the 15th September, 1876, and approved by the Imperial Decree printed on the back hereof, the production of this certificate will exempt the opium to which it refers, wherever it may be found, from the imposition of any further tax or duty whatever, provided that the packages are unbroken, and the Customs seals, marks, and numbers have not been effaced or tampered with.

   Mark.   Nº   00 packages.
   X
   Port of entry,
   Date
      Signature of commissioner of Customs.

5º The Chinese Government undertakes that when the package shall have been opened at the place of consumption the opium shall not be subjected to any tax or contribution, direct or indirect, other than or in excess of such tax or contribution as is or may hereafter be levied on native opium.

In the event of such tax or contribution being calculated ad valorem the same rate, value for value, shall be assessed on foreign and native opium, and is ascertaining fort this purpose the value of foreign opium the amount paid on it for *li-Kin* at the port of entry shall be deducted from its market value.

6º It is agreed that the present additional article shall be considered as forming part of the Chefoo agreement, and that it shall have the same force and validity as if it were inserted therein word for word.

It shall come into operation six months after its signature, provided the ratifications have then been exchanged, or if they have not, then on the date at which such exchange takes place.

7º The arrangement respecting opium contained in the present additional article shall remain binding for four years, after the expiration of which period either Government may at any time give twelve months notice of its desire to terminate it, and such notice being given, it shall terminate accordingly.

It is, however, agreed that the Government of Great Britain shall have the right to terminate the same at any time, should the transit certificate be found not to confer on the opium complete exemption from all taxation whatsoever whilst being carried from the port of entry to the place of consumption in the interior.

In the event of the termination of the present additional article the arrangement with regard to opium now in force under the regulations attached to the treaty of Tien-Tsin shall revive.

8° The High contracting Parties may, by common consent, adopt any modifications of the provisions of the present additional article which experience may show to be desirable.

9° It is understood that the commission provided for in clause 7 of section III of the Chefoo agreement to inquire into the question of the prevention of smuggling into China from Hong-Kong shall be appointed as soon as possible.

10° The Chefoo agreement, together with, and as modified by, the present additional article, shall be ratified, and the ratifications shall be exchanged at London as soon as possible.

In witness whereoff the undersigned, duly anthorized thereto by their respective governments, have signed the present additional article, and have affixed thereto their seals.

Done at London, in quadruplicate (two in English and two in Chinese) this 18th day of July, 1885, being the seventh day of the sixth moon in the eleventh year of the reign of Kwang-Sü.

(L. S.) Salisbury.
(L. S.) Tsêng.

XXXI. — Convention entre la France et l'Annam, signée à Hué le 30 juillet 1885 (convention de Courcy).

(*L'Indo-Chine française*, par J.-L. de Lanessan, p. 175).

XXXI bis. — Dépêche ministérielle du 13 août 1885.

(*Journal officiel* de la République française, 13 août 1885).

XXXII. — Décret d'organisation des résidences au Tonkin.

(*Journal officiel* de la République française, 27 janvier 1886).

XXXIII. — Traité entre la France et la Chine, signé à Péking le 25 avril 1886.

(De Clercq, tome XVII, p. 164-174).

XXXIV. — Traité entre la France et le Siam, signé à Luang-Prabang le 7 mai 1886 (convention Pavie).

(*Journal officiel* de la République française, 1887, D. C., p. 396).

XXXV. — Traité entre la France et la Corée, signé à Paris le 4 juin 1886.

(*Journal officiel* de la République française, 1887, D. C., p. 393).

XXXVI. — Convention between Her Majesty and His Majesty the Emperor of China relative to Burmah and Thibet, signed at Peking, July 24, 1886.

(Ratifications exchanged in London, August 25, 1887).

Whereas Her Majesty the Queen of Great Britain and Ireland, Empress of India, and His Majesty the Emperor of China, being sincerely desirous to maintain and perpetuate the relations of friendship and good understanding which now exist between their respective Empires, and to promote and extend the commercial intercourse between their subjects and dominions, the following convention has been agreed upon and concluded :

On the part of Great Britain by Nicholas Roderick O'Connor, Esquire, Her Majesty's secretary of Legation at Washington, and lateley Her Majesty's chargé d'affaires in China, companion of the most distinguished order of St-Michael and St-George, duly empowered thereunto ;

And on the part of China by his Highness Prince Ch'ing, President of the Tsung-li-Yamên, and his Excellency Sun, minister of the Tsung-li-Yamên, senior vice-President of the Board of Works.

ART. I.— Inasmuch as it has been the practice of Burmah to send decennial missions to present articles of local produce, England agrees that the highest authority in Burmah shall send the customary decennial missions, the members of the missions to be of Burmese race.

ART. II. — China agrees that, in all matters whatsoever appertaining to the authority and rule which England is now exercising in Burmah, England shall be fre to do whatever she deems fit and proper.

Art. III. — The frontier between Burmah and China to be marked by a delimitation commission, and the conditions of frontier trade to be settled by a frontier trade convention, both countries agreeing to protect and encourage trade between China and Burmah.

Art. IV. — Inasmuch as inquiry into the circumstances by the Chinese Government has shown the existence of many obstacles to the mission to Thibet provided for in the seperate article of the Chefoo agreement, England consents to countermand the mission forthwith.

With regard to the desire of the British Government to consider arrangements for frontier trade between India and Thibet, it will be the duty of the Chinese Government, after careful inquiry into the circumstances, to adopt measures to exhort and encourage the people with a view to the promotion and development of trade. Should it be practicable, the Chinese Government shall then proceed carefully to consider trade regulations; but, if insuperable obstacles should be found to exist, the British Government will not press the matter unduly.

Art. V. — The present convention shall be ratified, and the ratifications shall be exchanged in London as soon as possible after the date of the signature thereof.

In witness where of the respective negotiators have signed the same and affixed thereunto the seals of their arms.

Done in triplicate at Peking this twenty-fourth day of July, in the year of our Lord ene thousand eight hundred and eighty-six, corresponding with the Chinese date the twenty-third day of the sixth moon of the twelfth year of Kuang Usü.

    (L. S.) Nicholas Roderick O' Connor.
    (L. S.) (Monogram) Ch'ing.
       (Monogram) Sun-Yü-Wên.

XXXVII. — Convention entre la Chine et le Tonkin, signée à Péking, le 26 juin 1887 (délimitation Constans).

(De Clercq, tome xvii, p. 180).

XXXVIII. — Décrets des 17 octobre, 20 octobre, 12 novembre 1887.

(*Journal officiel* de la République française, mêmes dates).

XXXIX. — Convention between Great Britain and China relating to Sikkim and Thibet, signed at Calcutta, March 17, 1890.

(Ratifications exchanged at London, August 27, 1890).

Whereas Her Majesty the Queen of the United Kingdom of Great Britain and Ireland, Empress of India, and His Majesty the Emperor of China, are sincerely desirous to maintain and perpetuate the relations of friendship and good understanding which now exist between their respective Empires ; and whereas recent occurences have tended towards a disturbance of the said relations, and it is desirable to clearly define and permanently settle certain matters connected with the boundary between Sikkim and Tibet, Her Britannic Majesty and His Majesty the Emperor of China have resolved to conclude a convention on this subject, and have, for this purpose, named plenipotentiaries, that is to say :

Her Majesty the Queen of Great Britain and Ireland, his Excellency the most honourable Henry Charles Keith Petty Fitzmaurice, G. M. S. I., G. C M. G., G. M. I. E., marquess of Lansdowne, viceroy and governor general of India ;

And His Majesty the Emperor of China, his Excellency Shênge Tai, Imperial associate resident in Tibet, military Deputy lieutenant governor;

Who, having met and communicated to each other their full powers, and finding these to be in proper form, have agreed upon the following convention in eight articles :

Art. I. — The boundary of Sikkim and Tibet shall be the crest of the mountain range separating the waters flowing into the Sikkim Teesta and its affluents from the waters flowing into the Tibetan Mochu and Northwards into other rivers of Tibet. The line commences at Mount Gipmochi on the Bhutan frontier, and follows the above mentioned water-parting to the point where it meets Nipal territory.

Art. II. — It is admitted that the British Government, whose Protectorate over the Sikkim state is hereby recognized, has direct and exclusive control over the internal administration and foreign relations of that state, and except through and with the permission of the British Government, neither the ruler of the state nor any of its officers shall have official relations of any kind, formal or informal, with any other country.

Art. III. — The Government of Great Britain and Ireland and the Government of China engage reciprocally to respect the boundary as defined in article 1, and to prevent acts of aggression from their respective sides of the frontier.

Art. IV. — The question of providing increased facilities for trade across the Sikkim-Tibet frontier will hereafter be discussed with a view to a mutually satisfactory arrangement by the high contracting powers.

Art. V. — The question of pasturage on the Sikkim side of the frontier is reserved for further examination and future adjustment.

Art. VI. — The high contracting Powers reserve for discussion and arrangement the method in which official communications between the British authorities in India and the authorities in Tibet shall be conducted.

Art. VII. — Two joint commissioners shall, within six months from the ratification of this convention, be appointed, one by the British Government in India, the other by the Chinese resident in Tibet. The said commissioners shall meet and discuss the questions which, by the last three preceding articles, have been reserved.

Art. VIII. — The present convention shall be ratified, and the ratifications shall be exchanged in London as soon as possible after the date of the signature thereof.

In witness where of the respective negotiators have signed the same, and affixed thereunto the seals of their arms.

Done in quadruplicate at Calcutta, this 17th day of March, in the year of our Lord 1890, corresponding with the Chinese date, the 27th day of the second moon of the 16th year of Kuang-Hsü.

(L. S.) (Signed) Lansdowne.
(L. S.) Signature of the Chinese Plenipotentiary.

XL. — Additional article to the agreement between Great Britain and China of September 13,1876. Signed at Peking, March. 31, 1890.

(Ratifications exchanged at Peking, January 18, 1891).

The Governments of Great Britain and China, being desirous of settling in an amicable spirit the divergence of opinion which has arisen with respect to the first clause of the third section of the agreement concluded at Chefoo in 1876, which stipulates that « The British government will be free to send officers to reside at Chungking to watch the conditions of British trade in Szechuen, that British merchants will not be allowed to reside at Chungking, or to open establishments or warehouses there, so long as no steamers have access to the port, and that when steamers have succeeded in ascending the river so far, further arrangements can be taken into consideration », have agreed upon the following additional article :

1° Chungking shall forthwith be declared open to trade on the same footing as any other treaty port. British subjects shall be at liberty either to charter Chinese vessels or to provide vessels of the chinese type for the traffic between Ichang and Chung-king;

2° Merchandize conveyed between Ichang and Chung-king by the above class of vessels shall be placed on the same footing as merchandize carried by steamers between Shanghae and Ichang, and shall be dealt with in accordance with treaty, tariff rules, and the Yangtsze regulations ;

3° All regulations as to the papers and flags to be carried by vessels of the above description, as to the cargo certificates with which they shall be provided, as to the repackage of goods for the voyage beyond Ichang, and as to the general procedure to be observed by those engaged in the traffic between Ichang and Chung-king with a view to insuring convenience and security, shall be drawn up by the superintendent of Customs at Ichang, the Taotai of the Ch'uan Tung circuit, who is now stationed at Chung-king, and the commissioner of Customs in consultation with the British consul, and shall be liable to any modifications that may hereafter prove to be desirable and may be agreed upon by common consent;

4° Chartered junks shall pay port dues at Ichang and Chung-king in accordance with the Yangtsze regulations : vessels of Chinese type, if and when entitled to carry the British flag, shall pay tonnage dues in accordance with treaty regulations. It is obligatory on both chartered junks and also vessels of Chinese type, even when the latter may be entitled to carry the British flag, to take out at the maritime Custom-house special papers and a special flag when intended to be employed by British subjects in the transport of goods between Ichang and Chung-king, and without such papers and flag no vessel of either class shall be allowed the privileges and immunities granted under this additional article. Provided with special papers and flag, vessels of both classes shall be allowed to ply between the two ports, and they and their cargoes shall be dealt with in accordance with treaty rules and the Yangtsze regulations. All other vessels shall be dealt with by the native Customs. The special papers and flag issued by the maritime Customs must alone be used by the particular vessel for which they were originally issued and are not transferable from one vessel to another. The use of the British flag by vessels the property of Chinese is strictly prohibited. Infringement of these regulations will, in the first instance, render the offender liable to the penalties in force at the ports hitherto opened under treaty, and should the offence be subsequently repeated, the vessel's special papers and flag will be withdrawn, and the vessel herself refused permision thenceforward to trade between Ichang and Chung-king ;

5° When once Chinese steamers carrying cargo run to Chung-king, British steamers shall in like manner have access to the said port;

6° It is agreed that the present additional article shall be considered as forming part of the Chefoo agreement, and as having the same force and validity as if it were inserted therein word for word. It shall be ratified, and the ratifications exchanged at Peking, and it shall come into operation six months after its signature, provided the ratifications have then been exchanged, or if they have not, then on the date at which such exchange takes place.

Done at Peking in triplicate (three in English and three in Chinese), this thirty-first day of March, in the year of our Lord one thousand eight hundred and ninety, being the eleventh day of the second intercalary moon of the sixteenth year of Kuang Hsü.

(L. S.) John Walsham,
(L. S.) Signature of Chinese Plenipotentiary.

XLI. — Décret du 21 avril 1891, sur les pouvoirs du gouverneur général de l'Indo-Chine.

(L'*Indo-Chine française*, par J.-L. de Lanessan, p. 353).

XLII. — Protocol signed by the marquis of Dufferin and Ava, and M. Develle, at Paris, July 31, 1893. (Zone neutre du Siam).

(Trad. de Clercq, tome xx, p. 87).

XLIII. — Traité entre la France et le Siam, signé à Bangkok le 3 octobre 1893. (Traité Le Myre de Vilers).

(*Journal officiel* de la République française, 11 février 1894).

XLIV. — Protocol signed by M. Jusserand and M....., at Paris, november 25, 1893. (Zone neutre).

(Trad. de Clercq, tome xx, p. 87).

XLV. — Agreement signed by the marquis of Dufferin and Ava, and M. Develle, signed at Paris, november 25, 1893. (Zone neutre).

(Trad. de Clercq, tome xx, p. 88).

XLVI. — Correspondance entre M. Develle et lord Dufferin. Paris, 1er décembre 1893. (Zone neutre).

(De Clercq, tome xx, p. 89).

XLVII. — Convention entre la Grande-Bretagne et la Chine, signée à Londres le 1ᵉʳ mars 1894. (Birmanie et Thibet frontières).

(Trad. *Journal officiel* de la République française, 1ᵉʳ février 1896, p. 138).

XLVIII. — Correspondance entre M. Hanotaux et M. Gérard. Paris, 15 septembre, 10 et 15 octobre 1884. (Délimitation sino-annamite).

(*Livre jaune*, Ministère des Affaires étrangères, Chine, 1894-1898, nᵒˢ 1, 3, 4).

XLIX. — Convention entre la France et la Chine, signée à Péking le 20 juin 1895. (Convention Gérard).

(De Clercq, tome xx, p. 239-241).

L. — Traité entre la Chine et le Japon, signé à Shimonoseki le 19 octobre 1895.

(*Revue de Droit international*, 1895, p. 451-2).

LI. — Déclaration entre la France et la Grande-Bretagne, signée à Londres le 15 janvier 1896. (Affaire de Siam : traité Berthelot).

(De Clercq, tome xx, p. 361 et suiv.).

LII. — Règlement de police mixte entre la France et la Chine, signé à Péking le 13 mai 1896.

(*Livre jaune*, Ministère des Affaires étrangères, Chine, 1894-1898, nᵒ 26).

LIII. — Traité entre l'Angleterre et la Chine, signé à Péking le 5 juin 1896.

(*Quinzaine coloniale*, 1896, nᵒ 19).

LIV. — Convention de commerce et de navigation entre le Japon et la Chine, signée à Péking le 21 juillet 1896.

(*Revue de Droit international*, 1898, n° 2, p. 207 et suiv.).

LV. — Correspondance entre M. Hanotaux et M. Gérard. Péking, 8 et 30 juillet, 12 et 13 octobre 1896. (Arsenal de Foutcheou).

(*Livre jaune*, Ministère des Affaires étrangères, Chine, 1894-1898, n°ˢ 28, 30, 31, 32).

LVI. — Arrangement entre l'Angleterre et la Chine, signé à Péking les 5 février-4 juin 1897.

En considération de ce que le Gouvernement britannique consent à retirer ses objections à l'aliénation par la Chine, en vertu de la convention franco-chinoise du 20 juin 1895, d'une partie de territoire de Xeng-Houng, en dérogation aux stipulations de la convention passée le 1ᵉʳ mars 1894 entre la Grande-Bretagne et la Chine, il a été convenu entre les gouvernements britannique et chinois que les additions et modifications suivantes seraient faites à la susdite convention ci-dessous, qui sera désignée sous le nom de convention originelle:

Art. I. — Il est convenu que la frontière entre les deux Empires à partir de 25° 35, lat. N. suivra la ligne suivante:

Commençant au haut pic situé approximativement par cette latitude et par 98° 14' long. E. de Greenwich et 18° 16' long. O. de Pékin, la ligne suivra, autant que possible, le faîte des collines se dirigeant, au sud-ouest, vers le pic Warung (Kaun-Izang) et se dirigera de là sur le Sabu-Pum.

A partir du Sabu-Pum, la frontière suivra la ligne de partage des eaux en inclinant légèrement au sud-ouest, en passant par le Shatrung-Pum, jusqu'au Namienku-Pum.

Puis, elle suivra une ligne qui sera fixée après une enquête sur place, séparant les Szis et les Kumsas jusqu'au (fleuve) Tabak-Kha; puis le Tabak-Kha jusqu'au (fleuve) Namtabet; le Namtabet jusqu'au Paknoi-Kha, jusqu'à ses sources près du Talang-Pum, et la chaîne du Talang-Pum jusqu'au Bumra-Shikong.

A partir du Bumra-Shikong, la frontière suivra une direction S.-O. jusqu'au (fleuve) Laisa-Kha ; le Laisa-Kha jusqu'au Mole, entre Kadôn et Laisa ; le Mole jusqu'à son confluent avec le Cheyang-Kha ; le Cheyang-Kha jusqu'au Alaw-Pum ; le Nampaung jusqu'au Taping.

Art. 2. — A partir de la jonction du Taping et du Nampaung, la frontière suivra le Taping jusqu'au voisinage de la chaîne du Lwalaing ; puis approximativement, la chaîne du Lwalaing et le cours d'eau de ce nom jusqu'au Namwan ; puis le Namwan jusqu'à sa jonction avec le Shweli.

La Grande-Bretagne s'engage à reconnaître comme appartenant à la Chine le territoire situé au sud de la rivière Namwan, près de Namkhai, territoire qui est limité à l'ouest par une branche de la rivière Nam-Mak, puis par la chaîne de collines de Mawsia jusqu'au pic Loi-Chou, puis par une chaîne se dirigeant au nord-est jusqu'à la rivière Shweli.

Dans ce territoire, la Chine n'exercera aucune juridiction ni autorité. L'administration et le contrôle appartiendront entièrement au gouvernement britannique qui le tiendra à bail, à perpétuité, de la Chine, en payant une rente dont le montant sera ultérieurement fixé.

Art. 3. — A partir de la jonction du Namswan et du Shweli, la frontière suivra la frontière septentrionale de l'État du Hsinwi du nord, tel qu'il est constitué actuellement, jusqu'à la Salouen, laissant à la Chine l'île de la rivière Shweli, et presque entièrement le Wanting, le Mong-Ko et le Mong-Ka.

Partant du point où le Shweli tourne au nord près de Namswan, c'est-à-dire de sa jonction avec le Namyang, la frontière suit ce dernier cours d'eau en amont jusqu'à sa source dans les collines de Mong-Ko, par 24° 7' lat. environ et 98° 15' long. ; elle se dirige, en suivant un sentier boisé, vers le Salouen qu'elle atteint à sa jonction avec le Namvi. Elle suit alors le Salouen en amont jusqu'à ce qu'elle atteigne la frontière nord-ouest de Kokang, puis suit la frontière orientale de Kokang jusqu'à ce qu'elle arrive au district de Kunlong, qui est laissé tout entier à la Grande-Bretagne.

La frontière suit alors le cours de la rivière formant la limite entre le Somu, qui appartient à la Grande-Bretagne, et le Mong-Ting, qui appartient à la Chine. Elle continuera de suivre la frontière entre ces deux districts, qui est bien connue sur les lieux, puis abandonnera ladite rivière, montera sur les collines, enfin suivra la ligne de partage des eaux entre les tributrices de la Solonce et ceux du Mékong, à partir des 99° long. E. de Gr. (17° 20' long. O. de Pékin) et 23° 20' lat., jusqu'à un point situé par environ 99° 40' long. E. Gr. (16° 50' long. O. Pékin) et 23° lat., laissant à la Chine les pays du Tsawbuas, de Xieng-Mai, Meig-Tung et Meng-Ko.

Au dernier point dont la latitude et la longitude sont indiquées, la ligne traverse une chaîne de montagnes, appelée Kong-Ming-Shan, qu'elle suivra vers le sud jusqu'à un point situé environ par 99° 30' long. E. Gr. (17° O. de Pékin) et 22° 30' lat., laissant à la Chine le district de Chen-ein-T'ing. Alors, descendant la pente orientale des collines jusqu'à la rivière Namka, elle suivra le cours de cette rivière pendant dix minutes environ de latitude, laissant Munglem à la Chine et Manglun à la Grande-Bretagne.

La frontière suivra alors la limite entre le Munglem et Xieng-Tong, qui est bien connu sur les lieux, se séparant de la rivière Namka un peu au nord des 22° lat., pour se diriger au Sud en inclinant un peu à l'Est et pour suivre généralement le faîte des collines jusqu'à ce qu'elle traverse la rivière Namkan par, environ, 21° 45' lat. et 100° long. E. Gr. (16° 30' O. de Pékin).

Elle suivra alors la limite entre le Xieng-Tong et le Xieng-Hung ; cette limite est généralement formée par la rivière Namkan avec l'exception qu'un petit territoire, appartenant au Xieng-Hung, est situé à l'Est de cette rivière, juste au Sud du parallèle indiqué en dernier lieu. Après avoir atteint la limite du Xieng-Kheng occidentale, environ par 21° 27' lat. et 100° 12' long. E. Gr. (16° 18' O. de Pékin), la frontière suivra la limite entre ce district et le Xieng-Hung jusqu'à sa rencontre avec le Mékong.

Art. 4. — (Aucune addition à la convention originale.)

Art. 5. — Il est convenu que la Chine ne cédera à aucune autre nation le Mung-Lem ni aucune partie du Xieng-Hung qui soit actuellement en sa possession sur la rive gauche de ce fleuve, sans être préalablement tombée d'accord avec la Grande-Bretagne.

Art. 6. — Il est convenu que, pour éviter toute contestation locale, la ligne frontière décrite dans le présent arrangement sera vérifiée et démarquée sur place ; au cas où elle serait trouvée défectueuse sur quelque point, elle serait rectifiée par une commission mixte, nommée par les gouvernements britannique et chinois ; la dite commission se réunira en un lieu à déterminer ultérieurement par les deux gouvernements, dans un délai de douze mois au plus à partir de la date de la signature du présent arrangement, et terminera ses travaux dans un délai de trois ans au plus à partir de sa première réunion.

Si la stricte démarcation de la ligne décrite comprend des districts des territoires de tribu, des villes ou des villages, la commission de délimitation aura le pouvoir de modifier la ligne sur la base des concessions mutuelles. Si les membres de la commission ne peuvent arriver à un accord sur un point, l'objet de discussion sera soumis à leurs gouvernements respectifs.

Art. 7 et 8. — (Aucune addition à la convention originale.)

Art. 9. — (Addition du paragraphe suivant): Outre les routes du Makyne et de Sancî stipulées par la convocation de 1896, les gouvernements britannique et chinois conviennent que toute autre route dont l'ouverture paraîtra à la Commission de délimitation être dans l'intérêt du commerce serait autorisée dans les mêmes conditions que celles des susdites.

Art. 10 et 11. — (Aucune addition.)

Art. 12. — (L'addition suivante) : Le gouvernement chinois permet d'examiner si les conditions du trafic justifient la construction des chemins de fer au Yennam, et au cas où ils seraient construits s'engage à les unir aux lignes birmanes.

Art. 13. — Comme il a été convenu par la convention de 1894, que la Chine nommerait un consul en Birmanie, avec résidence à Rangoun, et que la Grande-Bretagne nommerait un consul à

Mannwgne et que les consuls des deux gouvernements jouiraient chacun dans le territoire de l'autre des mêmes privilèges et immunités que le consul de la nation la plus favorisée, et que, en proportion de l'augmentation du commerce entre la Birmanie et la Chine, d'autres consuls pourraient être nommés d'un consentement mutuel pour résider dans telles localités de la Birmanie et du Yunnan que paraîtraient le demander les besoins du commerce, il a été maintenant convenu que le gouvernement de la Grande-Bretagne pourrait établir un consul à Momen, à Shunning-fu, ou au choix, au lieu d'en établir un à Mannwgne comme il avait été convenu précédemment, et aussi qu'il en établit un à Szémao.

Les sujets britanniques et les personnes placées sous la protection britannique peuvent s'établir dans ces localités et y trafiquer dans les mêmes conditions que dans les ports à traité de la Chine.

Les consuls nommés en conséquence seront, en ce qui concerne la correspondance et les relations avec les fonctionnaires chinois, sur le même pied que les consuls britanniques dans les ports à traité.

Art. 14. — (Au lieu de : Le consul de S. M. B. à Manwgne, lire : le consul de S. M. B. à Shunning ou à Momein, en considération du changement apporté à l'article 13).

Art. 15, 16, 17, 18. — (Aucune addition.)

Art. 19. — (Ajoutez) : Tant qu'il n'y aura pas accord sur les termes d'une modification, l'accord actuel restera en vigueur.

Article spécial. — Comme, le 20 janvier 1896, le Tsong-li Yamên a adressé au chargé d'affaires de S. M. de Pékin une lettre officielle l'informant que, le 30 décembre 1895, il (le Tsong-li-Yamên) avait soumis un mémoire relatif à l'ouverture des ports de la rivière de l'ouest au commerce étranger, et avait reçu un décret impérial approuvant ce mémoire, décret dont il communiquait officiellement une copie au chargé d'affaires de S. M., il a été convenu maintenant que les ports suivants : Wuchowfu, dans le Quang-Si, la ville de Sanshui et le marché de Kong-Kun dans le Quang-Tung seraient ouverts, en qualité de ports à traités et de stations consulaires, avec la liberté de navigation pour les vapeurs entre Sanshui et Wuchow d'une part, Canton et Hong-Kong de l'autre, par une route partant de chacun de ces deux derniers ports, et qui devra être choisie et modifiée d'avance par les douanes maritimes impériales. Les quatre places susdites seront traitées comme ports pour les marchandises et passagers sous les mêmes règles que les ports du Yang-Tsé, c'est-à-dire Kong-Moon, Komchuk, Shuhing et Tathing.

Il est convenu que le présent arrangement, y compris l'article spécial, entrera en vigueur dans les quatre mois qui suivront la date de sa signature et que les ratifications seront échangées à Pékin aussitôt que faire se pourra ; en témoignage de quoi, etc.

Une carte accompagne ce document.

Signé : Claude M. Mac-Donald.

(Sceau).

(Sceau). Signature chinoise de S. Exc. Li.

LVII. — Déclaration du Tsong-li-Yamên, faite à Péking le 15 mars 1897 (non-aliénation de Haï-Nan).

(*Livre jaune :* Ministère des affaires étrangères : Chine, 1894-98, n° 43).

LVIII. — Convention entre la Fance et la Chine, signée à Péking le 12 juin 1897 (2ᵉ convention Gérard).

(*Livre jaune :* Ministère des affaires étrangères : Chine, 1894-98, n° 50).

LIX. — Protocole entre l'Allemagne et la Chine, signé à Péking le 3 décembre 1897.

1. From a straight line drawn from the seashore to the eastern hill to a spot distant at high-water mark 18 li from Kiao-chau.

2. Thence a straight line drawn northwards to the *likin* station at Tapot'êng ; thence back to the confluence of the Kiao-chau and Taku rivers.

3. Thence eastwards to the seashore as far as an imaginary line cutting Laoshan Bay in the middle.

4. The eastern line commences from a northerly point, and proceeds to the midway point of Laoshan Bay, thence southwards as

far as the shores of the Island of Kuanty Miao, Tsalien Island, etc.

5. The southern line is drawn from Tsalien Island to the southern point of Tiloshan Island.

6. From the north it is drawn to the seashore on the western side where the two places meet.

The above-noted places and the area comprised within are to be held by the German force until the case of the murder of our German missionaries in Shan-tung be settled.

LX. — Convention entre l'Allemagne et la Chine, signée à Péking le 5 janvier 1898 (Affaire de Kiaotcheou).

Der deutschen Regierung soll dadurch die Erfüllung ihres berechtigten Wunsches ermoeglich werden, ebenso wie andere Mächte einen Stüetzpunkt für Handel und Schiffahrt in den chinesischen Gewässern zu besitzen. Die Ueberlassung hat die Form eines Pachtvertrages von längerer Daner, und es steht der deutschen Regierung frei, innerhalb des überlassenen Gebietes alle nöthigen Baulichkeiten und Anlagen zu errichten und die für den Schutz derselben erforderlichen Maszregeln zu treffen.

Das überlassene Gebiet umfaszt das gesammte innere Wasserbecken der Kiaotschau-Bucht bis zu Hochwassergrenze, ferner südlich und nördlich vom Eingang der Bucht liegenden gröszeren Landzungen bis zu deren natürlicher Abgrenzung durch geeignete Höhenzüge, sowie die innerhalb der Bucht und vor der Bucht belegenen Inseln. Das abgetretene Gebiet hat einen Gesammtinhalt von einigen Quadratmeilen, welche von einer gröszeren, nings um die Bucht gezogenen Zone eingefaszt sind, innerhalb welcher Reine Maszmahmen oder Anordnungen chinesischerseits ohne deutsche Zustimmung getroffen werden dürfen ; ins esondere dürfen der dentscherseits für nothwending erachteten Regulierung der Wasserlaüfe Reine Kindernisse entgegengesetzt werden.

Um conflikte zu vermeiden, die das gute Einvernehmen Zwischen den beiden Mächten beeinträchtigen Rönnten, hat die Kaiserlich chinesische Regierung für die Dauer der Pachtzeit alle die ihr in dem überlassenen Gebiete zustehenden Hoheitsrechte auf die Kaiserlich deutsche Regierung übertragen.

Sollte sich aus irgend einem Grunde die Kiaotschau-Bucht für die von der Kaiserlich deutschen Regierung in Aussicht genommenen Zwecke als nicht passend erweisen, wird die Kerserlich chinesische Regierung, nachdem sie sich mit der Kaiserlich deutschen Regierung darüber ins Einvernehmen gesetzt hat, der letzteren an einem Punkt der Küste ein für den ins Auge gefaßtzten Zweck besser geeignetes Gebiet überlassen. Die Kouserlich chinesische Regierung wird in diesem Falle die von der Kaiserlich deutschen Regierung in Kiaotschau-Gebiet errichteten Baulichkeiten, Anlagen u. s. w. übernehmen und die dafür verausgabten Beträge ersetzen.

LXI. — Convention entre la Russie et la Chine, signée à Péking le 27 mars 1898 (Affaire de Port-Arthur et Talienwan).

His Majesty the Emperor of China, on the 6th day of the 3rd moon of the 24th year of Kuang Hsü (March 27th. 1898), appointed the Grand Secretary, Li-Hung-Chang, and the Senior Vice-President of the Board of Revenue, Chang-Yin-huan, as Plenipotentiaries to arrange with M. Pavloffi, Chargé d'Affaires and Plenipotentiary for Russia, all matters connected with the leasing and use by Russia of Port Arthur and Ta-lien-wan.

The treaty arranged between them in this connexion is as follows :

Art. I. — It being necessary for the due protection of her navy in the waters of North China that Russia should possess a station she can defend, the Emperor of China agrees to lease to Russia Port Arthur and Ta-lien-wan, together with the adjacent seas, but on the understanding that such lease shall not prejudice China's sovereignty over this territory.

Art. II. — The limits of the territory thus leased, for the reasons above stated, as well as the extend of territory north of Ta-lien-wan necessary for the defence of that now leased, and what shall be allowed to be leased, shall be strictly defined and all details necessary to the carrying out of this treaty be arranged at St. Petersburg with Hsü Ta-jén so soon as possible after the signature of the present treaty, and embodied in a separate treaty. Once these limits have been determined, all land held by Chinese within such limits, as well as the adjacent waters, shall be held by Russia alone on lease.

Art. III. — The duration of the lease shall be 25 years from the day this treaty is signed, but may be extended by mutual agreement between Russia and China.

Art. IV. — The control of all military forces in the territory leased by Russia and of all naval forces in the adjacent seas, as well as of the civil officials in it, shall be vested in one high Russian official, who shall, however, be designated by some title other than Governorgeneral (Tsung-tu) or Governor (Hsünfu). All Chinese military forces shall, without exception, be withdrawn from the territory, but it shall remain optional with the ordinary Chinese inhabitants either to remain or to go, and no coercion shall be used towards them in this matter. Should they remain, any Chinese charged with a criminal offence shall be handed over to the nearest Chinese official to be dealt with according to Article VIII, of the Russo-Chinese treaty of 1860.

Art. V. — To the north of the territory leased shall be a zone, the extent of which shall be arranged at St. Petersburg between Hsü-Ta-jên and the Russian Foreign Office. Jurisdiction over this zone shall be vested in China, but China may not quarter troops in it except with the previous consent of Russia.

Art. VI. — The two nations agree that Port Arthur shall be a naval port for the sole use of Russian and Chinese men-of-war, and be considered as an unopened port so far as the naval and mercantile vessels of other nations are concerned. As regards Ta-lien-wan, one portion of the harbour shall be reserved exclusively for Russian and Chinese men-of-war, just like Port Arthur, but the remainder shall be a commercial port freely open to the merchant vessels of all countries.

Art. VII. — Port Arthur and Ta-lien-wan are the points in the territory leased most important for Russian military purposes. Russia shall, therefore, be at liberty to erect, at her own expense, forts and build barracks and provide defences at such places as she desires.

Art. VIII. — China agrees that the procedure sanctioned in 1896 regarding the construction of railroads by the board of the Eastern China Railway shall, from the date of the signature of this treaty, be extended so as to include the construction of a branch line to Ta-lien-wan, or, if necessary, in view of the interests involved, of a branch line to the most suitable point on the coast between Niuchwang and the Yalu river. Further, the agreement entered into in September 1896, between the Chinese Government and the Russo-Chinese Bank shall apply with equal strength to this branch line. The direction of this branch line and the places it shall touch shall be arranged between Hsü-Ta-jên and the board of the Eastern Railroads. The construction of this line shall never, however, be made a ground for encroaching on the sovereignty or integrity of China.

Art. IX. — This treaty shall take full force and effect from the date it is signed, but the ratifications shall be exchanged in St. Petersburg.

Signed March 27, 1898.

LXII. — Déclaration du Tsong-li-Xamên (dite : convention Dubail), faite à Péking le 10 avril 1898 (Sphères d'influence et affaire de Quangchauvan).

(*Livre jaune* : Ministère des affaires étrangères : Chine, 1894-98 : n°s 65 et annexes).

LXIII. — Convention entre la France et la Chine (dite : convention Pichon), conclue à Péking le 28 mai 1898 (Affaire de Pakhoï).

(*Livre jaune* : Ministère des affaires étrangères : Chine, 1894-98 : n°s 71 et 73).

LXIV. — Convention entre l'Angleterre et la Chine, signée à Péking le 1er juillet 1898 (Affaire de Weihaïwei).

Dans le but de donner à la Grande-Bretagne un port convenable dans le nord de la Chine et pour la meilleure protection du commerce britannique dans les mers voisines, le gouvernement de S. M. l'Empereur de Chine consent à céder à Sa Majesté la Reine de la Grande-Bretagne et de l'Irlande, Weï-haï-Wei dans la province de Shantung et les mers voisines, pour une période d'une durée égale à celle de l'occupation de Port-Arthur par la Russie.

Le territoire concédé comprendra l'île de Linkung et toutes les autres îles du golfe de Weï-haï-Wei, ainsi qu'une bande de terre de 10 milles anglais de largeur et suivant les côtes entières du même golfe.

Sur ces territoires, la juridiction anglaise sera seule reconnue.

La Grande-Bretagne aura en outre le droit d'y établir des fortifications, d'y entretenir des troupes et de prendre toutes les autres mesures nécessaires à la défense de tous points sur les côtes ou près de celles-ci, jusqu'au 12e degré 40' Est de Greenwich. Elle pourra, de même, choisir dans cette région les lieux convenables pour l'établissement de conduites d'eau, de communications, d'hôpitaux.

Sur les terres sus-mentionnées, l'administration chinoise ne pourra en aucune manière intervenir, mais seulement les troupes anglaises ou chinoises pourront y séjourner.

Il est également entendu que, dans l'intérieur des murs de la ville de Weï-haï-Wei, les mandarins chinois continueront à exercer leurs fonctions, excepté dans le cas d'une action militaire ou navale ayant pour but la protection de la concession.

Les navires de guerre chinois, neutres ou non, auront le droit de naviguer dans les eaux des territoires concédés.

Il est prévu, de plus, que ni expropriation, ni expulsion ne sera prononcée contre des sujets chinois y habitant ; dans le cas où la Grande-Bretagne aurait besoin d'emplacements pour des fortifications ou d'autres travaux, ces terrains devront être achetés à leurs propriétaires à un prix convenable.

Cette convention aura son effet après signature. Elle devra être ratifiée par les souverains des deux puissances ; ces ratifications seront échangées à Londres, aussitôt que possible.

En foi de quoi, les soussignés, dûment autorisés par leurs gouvernements respectifs, ont signé le présent acte.

Claude Macdonald ;

Prince Ching, Senior du Tsung-li-Yamên.

Liao-Shou-Heug, Président du Bureau des peines.

Fait à Péking en huit exemplaires (4 copies en anglais et 4 en chinois) le 1ᵉʳ juillet 1898, correspondant au 15ᵉ jour de la 5ᵉ lune de la 24ᵉ année de Kwang-Thsü.

LXV. — Convention entre la Grande-Bretagne et la Chine, signée en 1898 (?). (Sphère du Yangtse-Kiang : affaire de Kaolung).

(Cette convention n'a pas encore été publiée par le *Foreign office*.)

LXVI. — Déclaration bilatérale entre la Grande-Bretagne et la Russie, faite à Londres et Saint-Pétersbourg le 28 avril 1899.

La Grande-Bretagne et la Russie, inspirées par un sincère désir d'éviter en Chine toute cause de conflit sur les questions où se rencontrent leurs intérêts, et ayant pris en considération le mouvement économique et commercial de gravitation dans certaines régions de l'Empire chinois, ont conclu l'accord suivant :

1º La Grande-Bretagne s'engage à ne rechercher, soit pour elle-même, soit pour des sujets anglais, soit pour d'autres, aucune concession de chemin de fer au nord de la Grande Muraille de Chine ; elle s'engage, en outre, à ne s'opposer, ni directement, ni indirectement, à aucune demande relative à des intérêts de chemins de fer dans la dite région qui serait appuyée par le Gouvernement russe ;

2º De son côté, la Russie s'engage à ne rechercher, soit pour elle-même, soit pour des sujets russes, soit pour d'autres, aucune concession de chemin de fer dans le bassin du Yangtse-Kiang ; elle s'engage, en outre, à ne s'opposer, ni directement, ni indirectement, à aucune demande de concession de chemin de fer dans la dite région, qui serait appuyée par le Gouvernement anglais.

Les deux parties contractantes n'ayant, en aucune façon, le

dessein d'enfreindre les droits suzerains de la Chine sur les traités existants, ne manqueront point de communiquer au Gouvernement chinois le présent arrangement qui, en écartant toute cause de complications entre elles, est de nature à consolider la paix dans l'Extrême-Orient et à servir les intérêts primordiaux de la Chine elle-même.

Cte Mouraview.   Charles S. Scott.

BIBLIOGRAPHIE

Annales impériales de l'Annam. Fonds de Hué.
Asiatic studies, University extension manuals, by *sir Alfred Lyall.* London, J. Murray, Albemarle street, 1890.
Affaire du Tonkin (L'), histoire diplomatique de notre protectorat sur l'Annam et de notre conflit avec la Chine (1882-1885), par *Un Diplomate* (M. Billot). Paris, Hetzel.
Administration of Bengal, by *sir H. Maine.* London, J. Murray, Albemarle street, 1896.
Autour du Tonkin, par le *prince Henri d'Orléans.* Paris, Calmann-Lévy, 1894.
Affaire de Siam (L') de 1886 à 1896, par *Albert de Pouvourville* (Mat gioi), membre de l'Institut colonial international. Paris, Chamuel, 1897.
Birmanie et Chine méridionale, par *M. Havet.*
Chine ouverte (La), aventures d'un Fankoueï au pays de Thsin, par *Auguste Borget.* Paris, Fournier, 1845.
Chine (La), description historique et géographique d'après des documents chinois, par *M. G. Pauthier.* Paris, Firmin-Didot, 1839.
Chine (La), par *Lawrence Oliphant,* traduction de *Guizot.* Paris, Michel Lévy, 1875.
Chine (La), par *J.-F. Davis,* ancien président de la compagnie des Indes, traduit de l'anglais par *Pichard,* 2 vol. Paris, Paulin, 1837.
Chine (La) et les Puissances chrétiennes, par *Sinibaldo de Mas,* ministre d'Espagne en Chine, 2 vol. Paris, Hachette, 1861.
Chinois (Les) peints par un Français, par *Paul Antonini.* Paris, Ollendorff, 1886.
Colonisation de l'Indo-Chine, par *J. Chailley-Bert,* secrétaire général de l'Union coloniale française. Paris, Colin.
Colonisation française en Indo-Chine, par *J.-L. de Lanessan,* ex-gouverneur général de l'Indo-Chine. Paris, Alcan, 1895.

Colonies et Protectorats d'Indo-Chine, par *L. Henrique*, député. Paris, Quantin, 1890.

Cité chinoise (La), par *G.-E. Simon*, ancien consul de France en Chine. Imprimerie de la *Nouvelle Revue*, 1885.

Cambodge et régions inexplorées de l'Indo-Chine, par *L. Delaporte*, ancien lieutenant de vaisseau. Paris, Delagrave.

Code annamite, étude sur les droits annamite et chinois, par *P.-L. Philastre*, ancien officier de marine, 2 vol. Paris, E. Leroux, 1876.

Colonisation de la Cochinchine, manuel du colon, par *Paul d'Enjoy*. Paris, Société d'éditions, 1898.

Cours d'administration et de législation annamites, par *E. Sombsthay*, vice-résident de France au Tonkin. Paris, André, 1898.

Chine et Europe, par *Ferrari*, ancien secrétaire d'ambassade. S.E et S.D.

Conquête de la Chine par les Mandchoux, par *Vojeu de Brunem*, et annales chinoises. Paris, chez les frères Duplain, 1754.

Dans les seize chaûs, histoire des missions Pavie, par *Albert de Pouvourville*, membre de l'Institut colonial international. Paris, Chamuel, 1895.

Disquisition concerning India, by *Ch. Robertson*. S. D.

Dupleix, essai d'un empire colonial français, par *A. Hamont*. Paris, Alcan, 1894.

Discours et opinions, par *Jules Ferry*, recueillis par *M. Robiquet*.

Empire du Milieu (L'), par le marquis de *Courcy*, ancien chargé d'affaires en Chine. Paris, Didier, 1867.

Essai sur le gouvernement représentatif aux colonies, by *John St. Mill*. Murray, London.

Expansion de l'Angleterre, by *J.-B. Secley*. London, Murray, Albemarle street.

Empire (L') et le peuple d'Annam, par *J. Silvestre*. Paris, Leroux, 1890.

Essai sur les Protectorats, par *F. Despagnetz*. Paris, Alcan, 1898.

Français (Les) au Tonkin, par *H. Gautier*, 6 cartes. Paris, Challamel, 1890.

France (La) et l'Angleterre en Asie, par *Ch. Lehaut*, 2 vol. Paris, Berger-Levrault, 1895.

Far East (The), by *H. Norman*. (Peoples and politics). London, Fisher un win, Paternoster sq., 1895.

Guerre (La) avec la Chine, par *A. Rivière*. Paris, Ghio, 1883.

Histoire de l'Asie, par *Th. Cahun*. Paris, Alcan, 1896.

Histoire générale de la Chine, traduite du Tong-Kien-Kan-mou, par le R. P. Anne de *Mauriac-Mailla*. Paris, Clousier, 1780.

Histoire annamite, par *P.-J.-B. Truong-Vinh-Ky*, 2 vol. Saïgon, 1879.
Inde (L'), par sir *J. Strachey*, préface de *J. Harmand*, ministre plénipotentiaire au Japon. Paris, Société d'éditions scientifiques, 1892.
Idée (L') de patrie en Asie, par *A. de Pouvourville*, membre de l'Institut colonial international. Paris, Chaix, 1894.
Influence of Sea Power in history, by *Mahan*. London, Murray, Albemarle street.
Indo-Chine (L') contemporaine, par *Bouinais et Paulus*, 2 vol. Paris. Challamel, 1885.
Introduction à l'histoire du droit annamite, par *J. Silvestre*, professeur à l'École des sciences morales et politiques.
Japon (Le), par *Lawrence Oliphant*, traduction par *M. Guizot*. Paris, Michel Lévy, 1875.
Notices coloniales, par le *R. P. Legrand de La Liraye*.
Opened China, by the rev. *Ch. Gutlaw* and *Andrew Reed*, 2 vol. London, Smith-Eldev, 65, Cornhill, 1838.
Opening of China, by sir *Archibald Colquhoun*. London, Murray, 1890.
Organisation (L') de l'Indo-Chine, par *Bouinais et Paulus*. Paris, Challamel, 1887.
Protectorats anciens et modernes, par *Ad. Engelhardt*, ministre plénipotentiaire. Paris, Pedone, 1896.
Politique intérieure, extérieure et coloniale de la France, par *J.-L. de Lanessan*. Paris, Alcan, 1896.
Protectorat du Tonkin, par *Bouinais et Paulus*. Paris, Challamel, 1887.
Paul Bert au Tonkin, par *J. Chailley-Bert*, secrétaire de l'U. C. F. Paris, Charpentier, 1887.
Paris (De) au Tonkin, par *Paul Bourde*. Paris, journal *Le Temps*, 1887.
Pays (Le) des Védas, par *Em. Deschamps*, chargé de missions. Paris, Société d'éditions, 1892.
Province (La) du Yun-Nan, par *Ed. Rocher*, consul de France à Mongtze. Paris, Challamel, 1895.
Péril jaune (Le), par *Louis Vignon*, professeur à l'École des langues orientales. Paris, 1892.
Politique indo-chinoise, par *Alb. de Pouvourville*, membre de l'Institut colonial international. Paris, Ollendorff, 1896.
Question du Tonkin, par *P. Deschanel*, président de la Chambre des députés. Paris, Berger-Levrault, 1883.
Relations de la Chine avec l'Annam, par *P. Devéria*, premier interprète de légation. Paris, Leroux, 1885.

Rapport au ministre de la marine sur sa mission, par *F. Garnier*, lieutenant de vaisseau. Paris, Delagrave, 1875.

Rise Dominion of Britannia, by *Ch. Lyall*. London, Murray, 1894.

Routes (Les) du Yun-Nan, par *J. Hoskier*. S. D.

Siam (Le) et les Siamois, par *L. Chevillard*, missionnaire apostolique. Paris, Plon, 1889.

Scandales (Les) du quai d'Orsay, par *Paul Boëll*. Paris, Savine, 1893.

Souvenirs du Tonkin : Khihoa, par *Leverdier*. Paris, Ollendorff, 1884.

Trough Burmah to Western China, by the Dr *William*. London, Murray, Albemarle street, 1897.

Treaties and engagements, by *Ch. Aitchinson*. House of commons, England.

Tonkin (Le) et la mère-patrie, par *Jules Ferry*, ancien président du Sénat. Paris, Havard, 1890.

Tonkin (Le) et l'intervention française, par *Jean Dupuis*, explorateur. Paris, Challamel, 1897.

Tonkin, Cochinchine et Cambodge, par *Brau de Saint-Pol-Lias*. Paris, Challamel, 1889.

Tonkin actuel (Le), par *A. de Pouvourville*, membre de l'Institut colonial international. Paris, Ollendorff, 1890.

Tonkin (Du) aux Indes, par le *prince H. d'Orléans*. Paris, Calmann-Lévy, 1898.

Voyage au Siam, par *Mouhot*, rédaction de *F. de Lanoye*. Paris, Hachette, 1883.

Voyage au Thibet, par le *P. Huc*, missionnaire apostolique, 2 vol. Paris, Gaume, 1854.

Voyage au Yun-Nan, par *L. Pichon*. Paris, Challamel, rue Jacob, 1892.

Voyage dans l'Empire chinois, par *L. de Carné*, lieutenant de vaisseau. Paris, Delagrave, 1875.

Voyage au Yun-Nan, par *Jean Dupuis*. Paris, Challamel, 1896.

Voyages dans le Laos, par *P. Aymonier*, professeur à l'École des langues orientales. Paris, Leroux, 1897. 2 vol.

TABLE DES MATIÈRES

	Pages.
Epigraphe, Dédicace, etc.	v
Préface, par M. G. Hanotaux	ix

CHAPITRE I. — *Bases de la politique extérieure des Possessions et Protectorats* 1

§ 1. — Existence d'une politique spéciale nécessaire aux États mineurs. 2
§ 2. — L'État mineur vis-à-vis des États éminents d'autres continents 16
§ 3. — L'État mineur vis-à-vis des États éminents de même continent. 23
§ 4. — L'État mineur vis-à-vis des États mineurs. La politique du fait accompli 30
§ 5. — L'État mineur vis-à-vis des petits États autonomes, mais sous l'influence, avouée ou secrète, d'une tierce puissance. 40
§ 6. — Intervention de la métropole 45

CHAPITRE II. — *La politique de l'Annam autonome.* . . . 53

§ 1. — Relations de l'Annam avec la Chine 55
§ 2. —   —   —   avec le Cambodge . . . 81
§ 3. —   —   —   avec le Laos et les États feudataires 91
§ 4. —   —   —   avec le Siam 104
§ 5. —   —   —   avec la France et les autres puissances occidentales. 107

Chapitre III. — *Les modes du Protectorat français en Indo-Chine* 120

   § 1. — Le Protectorat de l'Annam 123
   § 2. — Le Protectorat du Tonkin 142
   § 3. — Le Protectorat du Cambodge 155

Chapitre IV. — *Les politiques étrangères et notre politique nationale en Asie* 164

   § 1. — Influence de la politique métropolitaine française. 165
   § 2. — Progrès des puissances européennes en Asie . . 174
   § 3. — Politique nationale de l'Indo-Chine française. . 204

Conclusion 222

Chapitre V. — *Documents diplomatiques et sources officielles.* — Traités, conventions, accords additionnels, correspondances, décrets, etc., par ordre chronologique . 224

Bibliographie 269

LA ROCHELLE, IMPRIMERIE NOUVELLE NOEL TEXIER ET FILS.

A. PEDONE, Éditeur, 13, rue Soufflot, Paris.

Revue générale de droit international public.
— Droit des gens. — Histoire diplomatique. — Droit pénal. — Droit fiscal. — Droit administratif, publiée par MM. Pillet et Fauchille. En cours de publication : 7e année. Abonnement, 20 fr.; Etranger . . . . . 21 fr. 50.

La guerre Sino-Japonaise
au point de vue du droit international, par Nagao Ariga, professeur de droit international à l'école supérieure de guerre de Tokio. — Ouvrage accompagné d'une préface par M. Paul Fauchille, directeur de la *Revue générale de droit international public*. 1896, 1 vol. in-8, 7 fr.

Les protectorats anciens et modernes.
— Etude historique et juridique par Ed. Engelhardt, ministre plénipotentiaire, membre de l'Institut de droit international. 1896, 1 vol. in-8. . . . . 6 fr.

Formulaire des Chancelleries
diplomatiques et consulaires, par M. Jules de Clercq, consul général. 1890-94, 3 vol. in-8 . . . . 40 fr.

Guide pratique des Consulats,
par M. Jules de Clercq, consul général. 1899, 2 vol. in-8 cartonnés . . . . . 30 fr.

Agents Consulaires
(Guide-formulaire à l'usage des), par L. Héritte, vice-consul de France. 1900, 1 vol. in-8 cartonné . . . . . . 15 fr.

La Rochelle, Imprimerie Nouvelle Noël Texier et Fils.

www.ingramcontent.com/pod-product-compliance
Lightning Source LLC
Chambersburg PA
CBHW070754170426
43200CB00007B/778